全国高等院校旅游管理类应用型人才培养"十三五"规划教材

总主编 ◎ 马 勇

商务礼仪

Business Etiquettes

主　编 ◎ 罗　茜

副主编 ◎ 郭一红　谌　文　张　丹

华中科技大学出版社
http://www.hustp.com
中国·武汉

内 容 提 要

本书主要分为礼仪概述、商务形象礼仪、商务交往礼仪、商务宴请礼仪、商务言谈礼仪、商务会议礼仪、商务仪式礼仪和涉外商务礼仪等八个章节。每一章节均由学习目标、案例导入、基本理论知识、本章小结、关键概念、复习思考题、案例解析和实训操练等八大板块组成,其中穿插大量案例和相关扩展知识链接,体例完整并且具有很强的实操性,可以加强学生对知识的理解,提高其实际运用能力。

本书可作为全国高等院校本、专科学生的专业基础课程教材,也可作为人文素质通识课程教材,而且对从事商务活动的企业员工及其他相关人士也具有一定的参考培训价值。

图书在版编目(CIP)数据

商务礼仪/罗茜主编. —武汉:华中科技大学出版社,2019.4(2025.9重印)
ISBN 978-7-5680-5043-2

Ⅰ.① 商… Ⅱ.① 罗… Ⅲ.① 商务-礼仪-高等学校-教材 Ⅳ.① F718

中国版本图书馆 CIP 数据核字(2019)第 052881 号

商务礼仪
Shangwu Liyi

罗 茜 主编

策划编辑:李家乐
责任编辑:倪 梦
封面设计:原色设计
责任校对:刘 竦
责任监印:周治超
出版发行:华中科技大学出版社(中国·武汉)　　电话:(027)81321913
　　　　　武汉市东湖新技术开发区华工科技园　　邮编:430223
录　排:华中科技大学出版社美编室
印　刷:武汉邮科印务有限公司
开　本:787mm×1092mm　1/16
印　张:17
字　数:411 千字
版　次:2025 年 9 月第 1 版第 5 次印刷
定　价:49.80 元

Preface 前　言

　　我国实施改革开放已有四十余年,随着市场经济的日益完善以及经济全球化进程的不断深入,商业竞争日趋激烈。良好、优雅的专业形象和卓越的商务礼仪成为竞争中至关重要的环节,商务礼仪越来越受到商务组织乃至社会各界的广泛重视,因此学习商务礼仪知识就成为当务之急。

　　根据商务活动岗位群的要求和全国高等院校本、专科学生职能结构的特点,为使其掌握商务礼仪基本知识及不同情境下的礼仪规范和操作技巧,为其在今后的商务交往活动中表现出良好的精神风貌和礼仪行为,我们编写了这本全新的商务礼仪教材。

　　本书在编写体例和形式上进行了创新,突出实践性、应用性和针对性的编写特点。首先,理论联系实际。本书的编写组由多年从事商务礼仪培训和教学工作的专业人士组成,保证了知识与实践的紧密结合,避免了纸上谈兵。其次,案例新颖。本书不但反映了当前通行的商务礼仪行为规范,而且选用了彰显时代特征的、与时俱进的典型商务案例,既有中外名人参与商务活动的经典商务范例,还有商界人士极具代表性的商务范例,既能让学生学习借鉴,又能开阔学生的眼界,具有较强的操作性。最后,布局合理。在编写过程中,作者遵循商务活动的规律以及教材编写的一般常识,由浅入深,由表及里,每个章节均由学习目标、案例导入、基本理论知识、本章小结、关键概念、复习思考题、案例解析、实训操作等板块组成,具体内容中还有很多知识链接、典型案例和图片等,既能实现学生对礼仪知识的入耳、入脑、入心,又能帮助教师、学生及读者真正地理解和掌握商务礼仪的相关内容。

　　本书分为八章,涵盖商务礼仪的所有主要领域,知识结构完整。

　　本教材由罗茜担任主编,负责全书的体例、思路、每章的学习目标、导入案例、本章小结、实训操作及专业术语的统一整合等,郭一红、谌文、张丹担任副主编,李婉琼、刘智、贺罗娜、殷鹰参编。具体编写分工如下:贺罗娜、殷鹰编写第一章,郭一红、谌文编写第二章,张丹、罗茜编写第三章,李婉琼、刘智编写第四章,罗茜编写第五章、第六章、第七章和第八章。

　　本书是湖南商学院旅游管理学院教师多年从事商务礼仪教学的成果,也借鉴了相关企业人士的丰富经验。在编写过程中不仅得到企业的合作,而且还得到许多教学同行的鼓励和支持,也参阅了许多相关学者的有关著作和论述。在此,一并向他们深表谢意!

　　由于水平有限,书中疏漏或不足之处在所难免,恳请专业人士和读者批评指正。

Contents 目　录

第一章

礼仪概述

学习目标

通过本章的学习，了解礼仪的含义、产生和发展；掌握礼仪的原则和基本功能；掌握商务礼仪的含义、特征和重要功能，重点掌握商务礼仪的原则，它们是贯穿整个商务礼仪知识点的纲领，并为商界人士提供在实际商务活动中的基本礼仪原则。

礼仪是现代人的处世根基，礼仪是成功者的潜在资本。

礼仪，作为人类历史发展中逐步形成并积淀下来的一种文化，始终以某种精神的约束力支配着每个人的行为。人类活动在受自然规律的影响和制约的同时，还受社会规律以及由社会规律决定的各种社会规范的影响和制约。在这些社会规范中，除了道德规范和法律规范以外，还有一个很重要的方面，这就是礼仪规范。

中国素有"文明古国、礼仪之邦"的美称，从古至今，历来尚礼。古代流传下来的有《周礼》《礼记》等专门记载礼仪的著作，历史典籍中也不乏关于礼仪方面的记载。孔子提出"不学礼，无以立""礼用之，和为贵"。荀子曰："人无礼则不生，事无礼则不成，国无礼则不宁。"这说明礼仪是一个人立足社会、成就事业、成就美好人生的基础。礼仪是人类文明进步的重要标志，是适应时代发展、促进个人进步和成功的重要途径。学习礼仪是为了能够与他人和谐相处；宣传、推广礼仪是为了社会的祥和、稳定。

在古代，人们推崇"谦谦君子，玉树临风""矫若翩鸿，矫若游龙"；在现代西方国家，人们讲究"绅士风度""淑女风范"和"骑士精神"；在今天，商界人士的形象要求男士仪表堂堂、精明干练，女士举止得体、典雅大方。随着社会的进步、市场经济的发展，人们对内对外交往的日益频繁，礼仪更成为人们社会生活中不可缺少的内容。礼仪修养，不仅是现代文明人必备的素质，而且是商务活动、社会交往和其他各项事业成功的一个重要条件。因此，学习礼仪、遵守礼仪、弘扬礼仪文化就成为社会主义精神文明建设的一个重要任务。

第一节 礼仪的含义与发展

案例引导

习近平主席参加荷兰国宴

2014年3月22日,中国国家主席习近平访欧行程中,有一场荷兰王室的宴请,习近平主席会穿什么去参加这场盛宴,这是大家都很关心的话题。

按照欧洲王室礼仪,出席国宴的主宾都必须穿礼服。习近平主席会穿西服吗?不会。因为西服不是礼服,是工作装,西方人在这种场合也从来不穿西服,而是穿燕尾服。习近平主席会穿燕尾服吗?更不会。燕尾服是西方人的礼服,中国国家元首穿燕尾服,本民族颜面尽失。那么穿传统的中山装?似乎有太多政治内涵,而且看上去有点呆板。

谜底由习近平主席本人亲自揭开。当他与彭丽媛身穿中式礼服出现在古老的阿姆斯特丹王宫时,世界为之眼前一亮,国人为之精神一振。习近平主席穿的猛一看像是中山装,但并不是传统的那种中山装:不再是紧闭的翻领,而是略微敞开的立领,亮出白色的衬衣;四个兜改为三个兜,左胸衣兜露出黑白丝巾。整体上看,既有传统风格又有现代元素,既有中国气派又具开放意味。彭丽媛则内穿青绿色中式长裙,外搭深色刺绣长衫,典雅大气,与习近平主席的中式礼服贴切呼应,相得益彰。

当习近平主席说"荷兰是欧洲的门户,我选择从荷兰推开欧洲的大门"时,西方人不禁要好好端详这位中国的国家元首了。他们习惯从中国领导人的服装判断"保守或开放",在他们眼里,西服代表"开放",中山装表示"保守"。但这次他们会怎么分析习近平主席呢?中式礼服传递出这样的文化信息:中式,代表着自信;变化,意味着创新。

中国网民则为之欢呼:"新的国服诞生了!习主席的中式礼服将成为彰显中国文化的闪亮名片,习主席率先践行文化自信,展示民族风采,中国各级领导人都应该穿国服。"

(资料来源:根据中国新闻网《解读习近平穿中式礼服参加荷兰国宴》一文整理。http://www.chinanews.com/gn/2014/03-24/5983295.shtml.)

一、礼仪的含义

礼,在汉语中本意为敬神,后引申为敬人。仪,本意为法度、准则、典范,后引申为礼节、仪式和仪表。

礼仪是指在人际交往中,自始至终地以一定的约定俗成的程序、方式来表现的律己、敬人的完整行为,是一种为时代共识的行为准则或规范,即大家认可的,可以用语言、文字和动作进行准确描述和规定的行为准则,并成为人们自觉学习和遵守的行为规范。礼仪具体表现为礼貌、礼节、仪表、仪式等。

礼貌是指人们在相互交往过程中表示尊重、友好等谦虚恭敬的规范行为。按东汉经学家赵岐的解释:"礼者,接之以礼也;貌者,颜色和顺,有乐贤之容。"司马光则进一步要求:"凡待人无贵贱贤愚,礼貌当如一。"意思是说,在交往中,无论对什么人都要一视同仁,讲究礼貌,都要用言语、行动向对方表现恭敬、谦虚。如果一个人在待人接物时傲气十足、出言不逊、动作粗俗或衣冠不整,就是对他人没有礼貌。

礼节是人们在日常生活中,特别是在交际场合中,相互表示尊敬、祝颂、问候、致意、哀悼、慰问以及给予必要的协助与照料的惯用形式。礼节是待人处事的规矩,但并不是某个人或某个组织制定的。而是人类在长期的社会生活中自然产生、约定俗成的行为规则。它虽然不像法律那样至高无上,但是,要得到别人的理解、社会的承认,就必须遵守人与人之间交往的规则和方式,即遵守礼节。

仪表是指人的外表,包括容貌、姿态、风度、服饰及个人卫生等,是礼仪的重要组成部分。

仪式是指特定场合举行的专门化、规范化的活动。

总之,礼貌、礼节、仪表、仪式等都是礼仪的具体表现形式,它们是互相联系的。

二、礼仪的产生与发展

(一)礼仪的产生

礼仪起源于原始社会,在原始社会的晚期(约旧石器时代)出现了早期礼仪的萌芽。那时,社会生产力十分低下,人类处于一种愚昧状态,在大自然面前显得软弱无力,对斗转星移、四季更换、风云变幻、电闪雷鸣、地震、旱涝和疾病等各种自然现象和灾害感到神秘莫测、惶惑不解,在许多自然灾害面前感到束手无策。于是,人们就把生活中的得失成败归因于自然,看成是自然的恩赐或惩罚。

原始社会是礼仪的萌芽时期,礼仪较为简单和虔诚,还不具有阶级性。内容包括明确血缘关系的婚嫁礼仪;区别部族内部尊卑等级的礼制;为祭天敬神而确定的一些祭奠仪式等。人们相信在天地之间,还有超自然的神主宰着世间万物,天、地、日、月、山川皆由神主管,并且还有形形色色的鬼在世间作祟。人们为了避免受伤害,便虔诚地向神鬼跪拜敬礼,祈求免祸致福,从而产生了人类以祭天、敬神为主要内容的礼的雏形。在长期敬神祭鬼的活动中,使得各种程序与形式逐渐完善并固定下来,这就是最初的礼仪。

3

(二)礼仪的发展

1.奴隶社会

人类进入奴隶社会后,统治阶级为了巩固自己的统治地位,把原始的宗教礼仪发展成符合奴隶社会政治需要的礼制,于是礼被打上了阶级的烙印。在这个阶段,中国第一次形成了比较完整的国家礼仪与制度。如"五礼"就是一整套涉及社会生活各方面的礼仪规范和行为标准。古代的礼制典籍亦多撰修于这一时期,在此后2000多年的中国历史长河中,它们一直是国家制定礼仪制度的基础和参考依据。

知识链接　　　　　中国古代"五礼"

中国古代"五礼"即吉礼、嘉礼、宾礼、军礼、凶礼。

(1)吉礼:吉礼是五礼之冠,主要是对天神、地祇、人鬼的祭祀典礼。主要内容有祀天神——昊天上帝;祀日月星辰;祀司中、司命、雨师;祭地祇:祭社稷、五帝、五岳;祭山林川泽;祭四方百物,即诸小神;祭人鬼:祭先王、先祖;禘祭先王、先祖;春祠、秋尝、享祭先王、先祖。

(2)嘉礼:嘉礼是和合人际关系,沟通、联络感情的礼仪。嘉礼主要内容有饮食之礼;婚、冠之礼;宾射之礼;飨燕之礼;脤膰之礼;贺庆之礼。

(3)宾礼:宾礼是接待宾客之礼。

(4)军礼:军礼是师旅操演、征伐之礼。

(5)凶礼:凶礼是哀悯吊唁忧患之礼。凶礼主要内容有以丧礼哀死亡;以荒礼哀凶札;以吊礼哀祸灾;以禬礼哀围败;以恤礼哀寇乱。

(资料来源:https://baike.baidu.com/item/%E4%BA%94%E7%A4%BC/491424? fr=aladdin.)

2.封建社会

在我国长达2000多年的封建社会里,尽管在不同的朝代礼仪文化具有不同的社会政治、经济和文化特征,但它们却有一个共同点,那就是一直为统治阶级所利用,礼仪是维护封建社会等级秩序的工具。这一时期礼仪的重要特点是尊君抑臣、尊夫抑妇、尊父抑子和尊神抑人等。在漫长的历史演变过程中,它逐渐变为妨碍人类个性自由发展、阻挠人类平等交往和窒息思想自由的精神枷锁。纵观封建社会的礼仪,内容大致涉及政治与生活两大类。这一时期的礼仪构成中华传统礼仪的主体。

3.近代社会

中国社会进入半殖民地半封建时期,出现"大杂烩"式的礼仪思想,关于礼仪的标准、价值观念得到推广和传播。此时,西方推崇的礼仪思想与中国截然不同。西方推行自由、平等和博爱的思想;相对于中国的礼仪思想而言,西方礼仪显得更为开放和自由,中国的礼仪思想则略为保守。辛亥革命以后,受西方资产阶级"自由、平等、民主、博爱"等思想影响,中国的传统礼仪规范和制度受到强烈冲击。

4.现代社会

新文化运动对腐朽落后的礼教进行了清算,符合时代要求的礼仪被继承、完善流传了下来,那些繁文缛节则逐渐被抛弃,同时还吸收了一些国际上通用的礼仪形式。

新中国成立后,逐渐确立了以平等相处、友好往来、相互帮助、团结友爱为主要原则的具有中国特色的新型社会关系和人际关系。改革开放以来,随着中国与世界交往的日趋频繁,西方一些先进的礼仪、礼节陆续传入我国,同我国的传统礼仪一道融入社会生活的各个方面,构成了社会主义礼仪的基本框架。现代礼仪进入了全新的发展时期,各行各业的礼仪规范纷纷出台,礼仪讲座、礼仪培训日趋红火,人们学习礼仪知识的热情空前高涨。今后,随着社会的进步、科技的发展和国际交往的增多,礼仪必将得到新的完善和发展。

在中国古代,礼仪文明作为中国传统文化的一个重要组成部分,对中国社会历史发展具有广泛而深远的影响,其内容十分丰富。礼仪所涉及的范围十分广泛,几乎渗透于古代社会的各个方面。后来,礼仪的范畴逐渐缩小,礼仪与政治体制、法律典章和伦理道德等基本分离。现代礼仪一般只有仪式和礼节的意思,去掉了繁文缛节、复杂琐碎的内容,吸收了许多反映时代风貌、适应现代生活节奏的新形式。现代礼仪简明、实用、新颖、灵活,体现了高效率、快节奏的时代旋律。总之,从礼仪产生和发展的轨迹可以看出,礼仪作为人们的行为模式和规范,属于社会的上层建筑,由社会的经济基础所决定,并随着社会实践而不断地丰富和发展。在任何一个阶级社会里,占统治地位的礼仪思想和制度总是那个社会统治阶级思想和意志的体现,是为统治阶级服务的工具。而现代礼仪无疑有了本质的飞跃性的进步,它最终由社会的物质生活条件所决定,并且它又将以自己特有的方式对社会的发展起着越来越重要的作用。

第二节　礼仪的原则与功能

案例引导

周总理待人处事佳话

我们敬爱的周总理待人处事的佳话美谈不胜枚举。1964年,周总理和陈毅副

总理出访亚非 14 国,在离开加纳时专门举行特别宴会,宴请所有的加纳服务员,当那些黑人朋友端着中国贵宾敬的酒时感动得流下了眼泪。一个目光敏锐的西方记者报道说:"这是传奇式的礼遇,中国人巧妙地把友谊传给了非洲的子孙后代。"尽管这只是一场特殊的宴会,却体现了一个泱泱大国总理的风采和气度,饱含着周恩来尊重他人、平等待人的品格和深情。直到 20 世纪 80 年代,我国新华社记者深入非洲腹地访问一些偏远、闭塞的部落和村庄时,那里普通的黑皮肤农民还在用当地话对中国客人喊"周恩来"。他们把周恩来当成是新中国的象征,正是周恩来在 20 多年前播撒的友谊种子在非洲偏远地区开花结果!

(资料来源:高振普.周总理卫士回忆录[M].上海:上海人民出版社,2008.)

礼仪是约定俗成的行为规范,既然是规范,当然有标准和尺度来衡量其是否规范。礼仪的规范太多,可以说是包罗万象,因为它是生活和工作的方方面面。但只要掌握了一些基本的原则,复杂的问题也就简单化了。

一、礼仪的原则

讲礼仪应遵循以下四条原则。

(一)尊重原则

礼仪的核心就是尊重,诚如孟子所言"尊敬之心,礼也"。所以,礼仪的实质只有一个字:"敬"。"敬"字应该包含两层含义:一是"尊敬",尊敬他人就是尊敬自己,尊敬长辈,尊敬师长,尊敬交往对象,尊敬所有的人;二是"敬畏",敬畏制度,敬畏法律,敬畏生命,有了敬畏之心,才会守住道德底线。一个人如果有了"尊敬"之心、"敬畏"之意,就一定会是一个有道德有修养的人。

尊重的原则要求人们在人际交往中,与交往对象要相互尊敬、相互谦让、和睦相处。"尊重"二字,实际生活中体现在:尊重上级,是一个人的天职;尊重下属,是一个人的美德;尊重客户,是一种常识;尊重所有的人,是一个人的教养。人际交往中,不管年龄大小、职务高低都应当受到尊重。对待他人要有敬重的态度,不可失敬于人,不可伤害他人的尊严,更不可侮辱他人的人格。特别是对待自己的下属和晚辈,即使他们做错了事,虽可严厉批评,但切不可表现出任何的不屑和鄙视,否则你也不可能得到他们对你的尊重。如果遇到对方有意伤害个人尊严时,要坚决维护自己的尊严。所以,人与人之间相互尊重,是人际关系中讲究礼仪的基本出发点。尊重原则也就成了礼仪最核心的原则。

同步案例

萧伯纳和小女孩

一天,有几个作家朋友相约一起来看望萧伯纳。一顿闲聊之后,其中有一人问他在苏联有没有学到什么新的东西,萧伯纳想都没想便答道,有。然后便讲了一个故事。

萧伯纳说,有一天,自己在街上遇到一个聪明又可爱的苏联小女孩,于是便饶有兴趣地跟她玩起了游戏。两人玩了很久,直到暮色开始降临。

临别时,萧伯纳对她说:"回去后,如果你妈妈问你今天跟谁在一起玩,你就告诉她是当今世界上最知名的作家、诺贝尔文学奖的获得者——萧伯纳!"可能是萧伯纳说话的语气太傲慢了吧,小姑娘竟也学着萧伯纳的口吻说道:"请回去告诉你的夫人以及孩子们,今天和你玩的是苏联姑娘娜达莎!她既聪明又可爱,比你年轻、灵活多了!"

朋友们听完都笑了,然后不约而同地说:"果真是年幼无知呀,多么不知天高地厚的小姑娘!"

"哦,不,不,她虽年幼但却有知,噎得我无话可说。"萧伯纳感慨地继续说道,"她说得一点没错。"

"看来,一个人不论取得多大的成绩,都应该以平等的眼光和心态去对待别人,因为任何一点趾高气扬和自以为是都可能会引来别人的反感。我今后一定要保持谦虚和谨慎,这个叫娜达莎的小姑娘,给我这个 70 多岁的老头,上了一堂重要的人生课,我一辈子都不会忘记这一课!"

(资料来源:https://www.xzbu.com/1/view-5706229.htm.)

7

(二)遵守原则

礼仪是社会生活的行为准则,它反映了人们的共同意识,世界上各民族、各阶层、各党派、各国家都应当自觉维护、共同遵守礼仪。尤其在公共场所,更加要遵守礼仪规范,否则,将受到公众的批评和指责。如在马路上,要遵守行人走人行道,骑自行车走右侧自行车道,遇红灯要止步,见绿灯才通行等规则。在日常交往过程中,尤其是拜访他人或求人办事之时,要遵时守约,诚恳待人。

(三)适度原则

俗话说"礼多人不怪",但在实际生活中,礼多了人也怪。热情过度,礼节繁多,会显得太过迂腐,反而让人反感、厌恶。例如,招待宾客时,周到地为客人端茶添水,请人用餐,这都在

情理之中,但如果宾客第一次来访,用餐之后起身告辞,主人却硬要留人夜宿,反而会显得太过热情,让人为难,甚至还会引起对方的反感。因此,人际交往中言行举止既要合乎规范又要得体适度。

(四)自律原则

个人是礼仪行为的实施者,每个人应当首先"从自我做起",要人前人后一个样,要一视同仁,才能创造出自然和谐的相处氛围。礼仪规范不是用来约束别人的,而是用来修正自己的言行,一味地去苛求别人而放纵自己,只会变成"孤家寡人"。因此,在学习、应用礼仪时,最重要的是要自我要求,自我约束,自我检视,从我做起。要加强自身修养,完善个人的人格。古人常将"慎独"二字挂在书房,作为一种修身养性的方法,也就是时时提醒自己独处的时候也要"谨小慎微"。其实,不断地自律能逐渐形成习惯,养成良好的习惯,使自我约束的感觉得以消除,自律也会成为自觉。

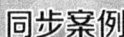
同步案例

我希望许诺的事能真正做到

2009年的一天,前国务院总理温家宝走进了网络直播间,通过中国政府网和新华网与网友在线交流。提问的帖子超过30万个,问题涉及民生、教育、医疗等多个方面。网友还问起了总理一些日常的"八卦"问题:"平时您在家做饭吗?""您最喜欢的运动是什么?"……原定两个小时的访谈超时了近20分钟才结束。

温家宝总理说:"我一直认为群众有权利知道政府在想什么、做什么,并且有权利对政府的政策提出批评意见,政府也需要问政于民、问计于民,推进政务公开和决策的民主化。和网友们进行在线交流,对于我来说是第一次。第一次的事情难免有点紧张,但是我总记得母亲常跟我说的一句话,无论是对什么人,要诚实,要用心讲话。虽然她在前几天患了脑栓塞,两眼几近失明,但是她这一番话我一直记在心里。我想今天的在线交流应该是一次谈心,或者说用心谈话,应该诚实,就是把真实情况告诉大家,倾听群众真实的声音。"

在访谈结束时,温总理说:"我想再跟大家说一句话,我只是带着心来的,带着诚意来的,我并不以为每个问题都回答得好。但是我讲的话是诚实的,我希望我许诺的事情能够真正做到。谢谢大家!"

(资料来源:根据中国政府网《我希望许诺的事能真正做到》一文整理。https://www.19lou.com/forum-289-thread-15966076-1-1.html.)

二、礼仪的功能

礼仪是人类精神文明和物质文明成果中的精髓,内容丰富,应用广泛,无论是对社会的和谐进步,还是对经济的发展,都有极大的促进作用,具体体现在以下几个方面。

(一)教育功能

礼仪以一种道德习俗的方式对社会中的每一个成员发挥维护社会正常秩序的教育作用。人们通过对礼仪的学习和应用,建立新型的人际关系,从而在交往中严于律己,宽以待人,互尊互敬,互谦互让,讲文明,懂礼貌,和睦相处,形成良好的社会风尚。

(二)美化功能

礼仪之美在于它帮助人们美化自身,美化生活,从而美化整个社会。个人形象,包括仪容、仪表、仪态、谈吐和教养等,在礼仪方面都有各自详尽的规范,因此学习和运用礼仪,有益于人们更好地、更规范地设计和维护自身形象,充分展示个人的良好教养与优雅风度。如面带微笑、有礼貌地跟人打招呼,大庭广众之下轻言细语,这些都能展现自己美的形象。

(三)协调功能

礼仪作为人们在社会生活中逐渐形成的行为规范和准则,它约束着人们的态度和动机,规范着人们的行为方式,维护着社会的正常秩序,协调着人与人之间的关系,在社会交往中发挥着巨大的作用。比如,上班前向父母打个招呼,见到同事热情问声好,这些看似细小的礼节礼貌,会像一条美丽的纽带,把自己同对方紧密地联系起来,协调人与人之间的关系,营造良好的人际交往氛围,让生活环境更加舒心,更加和睦,让社会更加和谐。

(四)沟通功能

自觉地遵循礼仪规范,能使交往双方的感情得到良好的沟通,在向对方表示尊重、敬意的过程中,获得对方的理解和尊重。如在社交场合司空见惯的握手礼,是古时的人们为了表示友好,扔掉手上的工具,摊开手掌,双方击掌,示意手中没有任何武器,不会对对方形成攻击而以示友好。后来逐渐演变成双方握住右手,相互寒暄致意的见面的礼节。这样的无声语言,起到了互致友好、沟通情感的作用。

习近平总书记在《十九大报告》中指出:"社会主义核心价值观是当代中国精神的集中体现,凝结着全体人民共同的价值追求。要以培养担当民族复兴大任的时代新人为着眼点,强化教育引导、实践养成、制度保障,发挥社会主义核心价值观对国民教育、精神文明创建、精神文化产品创作生产传播的引领作用,把社会主义核心价值观融入社会发展各方面,转化为人们的情感认同和行为习惯。坚持全民行动、干部带头,从家庭做起,从娃娃抓起。深入挖掘中华优秀传统文化蕴含的思想观念、人文精神、道德规范,结合时代要求继承创新,让中华文化展现出永久魅力和时代风采。"倡导文明礼貌、助人为乐、爱护公物、保护环境、遵纪守法就是中华优秀传统文化蕴含的思想观念、人文精神、道德规范。礼仪修养既属于道德规范体

系中的社会公德,是社会主义精神文明的内容,也符合千百年来优良传统的习惯,是适应最大多数人需要的道德伦理规范。因此,礼仪是和谐社会的基本要求,是人们希望有安定和平生活环境,有正常社会秩序的共同要求,更是和谐社会中全体公民为维系社会的正常生活而共同遵循的最基本的公共生活准则,是不可或缺的行为规范。

第三节 商务礼仪概述

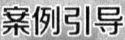
案例引导

希尔顿的微笑服务

美国"旅馆大王"希尔顿于1919年把父亲留给他的5000美元投资出去。开始了他雄心勃勃的经营旅馆生涯。当他的资产从5000美元奇迹般地增值到5000万美元的时候,他欣喜而自豪地把这一成就告诉母亲,想不到,母亲却淡然地说:"依我看,你跟以前根本没有什么两样……事实上你必须把握比5000万美元更值钱的东西,除了对顾客诚实之外,还要想办法使来希尔顿旅馆的人住过了还想再来住,你要想出这样一种简单、容易、不花本钱而行之久远的办法去吸引顾客。这样你的旅馆才有前途。"

母亲的忠告使希尔顿陷入迷惘。究竟什么办法才具备母亲指出的"简单、容易、不花本钱而行之久远"这四大条件呢?他冥思苦想,不得其解。于是他逛商店、住旅店,以自己作为一个顾客的亲身感受,得出了准确的答案:"微笑服务"。只有它才实实在在地同时具备母亲提出的四大条件。从此,希尔顿实行了微笑服务这一独创的经营策略。每天他对服务员的第一句话都是"你对顾客微笑了没有?"他要求每个员工不论如何辛苦,都要对顾客投以微笑,即使在旅店业务受到经济萧条的严重影响时,他也经常提醒职工记住:"万万不可把我们心里的愁云摆在脸上,无论旅馆本身遭受的困难如何,希尔顿旅馆服务员脸上的微笑永远是属于旅客的阳光。"

为了满足顾客的要求,希尔顿"帝国"除了到处都充满着"微笑"外,在组织结构上,希尔顿尽力创造一个尽可能完整的系统,以便成为一个综合性的服务机构。因此,希尔顿饭店除了提供完善的食宿外,还设有咖啡厅、会议室、宴会厅、游泳池、购物中心、银行、邮电局、花店、服装店、航空公司代理处、旅行社、出租汽车站等一套完整的服务机构和设施,使到希尔顿饭店投宿的旅客,真正有一种"宾至如归"的感觉。当他再一次询问他的员工们:"你认为还需要添置什么?"员工们回答不出来,他笑了："还是一流的微笑！如果是我，单有一流设备，没有一流服务，我宁愿弃之而去，住进虽然地毯陈旧，却处处可见到微笑的旅馆。"

（资料来源：http://www.fanpusoft.com/service/binguan/110709.html.）

一、商务礼仪的含义

商务礼仪源于一般礼仪。商务礼仪是指公司或企业的商界人士在商务活动中，为了塑造良好的个人和组织形象而应当遵循的对交往对象表示尊重与友好的规范或程序。商务礼仪是一般礼仪在商务活动中的运用和体现，比一般的人际交往礼仪的内容更加丰富，并且具有很强的规范性和可操作性。商务礼仪具体表现为礼貌、礼节、仪表和仪式等。

（一）礼貌

礼貌是指人们在商务交往中表示尊重、友好、得体的气度和风范。礼貌是礼的行为规范，是指人在仪容、仪表、仪态和语言上待人接物的表现，主要是通过言语和动作表现对他人的谦虚和恭敬。礼貌是个人文化层次和文明程度的体现。良好的教养和道德品质是礼貌的基础，我们可以通过自觉的培养和必要的训练，培养良好的礼貌习惯。在日常生活和工作环境中，温暖的微笑、善意的问候、得体的举止等都是礼貌的表现。商务交往中有礼貌的人往往待人谦恭、大方热情、举止得体，在商务会面时，会自觉地向对方问好、行致意礼或握手礼，说话彬彬有礼，一切礼仪的运用看上去都很自然。

（二）礼节

礼节是指人们在商务交往中表现出来的尊重、祝颂、问候、哀悼等情感的惯用形式和规范。礼节是礼的惯用形式，是礼貌的具体表现方式。例如，现代商务交往中，初次见面行握手礼、交换名片等礼节形式。礼节从形式上看，是具有严格规定的仪式；从内容上看，反映着某种道德准则，反映着人与人之间的尊重和友善。在行握手礼时，长辈、上级、女士先伸手，晚辈、下级、男士才能伸手相握；交换名片时一般是地位低的先向地位高的递名片，分不清职务时，按照座次递送名片，这些都是礼节。在国际交往中，由于各国的风俗习惯和文化的不同，礼节的具体表达方式也有着明显的差异。例如，握手、点头、鞠躬、合十、拥抱、碰鼻、亲吻等，是不同国家、地区和民族见面礼的表达形式。礼节是社会交往中人与人之间约定俗成的"法"，是必须遵守的表示礼仪的一种惯用形式。因此，平时应十分注重不同礼节的具体运用，以避免出现"失礼"的行为。

（三）仪表

仪表是广义上的概念，指人的容颜、服饰、姿态、风度等。仪表能够展现一个人内在的文化修养和审美情趣，得体的修饰和服装会给人留下良好的第一印象，从而有助于商务活动的顺利开展。得体的着装、优雅的举止会提高个人的身份，树立良好的形象。例如，西方有句

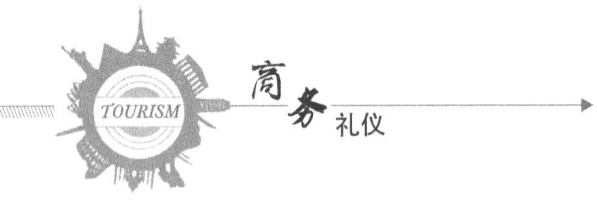

谚语,不要相信一个每天穿着破皮鞋和不擦皮鞋的人。商务场合,穿西装时,所穿的鞋袜都必须与之配套。美国一个世代做鞋生意的绅士曾说:"低头看看他脚上穿的,就知道他的身份。"有人甚至认为男人的鞋还可让女人迅速地捕捉男人的地位、个性和收入等信息。

(四)仪式

仪式是指在一定场合举行的、具有专门程序和规范的活动。仪式常用在较大和较隆重的场合,如开业典礼、剪彩仪式和签字仪式等。在商务活动中,商界人士经常会组织或参加各种商务仪式,这些仪式均有规范的做法,有助于仪式举办方扩大自身影响,树立良好组织形象,因此,要认真对待,精心准备,注意细节。

商务礼仪作为企业文化和企业理念不可或缺的组成部分,其作用无可替代。在商务活动中,任何一个细微的礼仪疏忽都可能给自身及公司的形象带来损害,甚至会因此失去一个重要的机会。

二、商务礼仪的特征

(一)规范性

商务礼仪,指的就是人们在商务交往中待人接物时所必须遵守的行为规范。这种规范不仅约束着人们在一切交际场合的言行举止,使之合乎礼仪;而且也是人们在一切交际场合所必须采用的一种"通用语言",是衡量他人、判断自己是否自律、敬人的一种尺度。总之,商务礼仪是约定俗成的一种自尊、敬人的惯用形式。因此,任何人要想在商务交往中表现得合乎规范、彬彬有礼,就必须对商务礼仪无条件地加以遵守。另起炉灶,自搞一套;或是只遵守个人所适应的部分,而不遵守自己不适应的部分,都难以为交往对象所接受。

当然,礼仪有特定的范围。离开了商务活动这个特定的范围,商务礼仪则未必适用。必须明确,当所处场合不同、所具有的身份不同时,所要应用的商务礼仪往往会因此而不同,有时甚至还会差异巨大。以餐桌礼仪为例,在我国的传统文化中,长幼有序是我国餐桌礼仪的一大重要原则,座席的安排与上菜的次序均有较为明确的规定。而现代的商务餐饮礼仪是主人右侧的第一位为尊贵客人,每一道菜都是从尊贵客人处开始上菜。

(二)可操作性

切实有效、实用可行、规则简明、易学易会、便于操作是商务礼仪的一大特征。它不是纸上谈兵、夸夸其谈,而是既有总体上的礼仪原则、礼仪规范,又在具体的细节上细致而周详地对礼仪原则、礼仪规范加以贯彻,将它们落到实处,使之"言之有物""行之有礼",不尚空谈。商务礼仪的易记易行,能够为其广觅知音,使其被人们广泛地应用于商务交往的实践,并受到广大公众的认可。以商务着装原则为例,在参加正式的商务场合时,着装要与妆容、香水、饰品一致,不可随意搭配,方可显得端庄隆重。这种广泛的认可和应用,反过来又进一步地促进商务礼仪以简便易行、容易操作为第一要旨。

同步案例

让客人每天多看一次富士山

日本有一家电子公司,总部设在东京,分部和生产区设在大阪。为此,公司每天都安排了公关人员负责购买专线车票,为与该公司有业务往来的客人提供方便。

德国人汉森是每天享受这种方便的外商之一。在坐过多次专线车以后,汉森发现:每次去大阪,公关人员给他安排的座位都是靠右窗的,而回东京的时候,则是靠左窗的。起初,他还以为是巧合,经公关人员证实不是巧合之后,他有点想不明白了。这时候,公关人员微笑着告诉他:"这是特意为您安排的,因为在这个座位上,来回都能够看到咱们这儿最美的风景。每天能让您多看一遍富士山,是为了让您能够深深地记住这个地方,记住咱们公司。"

"每天多看一遍富士山"成了汉森在日本生活、工作期间最感动的一件事。这种感动也使得这家日本公司得到了回报——后来,汉森把他原计划的投资追加了一倍。

(资料来源:蒋平.每天多看一遍富士山[J].演讲与口才,2005(2).)

(三)传承性

礼仪具有世代相传的特征。礼仪的知识是靠无数代人的不断积累和总结而形成的,其传承方式最常见的就是引用惯例和口耳相传,文字记录、专文传承反倒是礼仪传承的次要方式。由于其特殊的传承方式,现在很多礼仪知识反而变成了民俗学的内容。

任何国家的商务礼仪都具有自己鲜明的民族特色,都是在本国古代礼仪的基础上传承、发展起来的。离开了对本国、本民族既往商务礼仪成果的传承、扬弃,就不可能形成当代商务礼仪,这就是商务礼仪传承性的特定含义。对于既往的商务礼仪,正确的态度不应当是食古不化、全盘沿用,而应当是有扬弃,有继承,更有发展。

(四)趋同性

尽管世界上各个国家的礼仪规范不尽相同,但是随着世界经济一体化趋势的发展,为了沟通的方便,促使世界各国的礼仪规范向逐渐趋同化方向发展。例如,日本公司与美国公司谈判,见面时,日本人行的是握手礼,而美国人为了尊重日本人却准备行鞠躬礼,场面特别滑稽。其实,现在日本人在涉外交往中较常用的也是握手礼。跨国公司的建立、涉外交往的增加加速了礼仪的趋同化发展,也需要有一套大家公认的国际礼仪规范,使各国各商业团体之间关系协调,避免因文化、价值观念和礼仪规范的差异造成冲突,减少这些差异带来的矛盾

和阻力,加快业务发展的步伐。

三、商务礼仪的原则

任何事物都有自己的规则,商务礼仪也不例外,凝结在商务礼仪规范背后的共同理念和宗旨就是商务礼仪的原则,是我们在操作每一项商务礼仪规则的时候应该遵守的共同法则,同时也是衡量我们在不同场合、不同文化背景下的礼仪正确、得体的标准。同样的礼仪在不同的场合会带来不同的结果;同样的场合却因人的不同而有不同的含义。所以,如何在纷繁复杂、瞬息万变的商场环境中立于不败之地,就需要掌握商务礼仪的原则。

(一)认清主客立场

1.主方保护客方

商务礼仪中,主方立场为保护者,而客方扮演的则是被保护者的角色。例如,在接待时,主人往往走在来宾的左后方,强调"以右为尊"。上、下楼梯要特别注意。上楼梯时应让领导、来宾走在前方,以防止对方不慎跌倒,下楼梯时则让领导、来宾走在后方,以便随时给予保护。作为一个引导者,其应走在来宾的前方以为其引领方向,且在转弯处、楼梯间及进出电梯时都应放慢脚步,等待客人。进电梯时先让领导、来宾进入,出电梯时则相反,以免电梯门不慎夹到来宾。以上看似小事,实则不然,这些细节往往能表现出我们体贴客人的心意,它不仅反映出个人的修养,也更能让客人感受到企业的诚意和可靠。

2.客随主便

《礼记》早就明确提出了"礼从宜,使从俗"的要求。意思是,依礼行事要适宜,出使的人要尊重当地风俗。在商务交往中,处于客位的当事人应该遵从当地或主人的礼仪风俗,就是客随主便。在举行宴会时,客人应等主人开始进餐后再开始吃饭。客随主便的要求,使双方在发生交往时对遵从何种礼仪规范有了一个共同认可的标准,从而可以减少盲目性和无序性,处于客位的当事人需要暂时放弃自己熟悉的固有的礼仪规范,转而学习、熟悉和遵循比较陌生的新的礼仪规范。因而,客随主便的要求,更多的是对于客方当事人的限制。当然,这种遵守是在对方尊重自己的民族、气节和人格基础上的遵从。反之,则不适用。

3.主随客便

主人要按照客人的喜好来招待客人。不要过分强迫服务,将自己的想法强加给客人。这体现了人性化的现代人的尊重观念。

(二)守时守信

遵守时间是对别人尊重的重要体现,甚至相当于珍惜别人的生命。时间就是金钱,时间就是生命,商场上最看重的莫过于守信了,而遵守时间也是守信的表现,所以与人相约一定要守时。特别是我们正朝着国际舞台大步迈进,此时此刻更要学习守时的好习惯,因为文明越进步的国家越珍惜生命,也越强调守时的重要性。

（三）尊重他人

是否尊重他人是一个人的文化素养的体现,是一个人的精神境界的写照,是一个人有无社会经验的表现。

1.珍惜他人的健康和生命

现在我国很多地方都在推行"拒绝二手烟"的运动,因为被动吸烟容易造成人体的危害。因此在公共场所或会餐时,欲吸烟者应记住先询问是否可以吸烟,以免危害他人健康,侵犯他人的生命权。会餐中如欲喝酒也该讲究礼貌,千万不要不分场合地劝酒。酒喝多了会伤身,如果酒后开车更是危险,既损人又不利己。所以商务活动中注重对方的生命权亦是很重要的一环。

2.多用商量语气

商务言谈礼仪中,商量是一门艺术,重点地学习如何彼此尊重,对领导者而言尤其重要。当我们有求于人的时候,不论是上司或属下都宜采用询问商量的口气,如多用"可不可以?"或"好不好?"让对方有考虑的时间及空间,因为他有权选择说可以或不行。同样地,上司也常对员工说:"这件事情下班前一定得完成。"如此的口气不仅让对方很难表达意见,同时还会造成或加大双方的隔阂。因此如果能学习采用如:"老板,我明天有事要处理,不知道能否向您请个假?";"小陈,这件事情很紧急,下班前能不能帮我完成?"这种温和商量的语气,会使人感到受到尊重,也容易获得正面的答复,更能使事情顺利进行。

3.避免惊吓他人

商务会议中,如物品不慎掉落需要捡拾时,应先通知身旁的人,然后再俯身去捡,并说声"对不起,我捡支笔",切不可直接弯身取物,以免吓着身旁的人。另外,桌子下部分是女性隐秘的空间,不能冒失行事。从背后喊人,使人受惊吓的行为也是很不恰当的。走路或与人交谈时,千万不可把手放在服装口袋里,这样会使人缺乏安全感,会使人对你有为人轻浮、无所事事的印象。另外,将双手交叉于胸前也是很不礼貌的行为,因为欧洲人认为隐藏双手,不让别人看见是敌意的表示,所以一定要将双手露出,如果天气很冷可戴上手套。用餐时不能用刀、叉、筷子等尖锐的东西指向他人,这样会使别人产生恐惧感。

4.尊重他人隐私

每个人都希望拥有自己的空间和不为人知的秘密。所以,在商务场合不要随意谈论或打听他人隐私。有些过于私人的问题还容易造成尴尬的场面,应尽量避免公开谈论,诸如婚姻状况,女性的年龄、体重、三围以及薪水、穿着品牌、使用的化妆品品牌等问题。与人交谈时,如果对方不愿主动提及某事,必有其原因或有难言之隐,此刻最不应该有的态度就是"打破砂锅问到底"。如果你了解了别人的困难,又没有能力替人分忧解难,记住千万不要在背后幸灾乐祸,因为这是很不道德的行为。如果你知道了别人的隐私,也不要到处去传播,那样就会落得一个传播小道消息、出卖朋友的恶名,你就永远别想交到真正的朋友,在公司里也难以立足。

四、商务礼仪的作用

(一)塑造个人与企业的良好形象

商务礼仪的基本目的就是树立和塑造个人及企业的良好形象。所谓个人形象就是个人在公众印象中的总体反映和评价。商界人士要注意自己的个人形象,自身形象的好坏往往能够推断出其所在公司的实力和信誉状况,你的良好形象无疑为你所代表的企业传递了无声的商业信息,宣传了组织的形象,会给你的组织带来有形和无形的财富。商界人士应该积极地学习和掌握现代商界共同遵守的礼仪规范,做到礼仪无小事,从而树立良好的个人形象。

所谓树立企业形象的作用,是指在激烈的商务竞争环境中,通过得体而诚挚的商务接待、拜访、谈判、宴请、通信、社交、送礼等活动,为自己树立高效、讲信誉、易于交往、善待商业伙伴的形象。例如,麦当劳以清洁、快速的服务领先于其他的快餐行业。戴尔电脑以它良好的售后服务而闻名。商务礼仪能展示企业的文明程度、管理风格和道德水准,塑造企业形象。良好的企业形象是企业的无形资产,无疑可以为企业带来直接的经济效益。

 **知识链接**   **麦当劳的启示**

美国麦当劳餐厅的点餐单上写着 Smile Free(微笑免费)。

前台服务员在销售餐点时,应当面带微笑,没有微笑的不能收客人的钱。把这种服务理念用微笑、免费来表达,是麦当劳的成功哲学之一。

麦当劳员工休息室的镜子上写着 Keep Smile(保持微笑)。

当员工换穿制服,对照镜子时,会在心中默念"保持微笑",然后才走上各自的工作岗位。有了这一番引导,所有员工在开工前穿上了工装,也"穿"上了微笑。

麦当劳认为,餐饮服务并非仅出售菜色,附加微笑的服务,也属于商品。

(资料来源:邹金宏.麦当劳的成功启示[M].北京:中国物资出版社,2011.)

一个人讲究礼仪,就会在众人面前树立良好的个人形象;一个企业的成员讲究礼仪,就会为自己的企业树立良好的形象,赢得公众的赞誉。现代市场竞争除了产品竞争外,更体现在形象竞争。一个拥有良好信誉和形象的公司或企业,容易获得社会各方的信任和支持,可以在激烈的市场竞争中处于不败之地。所以,商界人士时刻注重礼仪,既是个人和组织良好素质的体现,也是树立和巩固良好形象的需要。从某种意义上说,商业礼仪已经成为建立企业文化和现代企业制度的一个重要方面。

（二）规范行为，提高商界人士的素质

商务礼仪可以强化企业的道德要求，树立企业遵纪守法、遵守社会公德的良好形象。我们知道，道德是精神的东西，只能通过人的言行举止，通过人们处理各种关系所遵循的原则与态度表现出来。商务礼仪使企业的规章制度、规范和道德具体化为一些固定的行为模式，从而对这些规范起到强化作用。企业的各项规章制度既体现了企业的道德观和管理风格，也体现了礼仪的要求，员工在企业制度范围内调整自己的行为，实际上就在固定的商务礼仪中自觉维护和塑造着企业的良好形象。

在众多的商务规范中，礼仪规范可以使人明白应该怎样做，不应该怎样做，哪些可以做，哪些不可以做，有利于确定自我形象，尊重他人，赢得友谊。对于现代企业来说，市场竞争最终是人员素质的竞争，商界人士的素质就是其个人的修养和表现。修养体现于细节，细节展示素质。所谓个人素质就是在商务交往中待人接物的基本表现，比如吸烟，一般有修养的人在外人面前是不吸烟的；有修养的人在大庭广众之下是不会高声讲话的；在商务交往中，着装中的首饰佩戴要讲究以少为佳、同质同色的原则等等。

（三）有助于建立良好的人际沟通

礼仪是一种信息，通过这种信息可以表达出尊敬、友善、真诚等感情，使别人感到温暖。在商务活动中，恰当的礼仪可以获得对方的好感、信任，进而有助于事业的发展。从心理学的角度讲，人际交往之初，由于交往的双方之间还不是十分了解，因此会不可避免地彼此产生某种戒备心理和距离感。在商务活动中，随着交往的深入，双方可能都会产生一定的情绪体验。它表现为两种感情状态：一种是感情共鸣；另一种是感情排斥。如果交往双方在交往之初就能做到施之以礼、还之以礼，则可以消除当事人之间的心理隔阂，拉近双方的距离，促使良好的人际关系的建立和发展；反之，如果不讲礼仪，粗俗不堪，那么就容易产生感情排斥，造成人际关系紧张，给对方造成不好的印象。比如拜访时要预约，这样就不会使拜访显得突兀，当然预约了还要准时。

（四）有利于传递信息，展示个人或企业价值

良好的礼仪可以更好地向对方展示自己的长处和优势，往往决定了机会是否降临。比如，在公司你的服饰适当与否，可能影响你的晋升和与同事的关系；带客户出去吃饭时，你的举止得体与否，也许就决定了交易的成败；又或者，在办公室不雅的言行，或许就使你失去了一次参加老板家庭宴请的机会……这是因为礼仪是一种信息，通过这个媒介表达出尊敬、友善、真诚的感情。在商务活动中，恰当的礼仪可以获得对方的好感、信任，进而推动事业的发展。

同步案例

一把椅子带来的机会

一个阴云密布的午后,瞬间下起倾盆大雨,行人们纷纷进入就近的店铺躲雨,一位老妇人也蹒跚地走进费城百货商店避雨。由于她略显狼狈的面容和简朴的装束,所有的售货员都对她视而不见。

这时,一个年轻人走过来诚恳地对她说:"夫人,我能为您做点什么吗?"老妇人莞尔一笑,说道:"不用了,我在这儿躲会儿雨,马上就走。"随即老妇人又心神不定了:不买人家的东西,却借用人家的屋檐躲雨,似乎不近情理。于是,她开始在店里转起来,哪怕买个头发上的小饰物呢,也算给自己的躲雨找个心安理得的理由。正当她犹豫未决时,那个年轻人又走过来说:"夫人,您不必为难,我给您搬了一把椅子放在门口,您坐着休息就是了。"两个小时后,雨过天晴,老妇人向那个年轻人道谢,并向他要了张名片,然后就颤巍巍地走出了商店。

几个月后,费城百货公司的总经理詹姆斯收到一封信,信中要求将这位年轻人派往苏格兰签订一份装修整个城堡的订单,并由他承包该家族所属的几个大公司下一季度办公用品的采购工作。詹姆斯惊喜不已,匆匆一算,这一封信所带来的利益,相当于他们公司两年利润的总和。

詹姆斯在迅速与写信人取得联系后,方才知道,这封信出自一位老妇人之手,而这位老妇人正是美国亿万富翁"钢铁大王"卡耐基的母亲。詹姆斯马上把这位叫菲利的年轻人推荐给公司董事会。毫无疑问,当菲利打起行装飞往苏格兰时,他已经成为这家百货公司的合伙人了。那年菲利22岁。

在接下来的几年中,菲利以他一贯的忠实和诚实,成为"钢铁大王"卡耐基的左膀右臂。这也使得菲利的事业扶摇直上、飞黄腾达,最终成为美国钢铁行业仅次于卡耐基的富可敌国的重量级人物。

(资料来源:付秀彬.商务礼仪[M].成都:西南财经大学出版社,2010.)

(五)商务礼仪具有协调关系的作用

在商务活动过程中,有时会碰到购销不畅、谈判不顺利等问题;有时也会碰到与你有敌意的同事或客户等棘手问题,对这些问题处理不当,就会激化矛盾或小事闹成大事,影响企业的形象。而通过一定的商务礼仪的巧妙应用,则可能化解矛盾,消除分歧,相互理解,达成谅解,缓和人与人之间的紧张关系,使之趋于和谐,从而妥善地解决纠纷,广交朋友。

（六）国民素质的体现和国家文明的标志

一般而言,人们的教养反映其素质,而素质又体现于细节。反映个人素养的商务礼仪,是人类文明的标志之一。一个人、一个民族和一个国家的礼仪,往往反映着这个人、这个民族和这个国家的文明水平、整体素质、整体教养。现今全球经济一体化,我国与世界各国之间的交流与合作日益增多。在涉外商务活动中,商界人士的一言一行、一举一动和服饰仪容等,无不反映着其个人的文化修养,并在一定程度上反映了其所在的组织及国家的精神面貌。商务礼仪人员要比别人优胜,除了卓越能力外,还要掌握有效沟通及妥善处理人际关系的技巧,而更重要的是拥有优雅的专业形象和卓越的商务礼仪,做到"有礼走遍天下",维护国家的形象,巩固国际商业关系。

 **本章小结**

礼仪是一种行为规范或行为模式,是大家共同遵守的一种行为规则,也是商务活动必须遵守的准则。本章主要介绍了礼仪的含义和发展、礼仪的原则和功能、商务礼仪概述等三个方面的内容。

（1）礼仪的含义和发展。主要介绍了礼仪的含义、礼仪的产生和发展。

（2）礼仪的原则和功能。主要介绍了礼仪的原则,包括尊重原则、遵守原则、适度原则和自律原则;礼仪的功能包括教育功能、美化功能、协调功能和沟通功能。

（3）商务礼仪概述。商务礼仪主要包括礼貌、礼节、仪表和仪式;其特征包括规范性、可操作性、传承性和趋同性;商务礼仪的主要原则包括认清主客立场、守时守信、尊重他人;商务礼仪的作用包括塑造个人与企业的良好形象,规范行为、提高商界人士的素质,有助于建立良好的人际沟通,有利于传递信息、展示个人或企业价值,协调关系几个方面的内容。

 **关键概念**

礼仪　商务礼仪　趋同性　客随主便

复习思考题

□ **复习题**

1.简述礼仪的含义。

2.如何看待礼仪的尊重原则。

3.简述商务礼仪的原则。请举例说明。

4.在商务交往中,礼仪有什么作用?

□ **思考题**

大学生应该具备哪些礼仪素养?

案例解析

1.一位女推销员在美国北部工作,一直都穿着深色套装,提着一个男性化的公文包。后来她调到阳光普照的南加州,仍然以同样的装束去推销商品,结果成绩不够理想。

分析讨论:

假如你是女推销员,你会怎么做?

2.《韩诗外传》里有一个故事:楚庄王有一天与群臣宴饮,到天黑时大家都有些醉意了。一阵清风吹来将风吹灭,就在灭灯之际,有位将军动手去扯王后的衣服,欲行不轨,王后在抗拒中随手将这位将军的盔缨扯了下来并要求当场严惩轻薄之徒。

分析讨论:

假如你是楚庄王,你会怎么处理这件事情?

◇ **相关链接**

推荐进一步阅读文献:

1.金煜.商务礼仪——人与人艺术的洗礼[J].中国战略新兴产业,2015(8).

2.陈敏.浅谈商务礼仪在商务活动中的重要性[J].文化交流,2017(12).

3.杨佩.浅析国际商务活动中的商务礼仪[J].经济研究导刊,2014(11).

4.都颖.商务礼仪与传统文化的融合研究[J].财经智库,2017(8).

5.梁红艳.商务礼仪在现代商业竞争中的影响和应用[J].中外企业家,2016(8).

6.刘燕.现代商务礼仪与传统文化的融合研究[J].企业导报,2016(18).

7.中国礼仪网.http://www.welcome.org.cn.

第二章 →

商务形象礼仪

学习目标

通过本章的学习,了解商务仪容礼仪、商务仪态礼仪和商务服饰礼仪的内容;掌握美发与化妆的基本步骤,以及正式商务服装的选择原理和穿着要求;能够运用所学知识进行正确的服饰选择和色彩搭配,从而修正自身的外在缺陷,配以适合自己的发型和妆容,展示自身的独特气质;能够学以致用,在商务场合,采用规范的站姿和坐姿等,以及适当的言谈举止,展示良好的教养和素质。

仪表,即人的外表,仪表包括人的仪容、服装、饰物等方面,是一个人精神面貌的外观体现,同时也体现出一个人的道德素养、受教育程度和志趣品位,也反映了时代的特点和一个国家、民族的精神风貌。美国心理学家奥伯特·麦拉比安发现,人的印象形成是这样分配的:55%取决于你的外表,38%是如何自我表现,只有7%才是你所讲的真正内容。由此可见,仪表是留给交往对象良好的印象最重要的因素,商界人士应对自身仪表予以高度的重视。

第一节　商务仪容礼仪

案例引导

第一夫人首秀展现大国魅力

2013 年 3 月 22 日中午,中国第一夫人彭丽媛首次公开亮相,在莫斯科机场,当飞机舱门打开,走下飞机时,彭丽媛主动挽起了习近平的胳膊,随同他一起缓缓走下舷梯。这一幕立即吸引了全球媒体的目光。夫妇间自然的挽手动作,定格了一份温情,感动了无数人。当时正值莫斯科 30 多年来最冷的一个三月天,当地温度零下 18℃。习近平和彭丽媛都穿着藏蓝色的裙式呢大衣,习近平围深灰色的丝巾,彭丽媛则系淡蓝色纱巾,手提黑色皮包,长发在脑后盘起。

第一夫人的言行举止、服装打扮往往成为媒体关注的热点,彭丽媛的首秀也不例外。彭丽媛"不负众望",两天内,出现在公众面前的她根据场合的不同换了几套衣服,除了长大衣外,室内活动时,她一般以剪裁得体的小西装为主,颜色多为深色系。在会见俄罗斯总统普京时,她穿了一件黑色上装;参加习近平在莫斯科国际关系学院演讲时,她穿了一件蓝色印花小西装,淡雅而亲切;23 日下午,在去孤儿院看望孩子们时,她则穿了一件杏黄色上衣,颜色非常温暖。

"看得出极有品位,并且掌握的分寸很好","大气、美丽、优雅、自信……",这些形容女性美好的词汇不断出现在国内国际媒体中。着装得体、举止大方,彭丽媛不负众望,通过第一夫人首秀展现了中国的大国魅力。

(资料来源:根据齐鲁晚报《第一夫人首秀展现大国魅力》一文整理。http://epaper.qlwb.com.cn/qlwb/content/20130325/ArticelA06002FM.htm.)

一、仪容概述

仪容指的是人的容貌长相,仪容美是指人的容貌美。为了维护自我形象,商界人士有必要将自身仪容进行修饰美化。

（一）仪容修饰的基本原则

1.保持整洁

整洁是仪容修饰的首要条件，也是最好的修饰。无论什么人，都更愿意与干净整齐的人打交道。商界人士要保持整齐、洁净、清爽，要做到勤洗澡、勤换衣、勤洗脸，脖颈、手脚都要保持干净，身体无异味，并经常注意去除眼角、口角及鼻孔的分泌物。商务男士要定期修面，注意不蓄胡须、鼻毛不外现；同时注意口腔卫生，早晚刷牙，饭后漱口，牙齿洁白，口无异味。商界人士在重要应酬之前应忌食大葱、大蒜、韭菜、腐乳等带有刺鼻气味的食物。

2.强调和谐

仪容美是一种整体的美，同时也无法与周围环境割裂开来。只有当一个人的仪容从整体上表现出和谐，并与周围的环境相称时，才能体现真正的仪表美。真正懂得美的人，就会综合考虑自身的相貌、身材、职业，使其与所处环境相称，这样才有可能塑造出美的形象。当然，这种设计美感的能力，需要良好的修养并经过长期的生活实践才能培养出来。

3.崇尚自然

仪容具有情感属性，可以从一个人的穿着打扮上大致判断其情感倾向。奇装异服的装扮，只能使人觉得刺眼，产生反感，也会破坏人的自然美。"清水出芙蓉，天然去雕饰"是人们注重自然美的表现。比如，商务场合女士应注意不蓄长指甲、不使用醒目甲彩。但应注意，自然大方绝不等同于过分随便、不修边幅。

4.注重修养

仪容美是人的内在美与外在美的统一。真正的美，应该是个人良好内在素质的自然流露。要想有好的仪表，要想在人际交往中给人以良好的印象，就必须从文明礼貌、文化修养、道德情操、知识才能等各个方面不断提高个人修养。如果只有外表的华美，而没有内涵作为基础，一切都会使人感到矫揉造作，使人感到"金玉其外，败絮其中"。

（二）仪容美的基本要素

仪容美的基本要素是貌美、发美、肌肤美。美好的仪容能让人感觉到其五官构成彼此和谐，发质发型使其英俊潇洒、容光焕发，肌肤健美使其充满生命的活力，给人以健康自然、富有个性的深刻印象。

然而，天生丽质的人毕竟是少数，商界人士可以靠发式造型、化妆修饰等手段，弥补和掩盖在容貌、形体等方面的不足，并在视觉上把自身较美的方面展露和衬托出来，使形象得以美化。

二、发型礼仪

正常情况之下，人们观察一个人往往是"从头开始"的，因此，个人形象的塑造要"从头做起"。美发，一般是指对人们的头发所进行的护理与修饰，使其更美观大方，适合自身特点。美发的礼仪，指的就是有关人们的头发的护理与修饰的礼仪规范，是装束礼仪之中不可或缺

的一个重要的组成部分。从可操作的角度来讲,发型礼仪主要分为护发礼仪与作发礼仪两个部分。

（一）护发礼仪

头发是人们脸面之中的脸面,所以应当自觉地做好日常护理。商界人士的头发必须经常地保持健康、秀美、干净、清爽、卫生、整齐的状态。要真正达到以上要求,可从洗发、护发和养发几个方面入手。

首先,要学会正确洗发。洗发前,需将头发梳理几遍,再将头发用温水打湿,水温需控制在37℃左右。水温过低或过高都会有损头发及头皮。并将洗发水在手心内加温水揉搓至泡沫状后涂于头发上,并轻轻搔抓头皮。不宜选用碱性过重的肥皂,容易使头发变得干枯、脆弱,甚至脱落。其次,要学会护发。梳头不仅能起到简单的保持发型的作用,还能起到促进头部皮肤呼吸、加速血液循环的功效。注意梳头时用力均匀,每日梳头在二十余次为宜。对于发质较为干燥或做完烫染后的人士,可在每次洗发后涂上护发素,能增加头发的柔韧性与光泽度。秋冬季节的发质较为干燥,更应有针对性地加强保湿等头部护理,并适当减少洗发次数。最后,要养护好头发,还得从营养学的角度着手。一般认为,避免烟、酒、辛辣刺激之物对头发的危害。例如,要减少发屑,应少吃油性大的食物,多吃含碘丰富的食品;欲使头发乌黑发亮,则适宜多吃蛋白质和富含维生素、微量元素的食物,尤其是要多吃核桃一类的坚果,或黑芝麻一类的"黑色食物"。

24

同步案例

给贝京的建议

以色列前总理贝京访美前夕,曾请美国著名的形体专家萨尔若夫为其进行个人包装。两人一见面,萨尔若夫首先注意到贝京深蓝色西装的肩膀上全是头皮屑。萨尔若夫说:"贝京先生,有一件事,除了我谁也不会对你说,请不要觉得这是有意冒犯。不知道你是否意识到自己肩膀上就像下了雪一样。"萨尔若夫建议贝京:"早上离家之前,或者当你将要走进会议室时,请对自己的身上扫一眼,敏捷地抖一下自己的双肩,确保身上没有什么会转移别人注意力的东西。"贝京对此建议十分感谢。

（资料来源:付秀彬.商务礼仪[M].成都:西南财经大学出版社,2010.）

（二）作发礼仪

这方面礼仪所涉及的,主要是有关头发的修剪造型等方面的问题。对商界人士来讲,作发礼仪的基本要求是：经过修饰之后的头发，必须以庄重简约、典雅、大方为其主导风格。

1.头发的修剪

商界人士在修剪自己的头发时，有三个方面的问题应当引起重视。

（1）定期理发。根据头发生长的一般规律，商界男士在每半个月左右理一次头发是最为恰当的，至少每次理发的时间间隔不宜长于一个月。

（2）慎选理发方式。具体来说，理发又分为剪、洗、染、吹、烫等不同的方式。商界人士对其中一些具体方式可以根据个人爱好进行自由选择，但同时也应考虑中国人传统的审美习惯，避免染成黄、红、绿、蓝等颜色，甚至将其染成数色并存的彩色，否则与身份不相符。

（3）注意头发长度。为了显示出商界人士的精明干练，同时也是为了方便其工作，通常提倡商界人士发型以短为宜。具体而言，在商界男士理短发时要求：前不覆额、侧不过耳、后不及领。如果商界女士头发较长，建议暂时将其盘起来，或者扎起来，勤于打理。头发长期暴露在外面，容易沾染灰尘等杂物，加之头皮细胞老化形成头皮屑、油脂的分泌，比起人体的其他部位，更容易令人产生藏污纳垢的形象。因此护理头发的首要任务是保持头发的干净整洁。而洗头发的时间相隔三天为宜，个人也应根据特殊情况加以缩短，如部分男士头皮屑分泌过于旺盛，若三天才洗发则会产生大量头皮屑。而短发的修剪时间在一月以内为宜，长发若出现分叉即需即刻修剪。

2.头发的造型

商界人士在为自己选定发型时，除了受到个人品位和流行时尚的影响之外，还往往必须对个人的具体情况加以考虑。

（1）考虑脸形。人的头发生在头顶，下垂到脸旁，因而发型与脸形相辅相成。选择恰当的发型既可以为自己的脸形扬长避短，更可以体现发型与脸形的和谐之美。具体来讲，不同脸形的人在为自己选择发型时，往往会有一些不同的要求。

其一，圆脸型发型。圆脸常被称作娃娃脸，突出表现是脸颊较宽。可以选择头发侧分，可以增加高度；头发宜稍长，长过下巴是最理想的；两边的头发要紧贴耳际，不要露出耳朵，把圆的部分盖住，显得脸长一些；也可以不留刘海或利用斜刘海帮助拉长脸形，突出额头。

其二，椭圆脸型发型。由于这种脸型具有较好的视觉基础，因此选择发型的范围就较广泛，无论长短发型都容易与这种脸型相协调，产生良好的视觉美感。

其三，长脸型发型。此种脸型的额前发际线较高，额、腮成一直线或宽度差不多。应该选多层次、两侧蓬松的发型为宜。同时可以在前额处留刘海，前额的刘海可以缩短脸的长度，两边修剪少许短发，盖住腮帮，脸就不显得长了。发型长度选择余地较大，可以齐耳，也可以留长发。

其四，方脸型发型。方脸又称国字脸，突出表现是脸颊较宽，两腮突出。选择的发型以多层次、柔和的发型为主，弱化脸部硬的线条。最简单就是选用斜的偏分刘海，往一边梳的刘海，会使前额变窄；头发宜长过腮帮，侧分的头发显得蓬松，使脸型变得柔和。

其五，三角脸型发型。此种脸型上尖下宽，宜将头顶部分的头发作蓬松处理，两侧的头发则需紧贴脸部，线条柔和，能冲淡三角形的感觉。此种脸型的人不适合留短发或发髻。

（2）考虑性别。在日常生活中，发型一向被作为区分男女性别的重要的"分水岭"。虽然近几年来，发型的选择逐渐呈现出日益多元化的倾向，明星和新潮青年们在选择自己的发型时，纷纷"敢为天下先"，成年男子留披肩发或扎小辫；妙龄少女则理"板寸"或剃光头，商界人士不能去效仿。

（3）考虑年龄。商界人士在为自己选择发型时，必须客观地正视自己年龄的实际状况。切勿"以不变应万变"，从而使自己的发型与自己的年龄相去甚远、彼此抵触。比如，一位年轻女士若是将自己的头发梳成"马尾式"或是编成一条辫子，自可显现出自己的青春和活力；可若是年纪偏大的女性选择这种发型，则会显得幼稚可笑。

（4）考虑身材。对于身材高挑的人，发型的选择性较多，如直发、烫发等皆可。但需注意不宜将发髻盘得过高，以免使人显得过于修长；对于身材矮小者，可通过视觉差拉长自己的身高，发型应以精致为主，如选择短发或盘发，不宜弄得过于蓬松或留发过长；对于身体矮胖者，剪成运动型发式，会增添俏丽、健康的美感，若烫成大波浪式或将头发弄得过于蓬松会显得更胖。

（5）考虑职业。商界对自己的全体从业人员的基本要求是：庄重和保守。在商界人士对自己设计发型时，这一基本要求需得以贯彻落实。前面提到过，商界男士的头发要求前不覆额、侧不过耳、后不及领，以短发为主，显得干净利落。如果商界女士头发较长，建议将其盘起来或扎起来，显示出专业和干练。比较适合商界女士的发型包括：利落马尾、可爱丸子头和清新盘发等，如图 2-1 所示。

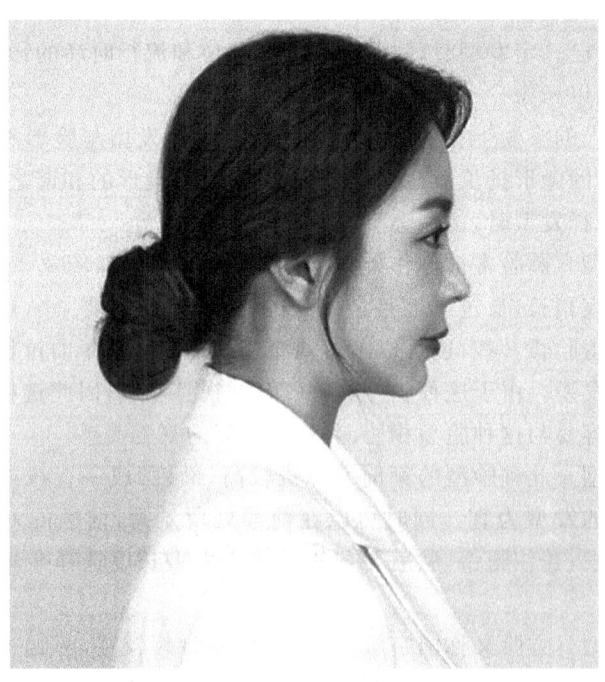

图 2-1　职场发型

商界人士在设计与制作发型时，若能对以上几个方面的问题通盘考虑，则必然会使自己的发型既符合惯例，也易于得到他人的认可。

三、面部妆容礼仪

化妆作为修饰仪容的一部分,是指采用化妆品按照一定的专业技法对自我进行修饰的过程。商界人士的妆容以淡妆为主。得体的自然妆容能不露痕迹地提升个人职业形象,增加个人魅力。而化妆的目的也不是把自己装扮得花枝招展、光彩夺目,而是要塑造一副健康自然、鲜明和谐、富有个性的容貌。在人际交往中,进行适当的化妆是必要的,这既是自尊的表示,也意味着对交往对象的重视。

(一)化妆的原则

商界女士要化出理想的妆容,体现商务女性端庄、美丽、温柔、大方的独特气质,进行化妆前一定要树立正确的意识。这种有关化妆的正确意识,就是所谓化妆的原则。

1.妆容自然

化妆的最高境界,是"妆成有却无",即没有人工美化的痕迹,而好似天然的美丽。作为商界女士,其妆面应洁净、自然、生动,妆容讲究精致,以适应与他人近距离的接触和交流,保持良好的工作形象。职业妆容切忌太艳俗或太妩媚,自然妆容如图 2-2 所示。

图 2-2　自然的妆容

2.化妆得法

化妆虽讲究个性化,但却必须认真学习,正确选择和使用化妆品。化妆品按其功用可分为洁肤类、护肤类和修饰类三大类。在使用时应注意根据自己的肤色、皮肤性质来选择,尤其对过敏性皮肤,在更换化妆品时,可先在耳后或手腕处试用,不要贸然选用,以免损伤皮肤。化妆还应根据场合、时间而定。比如,工作时化妆宜淡;社交时,化妆可以稍

浓；香水不宜涂在衣服上和容易出汗的地方，应涂在脉搏离皮肤比较近的地方，如手腕、耳根、颈侧、膝部、踝部等处；口红与腮红、指甲油最好为同一色调等等。总之，切不可另搞一套贸然行事。

3.整体协调

高水平的化妆，强调的是其整体效果。所以在化妆时，应努力使妆面协调、全身协调、场合协调、身份协调，力求取得完美的整体效果，以体现出自己慧眼独具、品位不俗。

（二）面部清洁及护理

1.面部清洁

清洁面部中的"清洁"即常说的洗脸。无论男女，每天至少要在早晚各洗一次脸，并在用餐后、出汗后即刻洗脸，时刻保证面部无油污、无汗渍等不洁之物。

洗脸水的温度不宜过高，可以早晨用冷水，晚上用热水清洗。洗脸时，应从下往上、从内向外。长期坚持此种手法，能有效防止面部肌肉下垂。

不同的肤质对清洁用品的选择亦不相同。中性及干性皮肤宜选择泡沫型洁面乳，并根据面部清洁度选择是否选用清洁用品。如晚上使用洁面乳，早晨不用。而油性肤质要选择除污力较强的香皂或洗面奶。

对于每日淡妆出镜的女士来说，卸妆是每日夜间必不可少的护肤程序。首先将浸满卸妆水的化妆棉分别敷在眼皮、嘴唇20秒，随后轻微擦拭。再将涂有卸妆液的化妆棉擦拭眉毛。随后再开始清洁面部的步骤。

而男性的皮肤多为油性或偏油性，更应勤于洗脸，以除去体内排出的皮脂和灰尘等附着物，保持面部清洁干爽。

2.面部护理

（1）爽肤水的使用。爽肤水作为面部护理的第一步，能起到清洁毛孔、调理角质层、平衡皮肤酸碱度、补充水分的作用。干性肌肤适合弱碱性的柔肤水，过敏性肌肤应选择具有舒缓功能的纯植物提取的修复水。油性肌肤适合具有收缩毛孔功效的收敛水，以达到控油的效果。使用爽肤水时，可将其倒在手心，然后用手轻拍至脸上，再用手指在脸部轻轻探试几下，以促使全部吸收；或将爽肤水倒在化妆棉上，让化妆棉完全浸透，再将棉片由下往上擦拭，并在额头、鼻头、下巴处轻按几下。

（2）精华液的使用。精华液富含微量元素、胶原蛋白等有效成分，其功效在于帮助巩固和促进肌肤对营养的吸收，为肌肤提供充分的营养。在使用完化妆水后，取足量的精华液于手心，在手部揉搓均匀，利用手心热度使其加热后，分别轻点于额头、两颊、鼻子、下巴，再用指腹的第二关节由内向外轻缓推拿，将精华液涂抹至整个脸庞。对于易出现斑点的两颊处，再由内向外多按摩几次。部分精华液除了基础功效外，还具有提拉紧致、抗皱、美白等功效，个人可根据自身情况有针对性地予以选择。

（3）眼霜的使用。眼霜是用来保护眼睛周围较薄的一层肌肤的，除具有淡化黑眼圈、眼袋的功效外，也具备改善皱纹、细纹的功效。从功能上来说，眼霜分为滋润型眼霜、紧致型眼霜、抗敏感眼霜等。因眼部皮肤较细嫩，对眼霜的涂抹多使用无名指。用指腹取绿豆大小的眼霜相互揉搓使之加温,以弹钢琴的方式,均匀地拍打在眼周肌肤上。随后,从眼部下方向眼尾,延眼眶由内向外轻轻按压。

(4)面霜、乳液的使用。面霜、乳液最主要的功效是保护皮肤表层、防止水分流失,面霜呈膏状,乳液呈黏稠的水状。在较为干燥的秋冬季节宜选用浓稠度较高的面霜,夏季以乳液为主,或根据温度情况,早晨护理选用乳液,夜间护理选用面霜。取硬币大小乳液、面霜于双手,利用掌心温度将其加热,随后点于双颊、额头、鼻梁上方、下颚四处,再用双手轻轻涂抹开来。对于皮肤极度干燥的情况,可先涂抹乳液,再涂面霜,起到双层修护的作用。

(5)隔离的使用。隔离会起到阻隔灰尘与紫外线的作用,而与肤质适度搭配还能起到均匀肤色、提亮肤色的作用。隔离一般为乳液状或粉状,颜色以肤色、紫色和绿色为主。皮肤表层较薄、易现红血丝的肌肤应选择绿色或黄色的隔离;而皮肤偏黄的人士应选择紫色的隔离,以产生粉嫩的效果。而在紫外线较强的夏季,应涂上高倍数防晒霜,以避免晒斑、皱纹甚至得皮肤癌。

(6)面膜的使用。面膜是指将某种材质附着在脸部,以起到暂时隔绝外界空气、促进皮肤扩张及新陈代谢的效果,其最基本也最重要的功能是弥补卸妆与洗脸仍不足的清洁工作,并在此基础上配合其他精华成分实现其保养功能,如补水美白、抗衰老、平衡油脂等。使用面膜前,应先卸妆洗脸,这样有利于面膜营养成分的吸收。面膜使用15分钟后,可用手轻轻触碰,若不觉粘手,则可将面膜从边缘开始,自下而上缓慢揭去,切勿长时间使用面膜,反而会导致营养成分的流失。去除面膜后,应用干净的温水将脸部残留物洗掉,再涂上面霜。面膜不宜使用过频,每周两到三次即可。

(三)面部妆容

商务场合中,女士应当适度化妆,不化妆被视为失礼,男士也要进行适当的面容修饰,但男士化妆应不露妆痕。恰到好处的妆容,给人以文明、整洁、雅致的印象,浓妆施抹,过分的修饰、夸张,会使人认为轻浮、卖弄。

化妆品是美容化妆的物质条件。根据化妆品的功用不同,可以分为三大类:清洁化妆品,用于清洁皮肤;护肤化妆品,用于保养皮肤;修饰类化妆品,用于修饰化妆。使用化妆品要注意:一是根据自己的肤色选择;二是根据自己皮肤性质选择;三是注意化妆品的质量;四是不要频繁更换化妆品。

化妆的浓淡要视时间、场合而定。在白天的工作场合,适合化淡妆。浓重的妆色,与周围工作气氛不相宜,让人感觉不稳重。晚上参加舞会、宴会等社交活动,穿着艳丽华贵的服装,可化浓妆如烟熏妆。

(1)唇膏。曾有人戏称:"我可以素颜出门,但是我的口袋里面必须要有一支适合的唇彩,让我毫不犹豫地在任何场合都能涂在唇上。"唇膏的选择性很多,如口红、唇彩、唇线笔、带色润唇膏等,在补妆环节中,唇膏是使用最为频繁的一类彩妆用品。而在皮肤干燥、缺失活力的冬天,用偏橙色的口红能立刻提升你的活力。

(2)遮瑕膏。大部分人都需要遮瑕产品来美化面部,遮住明显的瑕疵,如黑眼圈、红血丝或很小的痣。找到适合自己肤色的遮瑕品,而遮瑕的重点在于不露痕迹。否则适得其反,反而会突出个人的瑕疵。注意在自然光线下仔细观察自己的脸,以保证遮瑕到位。

（3）底妆。使用过遮瑕膏之后，轻轻扫上底妆让肤色显得更加均匀。底妆产品可以是轻薄的粉底液或是润色乳液。尽量选择自然肤色，对于本身肤质较好的人士，也建议涂上薄薄的一层。现在的底妆产品强调健康、让皮肤自由呼吸，不同于以往那种厚厚的"面具"。同时，不要忘记你的发根和颈部，这会让你的妆容更具有整体协调性、更为自然。

（4）腮红。使用腮红能即刻红润双颊，提亮气色。使用腮红切忌过度，不宜出现任何的线条或纹路，在脸上轻扫腮红，让它融入自然的妆容中。腮红的选择可以是粉状、乳液状或膏状。在一时没找到腮红又需要补妆的情况下，可以将口红在手上晕染开，再轻轻涂至脸颊处。

（5）画眉。多数人会有眉毛的困扰，如眉毛稀薄、眉色不均或长短不一等，这些问题完全可以通过修眉和画眉予以解决。首先需用剃眉刀修出适合自己的眉形，标准的眉形是在眉毛的2/3处有转折。若觉得修眉有一定难度，可交给专业人士，自己负责定期拔掉长出来的多余眉毛即可。在有一定的眉型后，每日用眉笔或眉粉将眉毛空隙轻轻填满即可，使眉毛看上去饱满又自然。切勿一笔从头画到尾。

（6）睫毛膏。传统的睫毛膏使用前会要求用睫毛夹将睫毛弄卷翘，而现在的自然妆容对此要求越来越少。你只需将睫毛膏涂在睫毛上就好。涂的次数和量越少，眼妆会越自然。睫毛膏能使双眼增色不少，更加炯炯有神。

（7）卸妆。卸装的目的是净化并护理皮肤，如果带妆过夜，皮肤会受到伤害。卸妆的一般步骤如下：用棉棒浸蘸卸妆水，擦去眉眼周围及睫毛处的化妆品；用棉纸或纸巾擦去口红，再抹适量的橄榄油或其他植物油；用油质雪花膏涂抹额、颊、鼻和下巴部；用软纸擦净面额，再用香皂洗脸，洗脸不要用毛巾用力擦脸，而要把香皂先打在手上，轻轻搓擦面部，再用温水冲洗。

（四）化妆的禁忌

进行化妆时，商务女士应认真遵守以下礼仪规范，不得违反。

1.忌当众进行化妆或补妆

化妆，应在家里的化妆间里进行。若当众化妆，则有卖弄表演或吸引异性之嫌。化妆属于个人隐私，原则上只能在家中进行。特殊情况下，需要在其他场合临时补妆时，也应选择隐蔽之处。在许多场合里，一般都设有专门的化妆间，就是为有必要随时化妆或补妆的人所预备的。在许多国家，单身女子在饭店、舞厅、街头等公众场合当众化妆、补妆，往往会被视作风尘女子。聪明的人绝不会在异性面前化妆，因为会使别人发现自己的"本来面目"，使自己黯然失色。

2.忌化妆妨碍于人

有人将自己的妆化得过浓、过重，或者涂抹过量的香水，香气四溢，令人窒息。这种"过量"的化妆，就是对他人的妨碍。

3.忌妆面出现残缺

商务女士若上了彩妆，要有始有终，努力维护其完整性。用餐之后、休息之后、运动之后、沐浴之后，要时常检查，发现妆面出现残缺时，应及时采用必要的措施进行补救。否则，会贻笑大方。

4.忌用他人的化妆品

使用他人的化妆品极有可能成为传播疾病的途径。为了自己和他人的健康,不要借用他人的化妆品,谨防染上传染病,具敏感性皮肤的人尤其要特别注意。

5.忌评论他人的妆容

化妆与否是个人选择,所以不应对他人的妆容自以为是地加以评论或非议。

知识链接　世界十大高档化妆品品牌

(1)法国 Lancome(兰蔻):这个法国国宝级的化妆品品牌创立于1935年,迄今已有近80多年历史。自创立伊始,就以一朵含苞欲放的玫瑰作为品牌标记。

(2)美国 Estee Lauder(雅诗兰黛):成立于1946年的雅诗兰黛公司,自推出以来,一直保持经典的琥珀色玻璃瓶包装,创下全球每十秒销售出一瓶的佳绩。

(3)日本 Shiseido(资生堂):有140多年历史的资生堂,是亚洲最老牌的殿堂级化妆品。主线资生堂国际系列,以优雅、品位、有效、安全,而深入人心。

(4)法国 Dior(迪奥):以做高级时装起家的 Dior 品牌,自1947年首次推出香水 Miss Dior 后,现已全面进军美容领域。经典与高贵是 Dior 的代名词。

(5)法国 Chanel(香奈尔):以交叉的二个 C 为品牌标识的 Chanel 品牌,同样以高级成衣起家。在美容领域最大的成就为香水。

(6)美国 Clinique(倩碧):Clinique 来源于法文"医学诊所"。以过敏度低,不含香料,无刺激的护理理念闻名于世。Clinique 在美国、英国均是销量第一的高档化妆品牌。

(7)日本 SK-Ⅱ:源于数十年前,一个科学家参观一个酿酒工厂时的偶然发现,从此诞生了一个美容界的神奇品牌,它就是 SK-Ⅱ。定位为高级保养品牌。其专利成分 PITERA,提取自米酒的天然酵母。

(8)美国 Elizabeth Arden(伊丽莎白·雅顿):早在20世纪20年代,EA 已经是一个全球知名的美国品牌,曾一度垄断整个高级美容护肤市场。

(9)法国 Clarins(娇韵诗):自创立之日起,就坚持纯植物护肤的研发理念,凭借其60多年来的肌肤护理、纤体经验及卓越的功效,赢得了全球越来越多女性的信赖和欢迎。

(10)法国 Sisley(希思黎):Sisley 创立于1976年,是法国一个家族式的贵族化妆品牌。纯植物提取是该品牌的立身之本。

(资料来源:https://www.phb123.com/shenghuo/meirong/21226.html.)

四、手部颈部礼仪

在我们保持光洁的面容、得体的发型之外,也需要注意手部、颈部的清洁与修饰,这也是仪容仪态中较为容易被忽略的细节。细节决定成败,若能将此部分处理得当,定能给商务形象锦上添花。

(一)手部

在商务活动中,人与人之间需要握手,双手是人际交往中,肢体语言使用最为频繁的部位。即使不握手,工作中也常需使用双手进行指引、取拿物品等,手掌和手臂经常会暴露在外。因而一双清洁没有污垢的双手,是交往的最低要求。

而指甲缝中更不能留有任何异物,无论男女都需经常修剪指甲。指甲长度不宜超过指尖,不宜用牙齿啃指甲,不得在公众场合修剪指甲。伴随人体的新陈代谢和经常接触外界,手部易产生死皮,当出现此种现象时,应及时修剪,不宜用手或牙齿撕扯。

对于追求时尚的女士,可能喜欢给指甲涂上色彩与纹路,切忌选择过分招摇的颜色或款式,如全部黑色等,以低调的裸粉色、透明色为宜,如图 2-3 所示。

图 2-3　漂亮的手部

(二)颈部

在日常护理中,往往注重面部护理,却让颈部的皱纹泄露了个人的年龄。加之颈部油脂分泌的减少,皮肤走向衰老,最先显露迹象的部位实则是曝光率极高的颈部。

而颈部皱纹的产生,与我们日常工作生活中的某些不良习惯紧密相连,如长期低头伏案工作,寒冷天气不重视颈部御寒等。

在日常面部护理时,在重视面部清洁的同时,注重颈部的清洁与保养,经常对颈部进行按摩,促使颈部加速血液循环、新陈代谢。每日做美颈操,如像钟摆般摆动颈部,可放松肌肉并改善颈部肤质松弛的状况。

（三）脚部

脚部虽然不是常年裸露在外的部位，但也一样要注意适时适度地保养与修饰。首先，要注意保持脚部清洁，做到勤于洗脚、勤换袜子、勤换鞋子，以免使脚产生异味，甚至患脚气病等。在人际交往中，如果有时在室内需要换拖鞋进入，干净整洁而无气味的双脚才不会令人生厌，也不会令彼此尴尬。其次，要经常修剪趾甲。要像检查、修剪手指甲一样，经常检查并修剪脚指甲。最后，女士在夏天穿凉鞋时，一般场合若不穿袜子，可以美化脚指甲，但要注意涂抹的颜色要自然协调。

五、皮肤护理礼仪

肌肤的护理和保养是实现仪容美的首要前提，面部肌肤更是重中之重。了解个人的肤质，掌握适合自己的护肤养生之道，有助于保持皮肤的青春活力。健康的人皮肤具有光泽度且柔软、细腻、富有弹性；而当人体处于亚健康状态时，皮肤则会失去光泽与弹性，出现皱纹或色斑。

随着季节和年龄的变化，皮肤的性质也会有所改变。一般夏季皮肤普遍偏油，干性皮肤也会显得光泽滋润，冬季皮肤偏干，皮脂分泌量相应减少。随着年龄的增长，皮肤的油脂分泌会逐渐减少，年轻时为油性或中性皮肤，中年以后会逐渐转向中性或油性皮肤。

（一）皮肤分类

（1）干性皮肤红白细嫩，油脂分泌较少，对外界刺激极为敏感，常出现红血丝。在极度干燥的情况下，身体会出现俗称的"起皮"现象。针对此种皮肤，补水是第一要务。可在每天洗脸的时候，在水中加入少许蜂蜜，湿润整个面部，用手拍干。

（2）中性皮肤较为滋润细嫩，对外界的刺激不太敏感。此类皮肤的护理较易，可在晚上用水洗脸后，再用热水捂脸片刻，再轻轻拭干即可。

（3）油性皮肤肤色较深，毛孔粗大，油光满面，易生痤疮等皮脂性皮肤病。但适应能力强，不易显皱。此类皮肤需加强皮肤的清洁，如在温水中加入少许白醋，以便有效去除皮肤上过多的皮脂、皮屑和尘埃，恢复皮肤的光泽度。

但皮肤的分类也难一概而论，因皮肤在不同季节、不同场合会产生不同的变化。如很多男士虽为干性皮肤，但他的额头、鼻梁处（常被称作"T"字区域）偏油性，分泌物较多，易生粉刺、黑头等。而大部分人在秋冬季节会觉得皮肤更为干燥，需加强养护。

（二）护理得当

1.养成良好的生活习惯

（1）合理的饮食结构是肌肤护理的根本。人体所需的各类养分都需从食物中提取出来。只有养分充足，皮肤才会有光泽、有弹性。在日常的饮食中，需三餐按时、进食有度，保证食物的多样性，多吃富含维生素的食物，少吃刺激性的食物。如胡萝卜、橘子等，富含维生素

A，能起到润滑皮肤、防止皮肤粗糙的作用；而绿色蔬菜、苹果等因富含大量的维生素 C，有助于消除斑点、清洁皮肤。

（2）摄取足够的水分是重要环节。若皮肤含水量过低，易干燥、枯燥，甚至产生皱纹。故每日摄取足够的水分，对皮肤护理甚为重要，切不可用饮料取代。在每日起床后，饮食一杯温开水，能有效排除体内毒素，快速唤醒肌肤活力。

（3）保证良好的起居习惯也必不可少。只有在睡眠状况下，人体的器官才能自动休整，细胞更新加速，皮肤获得更多的养分，容光焕发。而经常熬夜易导致皮肤暗淡无光，久而久之会使身体机能紊乱。

（4）良好的心态是"润肤剂"。美国一位科学家说："笑是一种化学刺激反应，它能激发人体的各个器官，尤其是激发头脑和内分泌系统活动。"精神愉快是最好的美容保健方法。个人应尽量避免过度的忧伤、焦虑等负面情绪，并学会通过用听音乐、看小说等办法自我排解、释放压力。

除此之外，还可以采用以下方法进行皮肤护理：① 定时蒸面。方法是将开水倒入脸盆中，如加入薄荷、菊花等植物效果会更好。用开水的蒸汽蒸面，这样可以使毛孔张开，体温升高，加速血液循环，使皮肤吸收水分，增加光泽。② 面部按摩。按摩可以起到运动皮肤的作用，促进血液循环，活泼面部神经，改善皮肤的营养，以减缓皮肤的老化过程。按摩的方法很多，可以用两手掌相互摩擦发热，然后顺着脸部肌肉的生长方向，逆着皱纹，由下向上，由内向外进行按摩，手的力度要适中。③ 经络美容法。使用经络美容法按摩有关的经络和穴位，使皮肤健康柔润。④ 面膜敷面。经常使用面膜可以加强皮肤的保养与护理。

2.清洁与护理

（1）适度清洁。洗澡次数以每周两次为宜，而在干燥的秋冬季节可适度减少。次数过多，容易将自动脱落的角质层和汗液混合的皮垢洗掉，减少了这些物质对皮肤的保护，细胞内的水分更容易蒸发，令皮肤更为干燥。清洁皮肤可选择质地较为温和并具有滋润功效的沐浴液，尽量不要使用碱性肥皂。

（2）身体乳的使用。在沐浴完、擦拭完身上水分后，应即刻擦拭身体乳、精油或者橄榄油，均可起到锁住水分、滋养皮肤的功效。对于身体容易产生异味的人士，应增加身体清洁的次数，并有针对性地借助药物予以治疗，或者有选择性地喷洒香水以遮住异味。

3.护齿

牙齿是口腔的门面，牙齿的清洁是仪容美的重要部分，而不洁的牙齿是交际中的障碍。试想，当你露出发黑或发黄的牙齿在谈笑风生时，是多么地不雅观。如果牙缝上留有牙垢，就会让人退避。要保持牙齿的清洁卫生，须坚持每天刷牙漱口。正确的刷牙方法是将牙刷毛尖端放在牙龈和牙冠的交界处，稍微加压按摩牙龈时顺着牙缝上下颤动地竖着刷。如果长期吸烟和喝浓茶，天长日久，牙齿表面会出现一层"茶锈"和"烟渍"，牙齿变得又黑又黄。为防止口腔有异味，平常最好不吃葱、蒜、韭菜等带刺激性气味的食物。每日早晨，空腹饮一杯淡盐水，平时多以淡盐水漱口，能有效地控制口腔异味。

第二节　商务仪态礼仪

案例引导

微笑的魅力

飞机起飞前，一位乘客请空姐给他倒一杯水吃药，空姐很有礼貌地说："先生，为了您的安全，请稍等片刻，等飞机进入平衡飞行后，我会立刻把水给您送过来，好吗？"

十五分钟后，飞机早已进入平衡飞行状态。突然，乘客服务铃急促地响了起来，空姐猛然意识到：糟了，由于太忙，她忘记给那位乘客倒水了。当空姐来到客舱，看见按响服务铃的果然是刚才那位乘客，她小心翼翼地把水送到那位乘客眼前，微笑着说："先生，实在对不起，由于我的疏忽，延误了您吃药的时间，我感到非常抱歉。"这位乘客抬起左手，指着手表说道："怎么回事，有你这样服务的吗？你看看，都过了多久了？"空姐手里端着水，心里感到很委屈，但是，无论她怎么解释，这位挑剔的乘客都不肯原谅她的疏忽。

接下来的飞行途中，为了弥补自己的过失，每次去客舱给乘客服务时，空姐都会特意走到那位乘客面前，面带微笑地询问他是否需要水，或者别的什么帮助，然而，那位乘客余怒未消，摆出不合作的样子，并不理会空姐。

临到目的地前，那位乘客要求空姐把留言本给他送过去，很显然，他要投诉这名空姐，此时空姐心里很委屈，但是仍然不失职业道德，显得非常有礼貌，而且面带微笑地说道："先生，请允许我再次向您表示真诚的歉意，无论您提出什么意见，我都会欣然接受您的批评！"那位乘客脸色一紧，嘴巴准备说什么，可是没有开口，他接过留言本，开始在本子上写了起来。

等到飞机安全降落，所有的乘客陆续离开后，空姐本以为这下完了，没想到，等她打开留言本，却惊奇地发现，那位乘客在本子上写下的并不是投诉信，相反，这是一封热情洋溢的表扬信。

是什么使得这位挑剔的乘客最终放弃了投诉呢？在信中，空姐读到这样一句话："在整个过程中，你表现出的真诚的歉意，特别是你的十二次微笑深深打动了我，使我最终决定将投诉信写成表扬信！你的服务质量很高，下次如果有机会，我还将乘坐你们的这趟航班。"

（资料来源：https://wenku.baidu.com/view/990ab972c77da26924c5b09e.html.）

35

仪态是指商务交往过程中身体所呈现出的各种姿势和风度。姿势是指身体所呈现的样子，风度则属于内在气质的外化。每个人总是以一定的仪态出现在别人面前，一个人的仪态包括他的所有行为举止：一举一动、一颦一笑、站立的姿势、走路的步态、说话的声调、对人的态度、面部的表情等等。而这些外部的表现又是一个人内在品质、知识、能力等的真实流露。美国心理学家梅拉比安有这样一个著名的公式：人类全部的信息表达＝7％的语言＋38％的声音＋55％的体态语。可见，仪态在人与人相处时的重要作用。

商界人士常见的体态用语包括站、坐、走、表情和手势等。不同的仪态传递不同的信息，良好的仪态在人与人的交往过程中可产生积极作用。无论何种仪态，在商务活动中，都应该给人如沐春风的感觉，这是社会审美和商务活动的需要，也是仪态礼仪最基本的要求。

一、表情礼仪

法国著名作家罗曼·罗兰说："面部表情是多少世纪培养成功的语言，是比嘴里讲的要复杂到千百倍的语言。"面部表情在传情达意方面有着非常重要的作用。任何商务活动都离不开各种各样的表情。表情是人体语言中最为丰富的部分，是内心情绪的反映。人们通过喜、怒、哀、乐等表情来表达内心的感情。在人际沟通方面，表情起着重要的作用，现代心理学家总结出一个公式：感情的表达＝7％的言语＋38％的语音＋55％的表情，可以给人留下深刻的第一印象。表情是优雅风度的重要组成部分，构成表情的主要因素一是眼神，二是笑容。

（一）眼神

目光是面部表情的核心。在人际交往中，目光是一种真实的、含蓄的语言。"眼睛是心灵之窗"，从一个人的目光中，可以看到他的整个内心世界。一个良好的交际形象，目光应是坦然、亲切、友善、有神的。在与人交谈时，目光应当注视着对方，才能表现出诚恳与尊重。与人交往时，冷漠的、呆滞的、疲倦的、轻视的、左顾右盼的眼光都是不礼貌的。切不可盯人太久或反复上下打量，更不可以对人挤眉弄眼或用白眼、斜眼看人。

1.注视的部位

（1）公务凝视：在洽谈业务，磋商、谈判等场合，眼睛应看着对方双眼或双眼与额头之间的区域。这样凝视显得严肃、认真，别人也会感觉到你的诚意。

（2）社交凝视：在茶话会、友谊聚会等场合，眼睛应看着对方双眼到唇的这个三角区域。这样凝视会使对方感到礼貌、舒适。

（3）亲密凝视：在亲人、恋人和家庭成员之间，眼睛应注视对方双眼到胸之间的区域。这样凝视表示亲近、友善。但对陌生人来说，这种凝视有些过分。

2.注视的方向

（1）正视（平视），表示理性、平等、自信、坦率。适用于普通场合与身份、地位平等人之间的交往。

（2）俯视，即抬眼向下注视他人。一般表示对晚辈的爱护、宽容，也可对他人表示轻慢、歧视。

（3）仰视，即抬眼向上注视他人。它表示尊敬期待，适用于面对尊长之时。

3.注视的时间

在人际交往中,注视对方时间的长短相当重要。在交谈中,听的一方通常应多注视说的一方,目光与对方接触的时间,一般占全部相处时间的三分之一。谈话时,若对方为关系一般的同性,应该不时与对方双目对视,以示尊重;如果双方关系密切,则可较多较长地注视对方,以拉近心理距离;如果对方是异性,双目对视不宜持续超过10分钟,目不转睛长时间地注视不仅使对方不自在,也是不礼貌和失礼的表现。

与人交往,冷漠的、傲慢的、疲惫的、呆滞的、游移不定的、左盼右盼的目光均不应出现,同时也要注意不可滥用眼神,让人感到你在做作,很可能会破坏相互的交流和沟通。

（二）笑容

笑有微笑、大笑、冷笑、嘲笑等多种形式,不同的笑表达了不同的感情。微笑是指不露牙齿,嘴角的两端略微提起的表情。发自内心的微笑是最美好的,人们的交往应是从微笑开始的。

微笑是对人的尊重、理解和友善。与人交往时面带微笑,可以使人感到亲切、热情和尊重,使自己富于魅力,同时也就容易得到别人的理解、尊重和友谊。微笑的力量是相当巨大的,有人把微笑比作全世界通用的"货币",因为它容易被世界上所有的人类所接受。

1.微笑的"四要"

一要口眼鼻眉肌结合,做到真笑。发自内心的微笑,会自然调动人的五官,使眼睛略眯、眉毛上扬、鼻翼张开、脸肌收拢、嘴角上翘。

二要神情结合,显出气质。笑的时候要精神饱满、神采奕奕、亲切甜美。

三要声情并茂,相辅相成。只有声情并茂,你的热情、诚意才能为人理解,并起到锦上添花的效果。

四要与仪表举止的美和谐一致,从外表上形成完美统一的效果。

2.微笑的"四不要"

一不要缺乏诚意、强装笑脸。

二不要露出笑容随即收起。

三不要仅为情绪左右而笑。

四不要把微笑只留给上级、朋友等少数人。

同步案例

原一平价值百万美金的 38 种微笑

日本保险推销之神原一平其貌不扬,身高也仅 1.45 米,但他却拥有被评为价值百万美金的 38 种微笑!原一平深知微笑的巨大能量。他认为婴儿般天真无邪的笑容最具魅力。原一平在推销保险的过程中总结出了微笑的八种力量。

笑容是传达爱意给对方的捷径;笑具有传染性,你的笑容可以引起对方笑并使对方愉快;笑容可以轻易地消除二人之间严重的隔阂,使对方门扉大开;笑容是建立信赖关系的第一步,它会创造出心灵之友;笑容可以激发工作热情,创造工作成绩;笑容可以消除自己的自卑感,弥补自己的不足;如能将各种笑容拥为己有,了如指掌,就能洞察对方的心灵;笑容能增进健康,增强活动能力。

于是,原一平不惜花费大量时间练习微笑,直到他在镜中出现与婴儿的笑容相差不多时才罢休。最终原一平总结的 38 种微笑是带给人类的一笔巨大财富,包括发自内心的开怀大笑;感动之余,压低声音的笑;喜极而泣的笑;交谈时,取悦对方的妩媚之笑;逗对方转怒为喜的笑;感到哀伤时的无可奈何的笑;安慰对方的笑;哭在心里,笑在脸上,那是种虚伪的笑;岔开对方话题的笑;消除对方压力的笑;充满自信的笑;发愣之后的笑;表现优越感的笑;重修旧好的笑;两人意见一致时的笑;吃惊之余的笑;意外之后的笑;嗤之扑鼻的笑;折磨对方的笑;挑战性的笑;大方的笑;含蓄的笑;夸张的笑;逼迫对方的笑;假装糊涂的笑;心照不宣的笑;含有下流味道的笑;微笑;满足时的笑;遭人拒绝时的苦笑;压抑辛酸的;无聊时的笑;话中带刺的笑;郁郁寡欢时的笑;热情的笑;冷淡的笑;自认倒霉的笑;使对方放心的笑。

(资料来源:根据王大山《价值百万美金的 38 种微笑》一文整理。http://blog. sina.com.cn/s/blog_5da58ff80100crp1.html.)

二、站姿礼仪

优美的站姿能衬托出一个人的气质和风度。站姿的基本要求是挺直、舒展、线条优美、精神焕发。

(一)基本的站姿

(1)头正。头部要保持端正,两眼平视前方,嘴微闭,下颌微收,脖颈挺直,表情自然,稍带微笑。

(2)肩平。两肩平整,稍微松弛,略倾向后方。

(3)臂垂。双臂自然下垂,双手对称垂放在身体两侧,中指对准裤缝。

(4)躯挺。挺胸收腹,臀部向内、向上收紧。

(5)腿并。两腿立直,腿部肌肉收紧,大腿内侧夹紧,脚跟靠拢,两脚尖夹角成 45~60 度,身体重心落在两个前脚掌上。标准站姿如图 2-4 所示。

图 2-4　标准的站姿

（二）其他站姿

1.叉手式站姿

要领是：双手在腹前交叉，右手搭在左手上。男子可以两脚分开，两脚距离不超过 20 厘米。女子可以用小丁字步，即一脚稍微向前，脚跟靠在另一只脚内侧。站立较久时身体重心还可以在两脚间转换，以减轻疲劳。

叉手式站姿是一种常用的接待站姿。如图 2-5 所示。

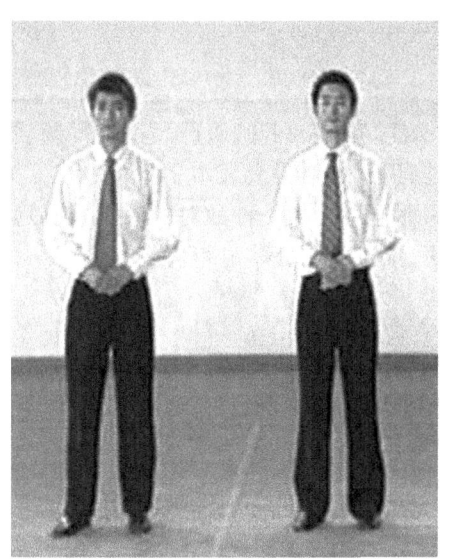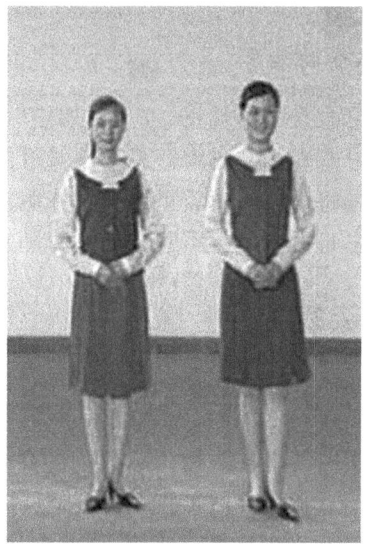

图 2-5　叉手式站姿

2.男士背手式站姿

要领是:两脚跟并拢,两脚尖展开 60 度左右,腿直,腰背直立;两手在身后交叉,右手搭左手腕部,两手心向上收。

这种站姿优美中略带威严,易产生距离感。如果两脚改为并立,则突出了尊重的意味。男士多用这种站姿。如图 2-6 所示。

图 2-6　男士背手式站姿

（三）站姿的禁忌

第一,忌全身不够端正。应"站如松",忌头歪、肩斜、胸凹、腹凸、背弓、臀撅、膝屈。

第二,忌双腿叉开过大。忌双腿叉开超过肩宽,或两腿交叉站立。

第三,忌将手插在裤袋里或交叉在胸前。那样会给人一种敌对的感觉,貌似盛气凌人。

第四,忌自由散漫。不宜在站立时随意扶、拉、倚、靠、踩,显得无精打采。

三、坐姿礼仪

（一）正确的坐姿要求

（1）入座时要轻稳。按国际惯例讲究"左近左出"。

（2）入座后上体自然挺直,挺胸,双膝自然并拢,双腿自然弯曲,双肩平整放松,双臂自然弯曲,双手自然放在双腿上或椅子、沙发扶手上,掌心向下。

（3）头正,嘴角微闭,下颌微收,双目平视,面容平和自然。

（4）坐在椅子上,应坐满椅子的 2/3,脊背轻靠椅背。

（5）离座时,要自然稳当。如图 2-7 所示。

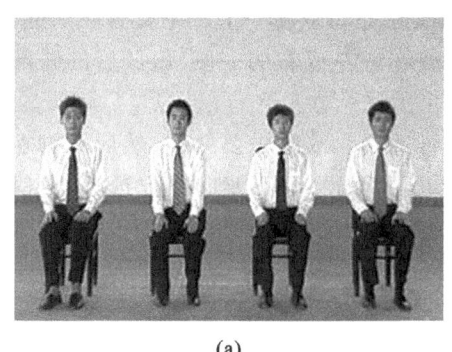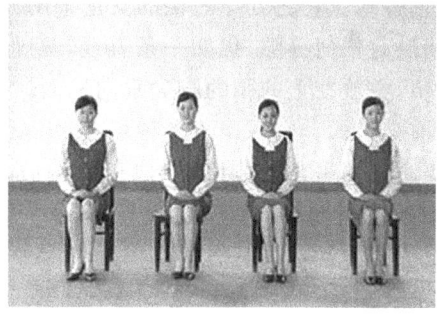

(a)　　　　　　　　　　　　　　(b)

图 2-7　标准的坐姿

（二）双手的摆法

坐时，双手可采取下列手位之一：

（1）双手平放在双膝上。

（2）双手叠放，放在一条腿的中前部。

（3）一手放在扶手上，另一手仍放在腿上或双手叠放在侧身一侧的扶手上，掌心向下。
如图 2-8 所示。

(a)　　　　　　　　　　　　　　(b)

图 2-8　坐姿双手的摆法

（三）双腿的摆法

坐时，双腿可采取下列姿势之一：

（1）标准式。适用于最正规的场合。其要求是：上身和大腿、大腿和小腿，都应当形成直
角，小腿垂直于地面；双膝、双脚包括双脚的跟部，都要完全并拢。

（2）前伸后曲式。这是女性适用的一种坐姿。其要求是：大腿并紧后，向前伸出一条腿，
并将另一条腿屈后，两脚脚掌着地，双脚前后要保持在一条直线上。

（3）重叠式。它适合穿短裙的女士采用。其要求是将双腿一上一下交叠在一起,交叠后的两腿间没有任何缝隙,犹如一条直线,双腿斜放在或左或右的一侧,斜放后的腿部与地面成45度角,叠放在上的脚的脚尖垂向地面。

（4）前交叉式。它适用于各种场合,男女都可选用。双膝先要并拢,然后双脚在踝部交叉。需要注意的是,交叉后的双脚可以内收,也可以斜放,但不要向前方远远地直伸出去。如图2-9所示。

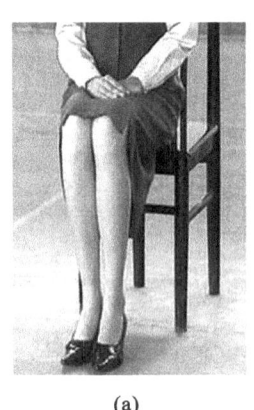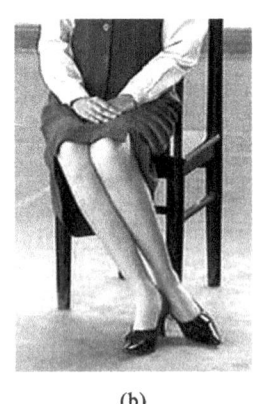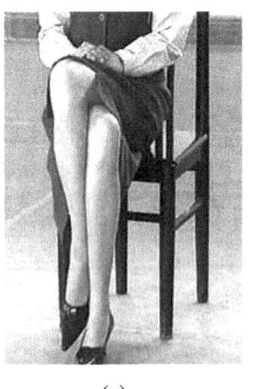

(a)　　　　　　　(b)　　　　　　　(c)　　　　　　　(d)

图2-9　双脚的摆法

（四）坐姿的禁忌

第一,切忌坐在椅子上时,转动或移动椅子的位置。

第二,在座椅上,切忌大幅度叉开双腿,或者将双腿伸出老远,更不要将双脚藏在座椅下,或用脚勾住椅子的腿。

第三,切忌双脚或单脚抬放在椅面上,或者盘坐在椅子上。

第四,采用重叠式坐姿时,切忌双腿不停抖动或晃动。

第五,起立时一定要保持一种平稳的速度,以免把座位弄响。

四、走姿礼仪

走姿是站姿的延续动作,是在站姿的基础上展示人的动态美。无论是在日常生活还是在社交场合中,走路往往是最引人注目的身体语言,也最能表现一个人的风度和活力。

（一）走姿的要求

（1）头正。头要抬起,目光平视前方,收颌,表情自然平和。

（2）肩平。两肩平稳,双臂自然下垂,手掌心向内,并以身体为中心前后摆动,防止上下前后摇摆。双臂前后自然摆动,前摆约35度,后摆约15度,两手自然弯曲,在摆动中双臂与双腿保持不超过一拳的距离。

（3）躯抵。上身挺直,收腹立腰,重心稍前倾。

（4）步直。两脚尖略开,脚跟先着地,两脚内侧落地。走出的轨迹要在一条直线上。

(5)步幅适度。行走中两脚落地的距离大约为一个脚长,即前脚的脚跟与后脚的脚尖之间相距一个脚的长度为宜。不过,不同的性别、不同的身高、不同的着装,都有差异。

(6)步速平稳。行进的速度应保持均匀、平衡,不要忽快忽慢。在正常情况下,步速应自然舒缓,显出成熟、自信的气质。如图 2-10 所示。

图 2-10　正确的走姿

(二)其他情况下的走姿

(1)走进会场、走向话筒、迎向宾客,步伐要稳健、大方。

(2)进入办公机关、拜访别人,在室内脚步应轻而稳。

(3)办事联络,步伐要快捷、稳重,以体现效率、干练。

(4)参观展览、探望病人,脚步应轻而柔,不要出声响。

(5)参加喜庆活动,步态应轻盈、欢快、有跳跃感。

(6)参加吊丧活动,步态要缓慢、沉重,以表现悲哀的情绪。

(三)走姿的禁忌

(1)走路时,最忌内八字和外八字步伐。

(2)走路时,忌弯腰驼背、歪肩晃臀、头部往前伸。

(3)行走时忌摆臀,左顾右盼。

(4)走路时膝盖和脚踝都应轻松自如,以免显得僵硬,脚蹭地面,上下颤动。

(5)走路时忌边走路边指指点点对别人评头论足。

(6)走路时,应自然地摆动手臂,幅度不可太大,前后摆动的幅度约 45 度,切忌做左右式的摆动。

(7)走路时,步度与呼吸应配合成规律的节奏,穿礼服、裙子或旗袍时步度要轻盈优美,忌跨大步。若穿长裤步度可稍大些,这样会显得生动些,但最大步也不可超过脚长的1.6 倍。

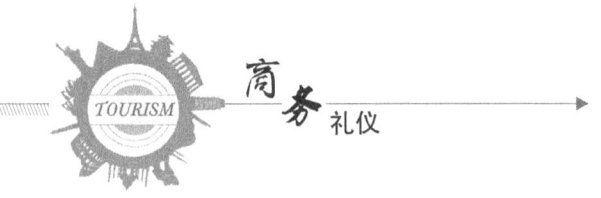

五、手势礼仪

手势,又称为"手姿",手势作为肢体语言的一种,能很直观地表示我们的情绪和态度,它是体态语言中最丰富、最具有表现力的传播媒介。人们在日常生活中常常借用手势来表达思想和观点,久而久之,这些手势形成一定的思想意义。在人际交往过程中,大方、恰当的手势可以给人以肯定、明确的印象。它是沟通情感的媒介,也可以加强语气、增强感染力。

(一)规范手势的基本要求

第一,幅度适中,手势的高度上界一般不超过对方的视线,下界不低于自己的腰部;手势左右摆动的范围不要太宽,应在胸前或右方。

第二,指示方向时,五指伸直并拢,屈肘由腹前抬起,手腕和手臂呈一条直线,身体要侧向来宾,视线要兼顾所指方向和来宾,直到来宾清楚明了后,再把手臂放下。

第三,与人交谈时,动作不宜过大,手势也不宜过多,速度的快慢和时间的长短要根据场景来控制。

第四,眼神和所指示方向要一致。

第五,手臂向前时,要微微前倾身躯5～10度。

(二)常用的几种手势

1."请进"手势

引导客人时,要言行并举。首先轻声地对客人说"您请",然后可采用"横摆式"手势,五指伸直并拢,手掌自然伸直,手心向上,肘部弯曲,腕低于肘。以肘关节为轴,手从腹前抬起向右摆动至身体右前方,不要将手臂摆至体侧或身后。同时,脚站成右丁字步。头部和上身微向伸出手的一侧倾斜,另一手下垂或背在背后,目视宾客,面带微笑。

2.前摆式

如果右手拿着东西或扶着门,这时要向宾客做向右"请"的手势时,可以用前摆式,五指并拢,手掌伸直,由身体一侧由下向上抬起,以肩关节为轴,手臂稍曲,到腰的高度再由身前向右方摆去,摆到距身体5厘米,并不超过躯干的位置时停止。目视来宾,面带微笑,也可双手前摆。

3."请往前走"手势

为客人指引方向时,可采用"直臂式"手势,五指伸直并拢,手心斜向上,曲肘由腹前抬起,向应到的方向摆去,摆到肩的高度时停止,肘关节基本伸直。应注意在指引方向时,身体要侧向来宾,眼睛要兼顾所指方向和来宾。

4."请坐"手势

接待来宾并请其入座时采用"斜摆式"手势,即要用双手扶椅背将椅子拉出,然后左手或右手屈臂由前抬起,以肘关节为轴,前臂由上向下摆动,使手臂向下成一斜线,表示请来宾入座。

5."诸位请"手势

当来宾较多时,表示"请"可以动作大一些,采用双臂横摆式。两臂从身体两侧向前上方抬起,两肘微曲,向两侧摆出。指向前方一侧的臂应抬高一些,伸直一些,另一手稍低一些,曲一些。

6."介绍"手势

为他人做介绍时,手势动作应文雅。无论介绍哪一方,都应手心朝上,手背朝下,四指并拢,拇指张开,手掌基本上抬至肩的高度,并指向被介绍的一方,面带微笑。在正式场合,不可以用手指点或拍打被介绍一方的肩和背。

(三)手势禁忌

第一,注意区域性差异。在不同国家、不同地区、不同民族,由于文化习俗的不同,手势的含意也有很多差别,甚至同一手势表达的含义也不相同。所以,手势的运用只有合乎规范,才不至于无事生非。

第二,手势宜少不宜多。多余的手势,会给人留下装腔作势、缺乏涵养的感觉。

第三,要避免出现不雅的手势。在交际活动中,有些手势会让人反感,严重影响形象。比如,当众搔头皮、掏耳朵、抠鼻子、咬指甲、手指在桌上乱写乱画等。

第三节　商务服饰礼仪

案例引导

穿 T 恤的总经理

国内一家效益很好的大型企业的总经理叶明,经过多方努力和上级有关部门的牵线搭桥,终于使德国一家著名的家电企业董事长同意与自己的企业合作。谈判时为了给对方留下精明强干、时尚新潮的好印象,叶明上身穿了一件 T 恤衫,下身穿一条牛仔裤,脚穿一双旅游鞋。当他精神抖擞、兴高采烈地带着秘书出现在对方面前时,对方瞪着不解的眼睛上下打量了他一会儿,非常不满意。这次合作没有成功。

(资料来源:https://wenku.baidu.com/view/b21a44c7d4d8d15abe234e5a.html.)

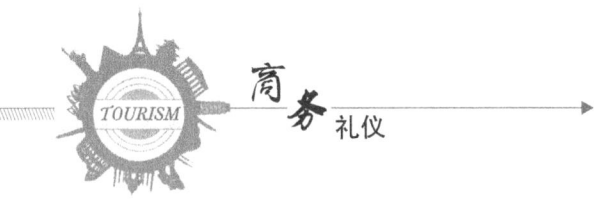

得体和谐的服饰有一种无形的魅力,它可以使一个人平添光彩。当服饰与穿戴者的气质、个性、身份、年龄、职业以及穿戴的环境、时间协调一致时,就能真正达到美的境界。古希腊"和谐就是美"的美学观点在服饰美中得到了最充分的体现。服饰的美要达到和谐统一的整体视觉效果,人们就应恪守服饰穿戴的基本原则。俗话说"三分长相,七分打扮",这七分打扮就包括人的美容、服饰打扮等内容。孔子曾说,人不可以不饰,不饰无貌,无貌不敬,不敬无礼,无礼不立。他提到的"饰",指的就是服饰。服饰,狭义的概念是指衣服上的装饰,广义地说,指衣服及其装饰。而其装饰又包括与衣服分开的装饰用品,如领带、胸针、眼镜和手表之类的饰物;另外也可指与衣服一体的图案色彩和点缀等。在商务活动中,人们通过服饰打扮给他人留下美好的第一印象,从而有助于在商务活动中获得成功。

一、服饰三要素

服饰作为美的一种符号在人际交往中的地位已经深入人心,被视为人的"第二肌肤"。除了可以遮风、挡雨、防暑、御寒外,还可以扬长避短,美化个人形象,向他人展示自身的气质、修养和个性,另外还能作为穿着者的地位、职业、身份和阶层等的标志。服饰美是由质地美、款式美、色彩美三者结合而形成的完美统一体。

(一)服饰的质地

服饰的质地作为三要素之一,不仅可以传达和彰显服装的风格和特性,而且对服装的色彩、造型的表现效果具有决定性作用。尽管服饰的质地各异而且新产品层出不穷,但是总的来说,优良质地的服装大都具有穿着舒适、挺括、高贵、大方等特点。

(二)服饰的款式

服饰的款式指的是它的种类、式样与造型。它不仅与着装者的性别、年龄、体型、职业、偏好有关,而且受到不同文化、习俗、道德、宗教信仰及流行趋势的深刻影响。在社交场合,选择服装款式时,最重要的是要维护自身形象,使之合乎身份。总之,着装要规范得体,应遵守 TPO 原则,即着装要考虑到时间"Time"、地点"Place"、场合"Occasion"。

(三)服饰的色彩

在服饰美的三大要素之中,色彩是最先引人注目的,因为人对色彩的刺激最敏感、最快速,所以被称为"服装之第一可视物"。在服装的色彩上要想获得成功,从本质上讲,最重要的是要掌握色彩的特征、色彩的搭配问题。

1.色彩的特征

色彩是人的眼睛对物体反射的不同波长的光所产生的印象。从色彩的功能上看,它具有如下基本特征。

(1)色彩的冷暖。每种色彩都有区别于其他色彩的独特的感觉色味,通常把这种具有红、橙、黄、绿、青、蓝、紫等色味的色彩现象,叫做色相。色彩因色相不同,可产生温暖或寒冷的感觉。使人有温暖、热烈、兴奋之感的色彩,叫暖色,如红色、黄色;使人有寒冷、抑制、平静之感的色彩,则叫冷色,如蓝色、黑色。比如,大红象征活力、热情、奔放、喜庆,是重大庆典活动常用的色调;粉红则象征柔美、温情,是许多少女选择服装、饰品首选的颜色;黄色则寓意庄严、希望、高贵,故在封建王朝,黄色为皇室专用色系;蓝色寓意沉静、梦想、深邃;黑色象征神秘、悲伤或者刚毅、冷峻,用在极其庄严肃穆的场合;白色则象征纯洁、高雅或空虚、无望;灰色作为中间色,象征中立、文雅,是中年女士着装的首选颜色。

(2)色彩的轻重。色彩的明亮程度,被称为明度。不同明度的色彩往往给人以轻重不同的感觉。明亮的颜色感觉轻,使人有上升感。灰暗的颜色感觉重,使人有下垂感。一套服装,上装是明色,下装是暗色(即上浅下深),就会使人产生安定、沉着的静感,如果上深下浅,会让人有活泼、飘逸的动感。

(3)色彩的软硬。色彩显现出来的鲜艳程度,叫做纯度。色彩的软硬与其明度和纯度有密切的关系。色彩明度和纯度越高,就越鲜艳纯粹,并给人以柔软、润滑的感觉,如浅黄、浅绿等。色彩明度和纯度越低,就越为深暗,并给人以坚硬、朴实的感觉,如黑、紫、蓝色等。前者适合喜庆场合的着装,后者适合于庄重场合。

(4)色彩的缩扩。色彩的波长不同,给人收缩或扩张的感觉就不同。一般来讲,冷色、深色属收缩色,暖色、浅色则为扩张色。所以体型宽胖的人喜欢选用色彩明度较低的深色服装以显苗条,体型瘦小的人则乐于穿着色彩明度较高的浅色服装以显得丰满,二者可使人在形体方面扬长避短。

2.服饰色彩的搭配

将颜色进行组合称为配色,服饰的配色是服饰美的主要因素之一。服装的配色要考虑每个人的个性、气质和时间、地点、场合等多方面因素的影响。掌握服装配色的基本原理尤为重要,常用的搭配方法有三种可供参考。

(1)同色搭配法,即配色尽量采用同一色系之中各种明度不同的色彩,按照深浅层次的不同进行搭配,以造成和谐统一的效果。如深灰色的西装配上浅灰底花纹的领带。

(2)相似色搭配法,色彩学上把色环上九十度以内的邻近色称为相似色。如绿与蓝、红与橙黄等等。它与同色搭配相比,丰富且有变化,但注意色彩上的数量不宜太多,应遵循服饰礼仪的"三色原则",即正式场合的服饰配色,包括服装、饰品等一切服饰,其颜色不应超过三种,否则就显得杂乱无章,给人低俗之感。

(3)对比色搭配法,即在配色时运用性质相反的色彩进行组合的方法,它可以使着装在色彩上反差强烈,产生明快、生动的效果,从而突出个性。如红与绿、黄与蓝、白与黑等都是最常见的对比色,如果将它们的颜色按1:1进行组合,会有强烈、醒目的色彩效果。

由以上三种配色方法可以衍生出其他许多搭配方法,如呼应法,即在配色时在某些相关的细节部位刻意采用同一种色彩,使其遥相呼应,从而使人产生美感。另外如点缀法,即在采用同色搭配时,为了有所变化,而在某个局部小范围里,选用其他某种不同的色彩加以点缀。无论采用哪种方法,都应掌握一个基本原则——和谐才能产生美感。比如,穿正装时,整体要求颜色宜控制在三色以内,这样有助于保持其简练、专业的风格,而且以单色、深色为主,不宜用图案。最常见的颜色是蓝色、灰色、黑色、棕色。衬衣的最佳色彩为白色,皮鞋、袜子应配深色,以黑色最佳。

（四）常用礼服分类

商界人士参加十分隆重的会议、宴会及欣赏高雅的文艺演出时，为体现自身形象和表达对他人的尊重，应穿着礼服出席。当今，许多国家对于服饰的要求有逐渐简化的趋势，然而商界人士还是要对礼服做必要的了解，以便选择和这类场合相协调的礼服。

1.男士礼服

（1）晨礼服，又名常礼服。为日常用之礼服，上装为灰、黑色，后摆为圆尾形，其上衣长与膝齐，胸前仅有一粒扣；下装为深色底、黑条子裤，一般用背带；着装时配白衬衫，灰、黑、驼色领带，可穿黑袜子、黑皮鞋，可戴黑礼帽。晨礼服是白天穿的正式礼服，适合参加典礼、婚礼等活动。

（2）小礼服，也称小晚礼服、晚餐礼服或便礼服。这是晚间聚会最常用的礼服，其上衣与普通西装相同，通常为全黑或全白，衣领镶有缎面，下装为配有缎带或丝腰带的黑裤；系黑领结，穿黑皮鞋，一般不戴帽子和手套。这种礼服适用于晚上举行的宴会、晚会、音乐会等场合。

（3）大礼服，也称燕尾服。黑色或深蓝色上装，前摆齐腰剪平，后摆剪成燕尾状，翻领上镶有缎面；下装为黑或蓝色配有缎带、裤腿外侧有黑丝带的长裤，一般用背带；系白领结，可戴大礼帽配黑皮鞋、黑丝袜，戴白手套。大礼服是一种晚礼服，适合于晚宴、舞会和招待会等场合。

（4）中山装。商界男士穿上一套合身的上下同质同料的毛料中山装，配上黑皮鞋，会显得庄重稳健，富有中国气派，可以出席外交、社交场合。中山装，它的前门襟有五颗扣子，带风纪扣的封闭式领口，上下左右共 4 个贴袋。穿着时，要扣好扣子和领钩，衣袋不要装得鼓鼓囊囊。中山装是中国男士的传统服装，适用于一切正式场合。

2.女士礼服

（1）晨礼服，也称常礼服。晨礼服均为质料颜色相同的上衣与裙子，也可以是单件连衣裙，一般以长袖为多，同时肌肤的暴露很少，可戴帽子和手套，也可携带一只小巧的手包或挎包。晨礼服主要在白天穿，适合于参加在白天举行的庆典、茶会、游园会和婚礼等。

（2）小礼服，也称小晚礼服或便礼服。一般为长至脚背而不拖地的露背式单色连衣裙式服装，其衣袖有长有短，着装时可根据衣袖的长短选配长短适当的手套，通常不戴帽子或面纱。小晚礼服的地位仅次于大礼服，主要适合于参加晚上 6 点以后举行的宴会、音乐会或观看歌舞剧时穿着。

（3）西式大礼服，也称大晚礼服。这是一种袒胸露背的、拖地或不拖地的单色连衣裙式服装，可配以颜色不同的帽子或面纱、长纱手套，以及各种头饰、耳环、项链等首饰。大礼服适合于一种官方举行的正式宴会、酒会、大型正式的交际舞会等场合。

（4）旗袍。旗袍是我国女士的传统服装，它的线条明朗、贴身合体，充分展现了女性的曲线美。现代旗袍更是我国女士最为理想的礼服，甚至连一些外国女士也争相穿着。旗袍紧扣的高领，给人以雅致而庄重的感觉，微紧的腰身体现出腰臀的曲线，特别是两边的开衩，行走时下角微微飘动，具有优雅之感。穿着旗袍可配高跟或半高跟皮鞋，或配面料高级、制作讲究的绒布鞋。

二、商务服饰礼仪的基本原则

TPO原则,分别对应英文的时间(Time)、地点(Place)、场合(Occasion)三个单词的首字母,为西方人提出的服饰穿戴原则,要求人们的穿着与时间、地点和场合协调一致。

(1)时间要素要求在着装时考虑时间因素,随"时"更衣。在工作时间段,应根据服务对象和工作场景,以体现专业、庄重为原则,不宜标新立异、打破常规。夏季应以清爽、简洁的着装为主,而褶皱过多、色彩过重的衣物不仅使本人燥热难耐,也会影响客户的感官,从而降低工作效率。冬季应以保暖、轻便的着装为主,避免臃肿不堪,也不能要风度不要温度。如裙装,夏季应穿面料轻薄的,而冬季应穿面料较厚的如毛呢面料。

(2)地点原则代表所处位置、场所不同,着装也应相应予以区别,特定的环境配以相协调的服饰。如在办公场所,需穿着职业正装;但在户外公司举办的联谊活动,则需穿休闲装。

(3)不同的场合需要不同颜色、不同款式的服饰,只有与特定场合、氛围相一致,才能更好地展现自我。如在正式场合,即使是夏天,女士也不宜穿着露脚趾的皮鞋。在公司年会或其他庆典活动中,服饰应不同于职业装的沉稳,可选择鲜明的颜色,并佩戴饰品。

知识链接   **三大场合的着装要求**

(1)上班装。上班装是从事公务活动时的着装,要求既传统又保守。

上班穿的服装要整洁、大方,不需要过分引人注目,尤其不宜穿暴露过多的服装。例如,一个饭店的服务员小姐,在工作时穿得花枝招展,就会喧宾夺主。

(2)社交装。社交装是在公共场合与熟人相处时的着装,要求既时髦又流行。

女性可以穿西装(下身配西裤或裙子),也可以穿民族服装,还可以穿中式上衣配长裙或长裤,以及穿旗袍或连衣裙等。女性除了穿着各类服装外,还可以佩戴饰物。至于男性,除了穿西装,也可以穿T恤衫、夹克衫、牛仔衫等各种便服,力求显出轻松与潇洒。

(3)休闲装。休闲装是在非正式场合穿着的服装,要求既舒适又得体。

现在市场上流行的休闲装主要是无袖、宽松、舒适、得体的服装。休闲装还包括运动装、牛仔装、沙滩装等,穿上它们可以得到很好的放松休息。

(资料来源:https://wenku. baidu. com/view/952b7720767f5acfa1c7cda9. html? from=search.)

服饰 TPO 原则的三要素是相互贯通、相辅相成的。人们在商务活动与社交中,总是会处于一个特定的时间、场合和地点中。因此在着装时,应考虑一下穿什么和怎么穿,这是个人踏入社会并取得成功的一个良好开端。

三、男女商务服饰礼仪

(一)男士西装着装礼仪

西装,又称西服、洋服。它起源于欧洲,目前是全世界最流行的一种服装。正装西装的造型典雅高贵,它拥有开放适度的领部、宽阔舒展的肩部和略加收缩的腰部,使穿着者显得英武矫健、风度翩翩、魅力十足。西装是在较为正式商务的场合男士着装的首选。人们常说:"西装七分在做,三分在穿。"商界男士要想使西装穿着有韵味,要注意西装的穿法和其他衣饰的搭配,严格遵守相关的礼仪规范。

1.西装的选择

(1)版型。所谓版型,指的是西装的外观轮廓。严格地讲,西装有四大基本版型:欧版西装、英版西装、美版西装和日版西装。其中,欧版西装流行于欧洲大陆,比如意大利、法国。欧版西装的基本轮廓是倒梯形,双排扣、收腰、肩宽,这和欧洲男人比较高大魁梧的身材相吻合;英版西装又有"正式西装"的美称,它是单排扣式,领子比较狭长,一般是三个扣子的居多,其基本轮廓也是倒梯形;美版西装的基本轮廓特点是 O 型,宽松肥大,适合于休闲场合穿,舒适、随意,是美版西装的特点;日版西装的基本轮廓是 H 型的,它没有宽肩,也没有细腰,适合亚洲男人的身材。一般而言,它多是单排扣式,衣后不开叉。

(2)颜色。从色彩的角度来讲,正装西装的基本特点是单色的、深色的。正装西装一般是蓝灰、黑等几种颜色,黑色西装一般是当作礼服穿着的。而休闲西装,色彩上就会异彩纷呈,可以是单色的,如宝蓝、灰蓝、浅蓝、咖啡色;可以是艳色的,如粉色、绿色、紫色、黄色;还可以是多色的、格子或条纹的,比较随意。在一般情况下,蓝色、灰色的西装,应为商界男士所常备。

同步案例

里根总统的花格西服

1983 年 6 月,美国总统里根访问欧洲四国时,由于在庄重严肃的正式外交场合没有穿正式礼服,而穿了一套花格西服,引起了西方舆论界的一片哗然。有的新闻媒体批评里根不严谨,缺乏责任感,这与其演艺生涯有关;而有的新闻媒体甚至评论里根作为大国首脑,狂妄不羁,没有给予欧洲伙伴应有的尊重和重视。里根的出访受到了这套花格西服的严重影响,再怎么解释都无济于事。

(资料来源:付秀彬.商务礼仪[M].成都:西南财经大学出版社,2010.)

（3）面料。正装西装一般都是纯毛面料，或者是含毛比例较高的混纺面料。这些面料悬垂、挺括、透气，显得外观比较高档、典雅，当然其价格也比较贵。商界男士应该穿着正装西服，面料力求高档，做工考究精细。而休闲西装可以个性化，其面料品种繁多，有皮、麻、丝、棉等。

（4）款式。款式是正装西装和休闲西装最大的区别。西装上衣与裤子成套，其面料、色彩、款式一致，风格上相互呼应。商务西服在穿着时要成套穿着，即搭配同料西裤。而休闲西装则是单件，可搭配异色、异料裤。

2.西装的穿着

（1）西装必须合体。

合体是保证西装挺拔的基本条件。合体的西装要求上衣盖过臀部，四周平整无皱褶，手臂伸直时，袖子长度应到手虎口处，领子应紧贴后颈部，衬衣的领子应露出西装上衣领子约1.5厘米，衬衣的袖口应比外衣的袖口长出约1.5厘米，以显示衣着的层次。与上衣相配的通常是面料相同的西裤，其应有合适的腰围和长度。合适的腰围应是裤子穿在身上并拉上拉链，扣好扣子后，衣腰处还能伸进一只五指并拢的手掌。合适的裤长应该是裤子穿上后，裤脚下沿正好触及脚面，并保证裤线笔直。如果裤子太长，裤线就会弯曲，从而影响西裤的挺括；如果裤子太短，坐下或蹲下时容易露出内裤，甚至皮肤，显得不雅观。实际上，一件西装上衣最好配两条裤子，因为裤子比上衣容易起皱，更应该经常更换，而裤线保持笔挺，会使人显得精神抖擞。

（2）西装的衬衫。

穿着西装时一定要穿带领的衬衣，做到挺括整洁、无皱折，尤其是领口，衬衣最好不要太旧。衬衫下摆要塞进西裤，袖口需扣上不得翻起。系领带时，衬衣的第一个纽扣要扣好。领子不要翻在西装外。

与西装搭配的衬衫，应当是正装衬衫。正装衬衫要具备以下几个特征。

其一，正装衬衫要选用精纺的纯棉、纯毛面料。以棉、毛为主要成分的混纺衬衫，亦可酌情选择。

其二，正装衬衫必须为纯色。在正式的商务活动中，白色衬衫是男士的最佳选择。除此之外，蓝色、灰色、棕色有时亦可考虑。

其三，正装衬衫一般没有复杂的花纹和图案，某些细条纹的衬衫可在一般的场合中穿着。花衬衣配单色的西装效果比较好，单色的衬衣配条纹或格纹西装比较合适；方格衬衣不应配条纹西装，条纹衬衣不要配方格西装，条纹衬衫也不能与条纹西装相搭配。

其四，正装衬衫的衣领多为方领、圆领和长领。在选择时，要考虑本人的脸形、颈长以及领带结的大小。

（3）领带的搭配。

男士穿西装时最重要的配件就是领带。在欧美各国，领带与手表、装饰性袖扣并称为"成年男子的三大饰品"。男士在挑选领带时，要注意以下几点。

其一，面料。好的领带多采用真丝面料，适合各种季节。以涤丝制成的领带售价较低，易于打理，有时也可以使用。除此之外，由棉、麻绒、皮、革、珍珠等制成的领带，在正式场合里均不宜佩戴。

51

其二，颜色。在正式场合里，蓝色、灰色、棕色、黑色等单色领带都是十分理想的选择。切勿使自己佩戴的领带多于三种颜色。同时，也应尽量少打浅色和颜色鲜艳的领带。一般而言，杂色西装应配单色领带，而单色西装则应配花纹领带；驼色西装应配金茶色领带，褐色西装则需配黑色领带等。

其三，图案。主要是以单色无图案的领带为主，有时也可选择以条纹、圆点、方格等几何形状为主的领带。

其四，款式。领带的款式往往受到时尚潮流的影响。因此，职业人士应注意以下四点。

一是领带有箭头与平头之分。下端为箭头的领带，显得比较传统、正规；下端为平头的领带，则显得时髦、随意一些。

二是领带有宽窄之别。除了流行的因素外，领带的宽窄最好与本人的胸围和西装上衣的衣领形状相一致。

三是简易式的领带，如"一拉得"领带、"一挂得"领带等，均不适合在正式的场合中使用。

四是领结宜与礼服、翼领衬衫搭配，并且主要适用于出席宴会等重要社交场合。

其五，质量。一条好的领带，其质量必须符合以下要求：外形美观、平整、无跳丝、无疵点、无线头，衬里不变形，悬垂挺括，质地厚重。

其六，长度。领带的长度要适当，以达到皮带扣处为宜。如果穿毛衣或毛背心，应将领带下部放在毛衣领口内。

最后，领带夹的用法。应在穿西装时使用，也就是说仅仅单穿长袖衬衫时没必要使用领带夹，更不要在穿夹克时使用领带夹。穿西装时使用领带夹，应将其别在特定的位置，即从上往下数，在衬衫的第四与第五粒纽扣之间，将领带夹别上，然后扣上西装上衣的扣子，从外面一般应当看不见领带夹。因为按照妆饰礼仪的规定，领带夹这种饰物的主要用途是固定领带，如果稍许外露还说得过去，如果把它别得太靠上，甚至直逼衬衫领扣，就显得过分张扬。

知识链接　　　最常见的四种领带系法

(1)温莎结。因温莎公爵而得名的领带结，是最正统的领系法。打出的结成正三角形，饱满有力，适合搭配宽领衬衫，用于出席正式场合。切勿使用面料过厚的领带来打温莎结。

温莎结是最正统的领带打法。打出的结成正三角形，饱满有力，适合搭配宽领衬衫。

(2)四手结。通过四个步骤就能完成打结，故名为"四手结"，它是最便捷的领带系法，适合宽度较窄的领带，搭配窄领衬衫，风格休闲，适用于普通场合。四手结是所有领结中最容易上手的，适用于各种款式的浪漫系列衬衫及领带。

(3)半温莎。顾名思义，它是温莎结的改良版，只是更为便捷，适合较细的领带以及搭配小尖领与标准领的衬衫，但同样不适用于质地厚的领带。最适合搭配浪漫的尖领及标准式领口系列衬衣。使用细款领带较容易上手,适合不经常打领带的人。

(4)平结。与四手结的系法相似,非常方便,领结呈斜三角形,适合窄领衬衫。平结是男士们选用最多的领带打法之一。几乎适用于各种材质的领带。完成后领带打法呈斜三角形,适合窄领衬衫。

(资料来源:https://jingyan.baidu.com/article/ff41162578395312e482378c.html.)

(4)鞋袜的搭配。

穿西装必须穿皮鞋,黑色的皮鞋素雅大方,容易搭配,因此比较流行。不能穿旅游鞋、轻便鞋或布鞋、露脚趾的凉鞋。皮鞋一般选择牛皮鞋和羊皮鞋,至于鹿皮鞋、磨砂皮鞋、翻毛皮鞋等大都属于休闲皮鞋,不适合在正式场合穿着。男士在穿皮鞋时应做到鞋内无味、鞋面无尘、鞋底无泥。

男士在穿西装、皮鞋时所搭配的袜子,以深色和单色为宜,与西装同色系比较讨巧。最佳的做法是比西装稍深一些,使袜子在皮鞋与西装之间显示一种过渡。绝对不能穿白色袜子和色彩鲜艳的花袜子。一般来说,男士宜穿深色线织中筒袜,切忌穿半透明的尼龙或涤纶丝袜。同时注意袜子要干净。袜子要做到一天一换,洗涤干净,以防止其有异味使自己难堪,令他人难受。袜子要完整、成双。穿袜之前,一定要检查它有无破洞、跳丝、不同色。如果发现有,应及时更换。袜子要合脚。在正式场合穿的袜子,其大小一定要合脚,不能穿太小、太短的袜子。袜子太小,不但易破,而且容易从脚跟上滑下去;袜子太短,则时常会使脚踝外露出来。一般而言,袜子的长度不宜低于自己的踝骨,袜口不要露在裤脚之外。

知识链接　　　　西装的"三个原则"

(1)三色原则。三色原则是选择正装色彩的基本原则。它要求着装的色彩整体上以少为宜,最好控制在三种颜色以内。这样可使正装保持庄重、保守的整体风格,同时使正装在色彩上显得规范、简洁、和谐,从而提升西装的档次。

(2)三一定律。三一定律即男士在正式场合穿西装时,皮鞋、皮带、公文包应为同一颜色,并以黑色为佳。否则会给人以繁杂、低俗之感。

(3)三大禁忌。三大禁忌即男士在正式场合穿西装时,要注意衣袖上的商标不能不拆;不能穿夹克打领带;不要穿深色西装时穿白色袜子。

(资料来源:https://wenku.baidu.com/view/952b7720767f5acfa1c7cda9.html? from=search.)

53

（5）西装的纽扣。

穿西装时，上衣、马甲与裤子的纽扣都有一定的系法。通常，单排两粒扣式的西装上衣，讲究"扣上不扣下"，即只系上边那粒纽扣，或全部不系敞开穿。单排三粒扣式的西装上衣，可以系上面两粒纽扣或只系中间那粒纽扣。在外国人眼里，只系上面的扣子是正统，只系下面的扣子是流气，两粒全系上是土气，全都不系是潇洒。在较正式的场合，一般要求把扣子系上，坐下时应解开。双排扣的西装上衣则必须系上所有的纽扣，以示庄重。穿西装马甲，不论是将其单独穿着，还是与西装上衣配套，都要认真地系上纽扣。在一般情况下，马甲只能与单排扣西装上衣配套。马甲也分为单排扣式和双排扣式两种。根据着装惯例，单排扣式西装马甲的最下面那粒纽扣可以不系，而双排扣式西装马甲的纽扣则必须全部系上。目前，西裤的裤门上有的是纽扣，有的是拉链。前者较为正统，后者使用起来更加方便。不管穿何种西裤，都要时刻提醒自己，将纽扣全部系上，或是将拉链认真拉好。

（6）西装的口袋。

男士穿西装时千万不要放太多的东西在口袋里，否则既不美观，又失礼仪，还会使西装变形。西装上衣口袋只作装饰，不放东西，必要时，也仅仅装着好看的花式手帕，不应再放其他任何东西，尤其不应当放钢笔或挂眼镜。西装左胸内侧口袋，可以装记事本、信封式钱包、票夹、小计算器等。西装右胸内侧衣袋，可以装名片夹、香烟、打火机等。外侧下方的两个口袋，原则上不放任何东西。除此以外，西装马甲的口袋只起到装饰作用。除可以放怀表外，不宜再放别的东西。而西装裤子侧面的口袋只能放纸巾、钥匙包或者钱包。其后侧的口袋，一般不放任何东西。裤兜与上衣口袋一样，不能装物，以求裤形美观。男士职场西装着装示范如图 2-11 所示。

图 2-11 男士职场西装着装示范

（7）公文包的搭配。

皮鞋、皮带、公文包被称为"男士三宝"。这三种物件的颜色最好统一，而且首选黑色。男士所选择的公文包，以黑色、棕色的牛皮、羊皮制品为最佳。在款式上，手提式的长方形公文包是最适宜的选择。

（二）女士正装着装礼仪

"云想衣裳花想容"，相对偏于稳重的男士着装，商界女士的着装则亮丽丰富得多。得体的穿着，不仅可以使职业女性显得更加美丽，还可以体现出职业女性良好的修养和独到的品位。女士在较为宽松的职业环境，可选择造型感稳定、线条感明快、富有质感和挺感的服饰，以较好地表现女性的婉约美。而在商务场合中，女性应选正式的职业套裙，显示端庄、持重的气质和风度。

1.套裙

套裙是西装套裙的简称。其上身为一件女式西装，下身是一条半截式的裙子。穿着套裙，可以让一位职业妇女显得与众不同，并且能够恰如其分地展示她的认真的工作态度与温婉的女性美。因此，在所有适合商界女士在正式场合所穿着的裙式服装中，套裙是名列首位的选择。平时，商界女士所穿着的套裙，大致上可以分成两种基本类型。一种是用女式西装上衣同随便的一条裙子所进行的自由搭配与组合，它被叫作"随意型"；另一种是女式西装上衣和与之同时穿着的裙子为成套设计，被称为"成套型"或"标准型"。

（1）套裙的选择。

正式的西服套裙，首先应注重面料，最佳面料是高品质的毛纺和亚麻，注重平整、挺括、贴身，可用较少的饰物和花边进行点缀。女士选择套裙的较为普遍的色彩是黑色、灰色、棕色、米色、宝蓝色等单一色彩。以体现着装者的典雅、端庄和稳重。在正式的商务场合中，无论什么季节，正式的商务套装都必须是长袖的。套裙的上衣最短可以齐腰，上衣的袖长要盖住手腕。衣袖如果过长，甚至在垂手而立时挡住大半个手掌，往往会使着装者看上去矮小而无神；衣袖如果过短，动不动就使着装者"捉襟见肘"，甚至将其手腕完全暴露，则显得滑稽而随便。

裙子要以窄裙为主，并且裙长要到膝或过膝。裙子最长可以达到小腿中部。如果裙子下摆离膝盖的长度超过 10 厘米，就表示这条裙子过短或过窄。商界女士切勿穿黑色皮裙，在国际社会里，这是女性性工作者的标志。

（2）套裙的穿着。

要让套裙烘托出职业女性的庄重、优雅，穿着时要注意以下几点。

其一，穿着到位。商界女士在正式场合穿套裙时，上衣的领子要完全翻好，衣袋的盖子要拉出来盖住衣袋；不允许将上衣披在身上，或者搭在身上；上衣的衣扣只能一律全部系上，不允许将其部分或全部解开，更不允许当着别人的面随便将上衣脱下来。裙子要穿得端端正正，上下对齐之处务必好好对齐。商界女士在正式场合露面之前，一定要抽出一点时间仔细地检查一下自己所穿的衣裙的纽扣是否系好、拉锁是否拉好。在大庭广众之下，如果上衣的衣扣系得有所遗漏，或者裙子的拉锁忘记拉上、稍稍滑开一些，都会令着装者无地自容。

其二，协调妆饰。高层次的穿着打扮，讲究的是着装、化妆与佩饰风格统一、相辅相成。因此，在穿着套裙时，商界女士必须具有全局意识，将其与化妆、佩饰一起通盘考虑。商界女士在工作岗位化妆的色彩应与套裙色彩协调。商界女士在穿套裙时，佩饰少而精致，不允许佩戴有可能过度张扬"女人味"的首饰。

其三，兼顾举止。套裙最能够体现女性的柔美曲线，这就要求商界女士举止优雅、注意个人的仪态等。当穿上套裙后，要站得又稳又正，不可以双腿叉开或东倒西歪。就座以后，务必注意姿态，不要双腿分开过大，或是翘起一条腿来，抖动脚尖；更不可以脚尖挑鞋晃动，甚至当众脱下鞋来。走路时，不要大步地奔跑，步子要轻而稳。

2.衬衫

在严谨、格式化的套装限制下，衬衣自然成了白领丽人体现个性和展示女人味的最佳选择。

（1）衬衣的选择。

与职业套裙搭配的衬衣从面料上讲，主要要求轻薄而柔软，故此真丝、麻纱、府绸、罗布、花瑶、涤棉等，都可以用作其面料。颜色要求则主要是雅致而端庄，并且不失女性的妩媚。除了作为"基本型"的白色之外，其他各种色彩，包括流行色在内，只要不是过于鲜艳，并且与同时所穿的套裙的色彩不相互排斥，均可用作衬衫的色彩。图案可以有一些简单的线条、细格或是圆点。要注意，应使衬衫的色彩与同时所穿的套裙的色彩互相般配，可以外深内浅或外浅内深，形成两者之间的深浅对比。与套裙配套穿的衬衫不必过于精美，领形等细节上也不宜十分新奇夸张。衬衫的款式要裁剪简洁，不要有过多的花边和皱褶。

（2）衬衣的穿着。

穿着衬衫时，下摆必须掖入裙腰之内，不得任其悬垂于外，或是将其在腰间打结。纽扣要一一系好，除最上端一粒纽扣按惯例允许不系外，其他纽扣均不得随意解开，以免在他人面前显示不雅之态。专门搭配套裙的衬衫在公共场合不宜直接外穿，尤其是身穿紧身而透明的衬衫时，特别须牢记这一点。

3.鞋、袜

鞋、袜被称为商界女士的"腿部景致"。鞋、袜是人们对你的成就、社会背景、教养等方面的一个检验标准。鞋、袜穿着得体与否，还与穿鞋者的可信度成正比。因此，每一位爱惜自身形象的女士切不可对其马虎大意。

（1）鞋子。

其一，鞋子的选择。商界女士所穿的用以与套裙配套的鞋子，宜为皮鞋，并且以牛皮鞋、羊皮鞋为上品。应该是高跟、半高跟的船式皮鞋。系带式皮鞋、丁字式皮鞋、皮靴、皮凉鞋等，都不宜在正式场合搭配套裙，露出脚趾和脚后跟的凉鞋和皮拖鞋更不适合商务场合。黑色的高跟或半高跟船鞋是职场女性必备的基本款式，几乎可以搭配任何颜色和款式的套装。也可使鞋子的颜色与手袋保持一致并且要与衣服的颜色相协调。鞋子的图案与装饰均不宜过多，免得"喧宾夺主"。加了网眼、镂空拼皮、珠饰、吊带、链扣、流苏、花穗的鞋子，或印有时尚图案的鞋子，只能给人以肤浅之感。越是正式场合，鞋子的款式也越要求简洁和传统。

其二，鞋子的穿着。鞋子应当大小相宜、完好无损。鞋子如果开线、裂缝、掉漆、破残，应立即更换。皮鞋要上油擦亮，不留灰尘和污迹。鞋子不可当众脱下，有些女士喜欢有空便脱下鞋子，或是处于半脱鞋状态，是极其有失身份的。

（2）袜子。

其一，袜子的选择。袜口，即袜子的上端，不可暴露于外。将其暴露在外，是一种公认的既缺乏服饰品位,又失礼的表现。商界女士不仅穿套裙时应自觉避免这种情形的发生,而且还应当在穿开衩裙时注意,即使在走动之时,也不应当让袜口偶尔现于裙衩之处。因此,高筒袜和连裤袜,是和套裙的标准搭配,而中统袜、低统袜,不宜与套裙同时穿着。穿套裙时所穿的袜子最适用的颜色是透明的素色。素色的好处在于低调,且品位上乘,易于与服饰颜色搭配,可有肉色、黑色、浅灰、浅棕等几种常规选择。多色袜、彩色袜,以及白色、红色、蓝色、绿色、紫色等色彩的袜子,都是不适宜的。穿套裙时,需有意识地注意一下鞋、袜、裙三者之间的色彩是否协调。鞋、裙的色彩必须深于或略同于袜子的色彩。若是一位女士在穿白色套裙、白色皮鞋时穿上一双黑袜子,就只会给人以长着双"乌鸦腿"之感了。

其二,袜子的穿着。丝袜容易划破,如果有破洞、跳丝,要立即更换,不要打了补丁再穿。可以在办公室或手袋里预备好一两双袜子,以备替换。袜子不可随意乱穿,不能把健美裤、羊毛裤当成长筒袜来穿。女士职场正装着装示范如图 2-12 所示。

图 2-12　女士职场正装着装示范

4.女士着装五忌

一忌露:商界女士工作与外出时,着装不能露出肚脐、脊背等。

二忌透:衣服再薄、天气再热,也不能使内衣、内裤等若隐若现,更不能让内衣外穿之风刮进商界。

三忌紧:衣服过于紧身,追求所谓曲线美,或让内衣、内裤的轮廓显露在外,都是不文雅、不庄重的。

四忌异:商界女士不是时装模特,穿着不能过分新奇古怪,招摇过市。

五忌乱:穿着不可过于随便,不能卷袖子,敞扣子,颜色过杂,饰物乱配。

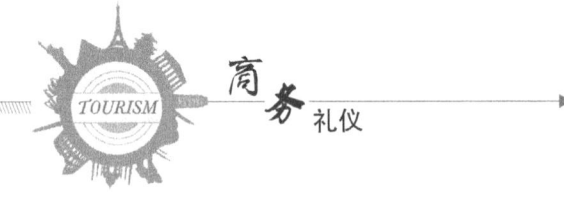

（三）制服着装实务

制服是商界人士在自己的工作岗位上必须穿着的，体现工作特性的服装。制服是一个人从事何种职业的标志。穿着制服不仅是对宾客的尊重，同时也使穿着者有一种职业自豪感、责任感和信任感，是爱岗敬业在服饰上的具体体现。

1.整齐大方

制服的款式要简洁、高雅，线条自然流畅。制服必须合身，注意四长（袖到手腕、衣至虎口、裤到脚面、裙到膝盖）、四周（领围以能插入一指大小宽松度为宜，上衣的胸围、腰围及裤腰的臀围以能穿一件羊毛衣裤的松紧为宜）。尤其内衣不要外露；不卷不挽；不漏扣、不掉扣；领带、领结与衬衫的吻合要紧凑且不系歪；工号牌或标志牌要佩戴在左胸前；有的岗位还要戴好手套和帽子。敞胸露怀、不系领扣、高卷袖筒、挽起裤腿、不打领带、衬衫下摆束起等，不仅有损制服的整体造型，还破坏了企业的形象。

2.清洁

穿着制服，在任何情况下都要保持干净整洁的状态。要经常定期或不定期地换洗，做到衣裤无油渍、无污垢、无异味。领口与袖口尤其要保持干净。

3.挺括

为了保证衣裤不起皱，穿前要烫平，穿后要挂好，做到上衣平整、裤线笔挺。穿制服时，不要乱倚、乱靠、乱坐。

58

4.无破损

穿着制服，要求整整齐齐、外观完好。如制服有破损，就不宜继续在工作岗位穿着。在工作中发现破损，就应立即采取措施补救。特别是在窗口部门的工作人员更应注意制服的完好。职场制服着装规范如图 2-13 所示。

图 2-13　职场制服着装规范

四、商务饰物礼仪

饰物又称饰品,是指与服装搭配、对服装起修饰作用的其他物品。在全身的穿戴中,饰物往往是面积最少,但却是最有个性、最引人注意的物品。无论是一条项链、一枚戒指、一枚胸针,起到的都是辅助、烘托、陪衬的作用,得体适度的配饰能丰富服装的表达能力,提高服装的品质,也体现着商界人士的审美品位与搭配水平。当然,配饰的选择绝非简单的罗列或叠加,而是因人而异、因时而异。

（一）饰物佩戴的类型

饰物用在人体不同的部位,有特定的装饰作用和对整体美的强调与协调作用。饰物的用法,总体上说有两种类型。

1.以服装为主,饰品为辅

这类用法是"锦上添花"式。是以服装的款式、质地、图案和色彩为主体,配以相应的饰品,饰品的角色为"辅助"和"配合"。这种类型的搭配不宜突出饰品,喧宾夺主,而应掌握"宁缺毋滥""宁少勿多"的基本原理。

2.以饰品为主,服装为辅

这种搭配是"画龙点睛"式。这种方式以精美、内涵、别致、新颖的饰品为主体,服饰的色彩和款式力求简洁和单一,服饰为基础和衬托。这种搭配方式中,饰品如同文章的标题,具有较强的凝聚和提炼主题的作用。这种方式以胸部和腰部饰品表现力最为强烈,如胸饰、挂件、腰带、项链,而且还应以一件饰品为核心,不宜分散主题。大多数有经验的知识人士更乐于选择和运用这种搭配方式,这种方式以点代面,更能表达智慧、情趣、鉴赏力和创造力。

（二）饰物佩戴的原则

1.场合原则

一般来说,在较为隆重、正规的场合,选用的饰品都应当档次高一些。如果用于公共场合,则不应过于鲜艳新潮,应精致而传统,以显示信誉。在商务场合,色彩鲜艳亮丽、造型新潮夸张的饰物,容易给人产生不信任感;而保守传统、做工精细的高档次饰物,则会给人稳重的印象。

2.材质原则

商务女士佩戴的首饰,尽量保持同一材质,如商务女士佩戴钻石项链,应配钻石戒指。商务女士在自身经济状况许可的范围内,选择质地上乘、做工精良、精致细巧的首饰,可增添气度、提高品位。切忌佩戴粗制滥造的假首饰及造型夸张、奇异的首饰,宁缺毋滥。

3.数量原则

商界人士佩戴的首饰,符合身份,数量以少为佳,一般全身不超过 3 种,每种不超过一件。有的女士一次佩戴太多的首饰,项链、耳坠、戒指、手链,甚至再加上一枚胸针,整个人看起来既累赘又缺乏品位,也会分散对方的注意力。

4.色彩原则

戴饰品时,应力求同色,若同时佩戴两件或两件以上饰品,应使色彩一致或与主色调一致,千万不要打扮得色彩斑斓,像棵"圣诞树"。商界人士佩戴的眼镜、戒指若为银色,手表也应选择银色,皮包的金属标志最好也选银色。

5.性别原则

饰物对于男士,象征着权贵,要求少而精,佩戴一枚戒指和一块手表就足够了。女士可佩戴各种饰物,饰物对于女士而言则是点缀,是审美品位和生活质量的聚集点。

6.体形原则

脖子粗短者,不宜戴多串式项链,而应戴长项链;相反,脖子较瘦细者,可以戴多串式项链,以缩短脖子长度。宽脸、圆脸形和戴眼镜的女士,不要戴大耳环和圆形耳环。

7.季节原则

例如,首饰也有它自己的季节走向,春、夏季可戴轻巧精致的,以配合衣裙和缤纷的季节;秋冬季可戴庄重和典雅的,可以衬出毛绒衣物的温暖与精致。若一条项链戴过春夏秋冬,会显得单调和缺乏韵律。再如,女性的手提包夏天适合选择色彩淡雅的,而冬天适合选择深色的。

8.协调原则

佩戴饰品的关键就是将其与整体服饰搭配统一起来。佩戴饰品的风格与服装的风格相协调。例如,一般领口较低的袒肩服饰必须配项链,而竖领上装可以不戴项链。再如,穿着套裙,宜佩戴珍珠项链,木质挂件、石头坠饰则不相配。

(三)饰物的具体佩戴

饰物在着装中起着画龙点睛、增添色彩、协调整体的作用,增强一个人外在的节奏感和层次感的饰物包括首饰、提包、配饰等。具体饰物的选择不可随心所欲,以免弄巧成拙。商界人士对首饰礼仪不可一无所知,要遵循规范,以下就商务人士常用的饰物予以介绍。

1.首饰

(1)项链。项链是带于颈部的环形首饰,男女均可使用,但男士佩戴时不宜外露。项链佩戴的位置很抢眼,因此选择项链需要考虑脸形因素和颈部特征。例如,长脸形宜选择短粗的项链,避免长项链有意识地使脸形"缩短";圆脸女士不要选择卡脖式项链,它会使圆脸更显夸张,因而要适当使脸"拉长",最好选择稍长带吊坠的项链。再如,项链的粗细应与脖子的粗细成正比。脖子长的人要选择粗而短的项链,使其在脖子上占据一定的位置,在视觉上能减少脖子的长度;脖子短的人,则要选择细致而长的项链等。

(2)耳饰。耳饰有耳环、耳链、耳钉、耳坠等款式,一般仅限女性所用。耳饰讲究成对使用,也就是说每只耳朵上均佩戴一只。在工作场合,严禁在一只耳朵上戴多只耳环。职业女性希望表现的是她们的聪明才智、能力和经验,所以要佩戴简单耳环,不要选择夸张、奇异、摇摆晃动发出声音的耳环,耳饰中的耳钉小巧而含蓄,是体现专业形象的最佳选择。

(3)手镯、手链。手镯主要用来强调手腕和手臂的美丽,一般只戴一只,通常应在左手。

若是同时戴两只手镯,一手戴一只,手镯必须成对。佩戴手链,宜单不宜双,应戴在左手上。手链不能与手镯同时佩戴。

(4)戒指。商界人士佩戴戒指一般是戴在左手,而且最好仅戴一枚。戒指的佩戴可以说是表达一种沉默的语言,往往暗示佩戴者的婚姻和择偶状况,商界人士需了解戒指不同戴法的不同含义。如果把戒指戴在食指上,表示无偶或求婚;戒指戴在中指上,表示已有了意中人,正处在恋爱之中;戴在无名指上,表示已订婚或结婚;戴在小手指上,则暗示自己是一位独身者。在和别人谈话的时候,不要抚弄自己的戒指。否则,别人会认为你是心不在焉,或者有意展示自己的戒指。

(5)脚链。脚链可以吸引别人对佩戴者腿部和步态的注意,是当前比较流行的一种饰物,多受年轻女士的青睐。佩戴脚链,一般只戴一条。脚链主要适合在非正式场合,而商界女性在工作中则不宜佩戴。

2.提包

(1)公文包。被称为商界男士的"移动式办公桌"。对穿西装的商界男士而言,外出办事时手中若是少了一只公文包,未免会使其神采和风度大受损害,而且其身份往往也会令人质疑。商界男士所选择的公文包,有许多特定的讲究。面料以真皮为宜,并以牛皮、羊皮制品为最佳。一般来讲,棉麻、丝、毛、革,以及塑料、尼龙制作的公文包难登大雅之堂。色彩以深色、单色为好,浅色、多色,甚至艳色的公文包,均不适用于商界男士。在常规情况下,黑色、棕色的公文包是最正统的选择。除商标之外,商界男士所用的公文包在外表上不宜再带有任何图案、文字,否则是有失自己的身份的。最标准的公文包,是手提式的长方形公文包。箱式、夹式、挎式、背式等其他类型的皮包均不可充当公文包之用。

(2)手提包。手提包是女性最为实用的饰品,也是个性和审美情趣最富有张力的表现语言。职业女性宜选择轮廓分明的方形或长形、款式简洁大方、质量上乘、做工精致的手提包。避免选择体积过于庞大或装饰图案过于花哨的手提包,以强化职业女性的严谨和端庄。社交手袋应突出女性或华丽高贵,或妩媚多情,或恬淡飘逸,或成熟风韵的不同风采。女性手提包颜色选择范围较大,与服装搭配时可根据以下几点进行选择:①手提包与服装呈对比色,这样两者都醒目,如穿白衣,配黑包;②如果服装为多色彩,手提包应与服装的主色调相同;③手提包与服饰中的某一种使用同一色彩,以做到上下呼应,增强整体和谐,如装饰腰带为褐色,手提包也为褐色。外出之前,放在包里的物品尽量装在包里的既定之处,有条不紊地摆放整齐。

3.配饰

(1)丝巾。丝巾是商务服饰最重要的饰物之一,它不像项链、耳环之类的首饰过于模式化,而且佩戴起来有些拘谨,丝巾是最随意洒脱同时又很实用的现代风格配饰。丝巾是女士的钟爱。确实,不管什么场合,利用飘逸柔媚的丝巾稍作点缀,一下就能让你的穿着更有味道。挑选丝巾重点是丝巾的颜色、图案、质地和垂坠感。可以用丝巾调节脸部气息,如红色系能衬得面颊红润;或是突出整体打扮,如衣深巾浅、衣冷色巾暖色、衣素巾艳。但佩戴丝巾要注意:如果脸色偏黄,不宜选用深红、绿、蓝、黄色丝巾;脸色偏黑,不宜选用白色、有鲜艳大红图案的丝巾。丝巾的质感也要和服装的质感、厚薄相搭配。

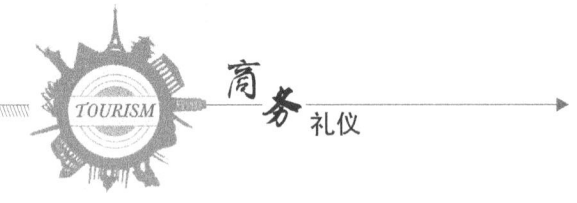

商务礼仪

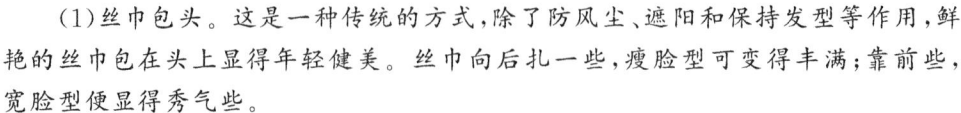

知识链接　　　　　　　　丝巾的系法

(1)丝巾包头。这是一种传统的方式，除了防风尘、遮阳和保持发型等作用，鲜艳的丝巾包在头上显得年轻健美。丝巾向后扎一些，瘦脸型可变得丰满；靠前些，宽脸型便显得秀气些。

(2)丝巾围颈。这种系法最适合素色的服装，采用对比的色彩，衬托脸型，点缀服装。常见的有挽角式系法（随意抖起丝巾角，自然地松松一挽）、领带式系法（用打领带的方式系扎）、红领巾式系法（把丝巾对折成三角，如同系红领巾一样扎上）、围搭式系法（色彩艳丽的丝巾，折成三角，随意地围搭在肩上，打造一种不对称的风格）。

(3)丝巾披肩。这种系法适用于大丝巾。羊毛和丝毛交织的大型高档丝巾，是宴会、沙龙和舞厅中高雅的披肩饰品。如果与大衣相配，对于针织、丝绸类的丝巾，时髦的系法是系在大衣领子的外面，而不是披在大衣的里面。

(4)丝巾束腰。这也是颇具牛仔气派的系法。非常的简练和神气，兼有腰带的作用。

(5)丝巾服装。用丝巾的图案制成衣服，只需三四条丝巾就能做一条裙子，两块不同的丝巾做成两面都能穿的背心式宽松上衣。

(6)丝巾饰物。将丝巾或扎在手腕，或系上发髻，要么系在拎包或背包上，是国外流行的丝巾装饰新方法。这些系法或是清奇，或是典雅，或是随意，或是猎新，你还可以别出心裁自创出一些适合你的系丝巾的方式。

（资料来源：https://wenku.baidu.com/view/766b6779d1f34693dbef3e5d.html? from=search.）

(2)手表。手表作为一种男女皆可佩戴的饰物，已逐步淡化了其计时的基本功能。商界人士佩戴手表，通常意味着时间观念强、作风严谨。在正规场合，手表的价值除了实用，还体现身份地位。对于平时只有戒指一种首饰可戴的男士来说，尤其备受重视。在正式场合所戴的手表，在造型方面应当庄重、保守、避免怪异、新奇。一般而言，正圆形、正方形、椭圆形较为合适。同时色彩不宜杂乱，金色、银色、黑色是较为合适的色系。应注意的是，女性穿华丽的晚宴装，最好不要戴手表。此外，佩戴手表时要注意行为举止，若是在正规场合他人发言时，频频看表，就显得对他人不尊重，容易引起误会。

(3)眼镜。商界人士佩戴眼镜不仅保护视力还能显得儒雅、文静，提高自身权威感。在正式的商务场合，镜框的造型避免怪异，镜框颜色尽量与手表或首饰相协调。同时，选择眼镜时应考虑脸型，增加美感。例如，圆脸型，不适合戴宽边圆形眼镜，应选择水平距离宽、垂直距离窄的方框眼镜。

(4)墨镜。也称太阳镜,原本是用作抵挡阳光保护眼睛的,现已成为装饰五官的一种饰品。戴上墨镜,会平添几分神秘感和魅力,给人以严肃、神气、深沉之感。商界人士佩戴墨镜时,要注意以下要点:①参加室内活动与人交谈,不要戴墨镜;②在室外,参加隆重的礼仪活动,不应戴墨镜;③若有眼疾需要戴时,要向对方表示歉意。

(5)胸针。别在胸前的饰物,多为女性佩戴。因其图案以花卉为主,又被称作胸花。别胸针的部位有一定讲究。穿西装时,胸针应在左侧领上;穿无领上装时,应将其别在左侧胸前。具体高度应在从上往下数第一粒、第二粒纽扣之间。胸针是对品质要求最高的一种饰品,它的质地各异,有珠宝、金银、金属、绢丝等。选择时,需要和服饰品质、社会阶层、年龄和出席的场合相匹配。华丽的晚礼服应配以较为夸张而精美,或质小而华贵夺目的胸针;正统和严谨的套裙应配以简洁明快、轮廓清晰分明的胸针;多情浪漫的服装应配以柔和别致的胸针。

(6)领针。用于别在西式上装左侧领上,男女都可以用。佩戴领针时,戴一只就行了,而且不要和胸针、纪念章、奖章、企业徽记等同时使用。在正式场合,不要佩戴有广告作用的别针,不宜将领针别在右侧衣领、帽子、丝巾、腰带等不恰当的位置。

 本章小结

商务形象礼仪对于塑造个人形象意义重大,而且个人形象在商务活动中是非常重要的。良好的个人形象能给人一种光环效应,并有助于企业形象的美化。本章主要讲解商务仪容礼仪、商务仪态礼仪和商务服饰礼仪这三个方面的内容。

(1)商务仪容礼仪,主要指一个人的容貌各方面的礼仪规范,内容很多,如个人整洁,包括面部清洁、头发清洁以及其他部位的清洁,美发与化妆的基本步骤,皮肤护理等内容。

(2)商务仪态礼仪的内容包括在商务社交场合,采用规范的表情、站姿、走姿、坐姿、蹲姿、手势,以及适当的言谈举止等,以显示良好的教养和素质。

(3)商务服饰礼仪的内容包括服饰礼仪的三要素、服饰礼仪的基本原则——TPO原则、男士西装着装礼仪、女士正装着装礼仪、制服着装实务和饰品的佩戴礼仪等。进行正确的服饰选择和色彩搭配,可以修正自身的外在缺陷,再配以适合的发型和妆容,可以展示自身的独特气质。

 关键概念

仪表 TPO原则 西装 套装 饰物

 复习思考题

□ **复习题**

1.什么是仪容？仪容修饰的基本原则是什么？

2.简述化妆的步骤和方法。

3.简述微笑的"四要"和"四不要"。

4.服饰礼仪的三要素是什么？请举例说明。

5.着装的 TPO 原则是什么？

6.男士西装穿着时的主要配饰有哪些？如何搭配？

□ **思考题**

如果你要去参加一次正式的商务宴请活动,请问你该如何着装？

 案例解析

1.某公司招聘文员,3位毕业生同时前去应聘。面试前,他们坐在会客室等候。当总经理经过会客室时,看到了这样的情形:两位同学坐在沙发上,一位跷起"二郎腿",而且两腿还不停地抖动,另一位身子松懈地斜靠在沙发一角,两手攥握手指"咯咯"作响,只有一位同学端坐在椅子上。总经理非常客气地对坐在沙发上的两位同学说:"对不起,你们二位的面试已经结束了。"两位同学面面相觑,不知何故面试已经结束。

分析讨论:

总经理为什么说:"对不起,你们二位的面试已经结束了。"

2.有位女职员是财税专家,她有很好的学历背景,常能为客户提供很好的建议,在公司里表现一直很出色。但当她到一家较著名的公司为客户提供服务时,对方主管却不太注重她的建议,因而没有机会发挥她的才干。为此,她很苦恼。

一次偶然的机会,一位时装设计师结识了这位女职员,时装设计师指出了女职员在着装方面的缺陷:她32岁,身高152厘米,体重48公斤,圆圆的娃娃脸看起来很可爱,且她平时也喜欢穿可爱型的服装,像个十六七岁的少女。其外表与她所从事的工作相距甚远,导致客户对于她所提供的建议缺乏安全感、依赖感,所以难以发挥她的才干。时装师建议她用服装来强调财税学者和专家的气势,用深色的套装、对比色的上衣、镶边帽子来搭配,甚至戴上稳重大方的眼镜,女职员一一认真照办。结果,3个月后客户的态度有了明显的转变。很快,她便成为公司重要的董事之一。

分析讨论:

1.时装设计师的建议你认同吗？为什么？

2.你对职业女性的着装有什么建议？

◇**实训操练**

1.靠墙站立训练

实训目标:熟练掌握正确站立的训练方法。

实训内容与要求:实训内容为学生正确靠墙站立训练,要求每位学生按"五点一线",尽量收腹贴墙站立,训练时间为 15 分钟,全班同学分成两组轮流练习。

实训成果与检测:一组学生进行站立训练,另一组学生进行检查,最后教师进行点评。

2.男女生着装训练

实训目标:掌握男生西装穿着规范,女生认识色彩与款式搭配的重要性。

实训内容与要求:西装、领带和各种色彩与款式的服装等可以由学生自己准备,有条件的学校可以由学校提供。要求学生西装穿着应符合规范,女生穿着应和谐。

实训成果与检测:学生穿好后进行演示,学生相互检查点评,最后教师进行点评。

◇**相关链接**

推荐进一步阅读文献:

1.程宝元.浅谈商务礼仪在服务型企业形象战略中的应用[J].中小企业管理与科技,2017(2).

2.康开洁.大学生商务礼仪中的个人形象维护[J].知识经济,2015(14).

3.娄丹.你的商务形象价值百万——浅谈企业员工礼仪及其重要性[J].佳木斯职业学院学报,2016(5).

4.马淑红,谷玉芬.中韩服务型公务人员公众形象礼仪的比较研究[J].渤海大学学报(哲学社会科学版),2016(3).

5.邵易珊.商务谈判礼仪中的形象塑造与语言技巧探讨[J].环渤海经济瞭望,2018(7).

6.马淑红,江宁宁.借鉴韩国经验提升中国服务型公务人员形象礼仪素养[J].黑龙江生态工程职业学院学报,2015(6).

第三章

商务交往礼仪

学习目标

通过本章的学习,了解商务称呼礼仪、问候礼仪和见面礼仪的基本知识;了解并掌握在商务场合进行自我介绍的时机、内容和方式以及为他人做介绍的礼仪;了解商务名片的种类,掌握递送、接收名片的礼仪和禁忌;掌握并运用商务信函礼仪;掌握商务人员在拜访、馈赠等方面的基本技巧和注意事项;能够运用所学知识在商务场合正确使用交往礼仪,展现良好的个人修养。

在商务交往中,商务组织之间经常会根据实际需要开展一些商务活动,商务人员在交往中要展示自己的风度,塑造组织的形象,与交往对象表示尊重和友好,必须遵守相应的礼仪规范和惯例。商务礼仪与一般的社交礼仪相比,既有其共性,又有其特殊性,具有更强的规范性和可操作性,并且与商务活动密切相关。商务人员只有掌握并熟练运用商务交往礼仪的要领,才能使自己在商务交往中塑造出良好的个人形象和组织形象,实现商务活动的目的。

第一节　商务见面礼仪

案例引导

购买礼貌用语的咖啡馆

咖啡馆本来是出售咖啡的,怎么干起购买礼貌用语的营生呢? 这样的错位买卖发生在澳大利亚的新南威尔士州,故事要从咖啡馆老板凯文·奇伟尔一次外出旅行的遭遇说起。

28 岁的凯文·奇伟尔和妻子罗莎在新南威尔士州纽卡斯尔的近郊,经营着一家咖啡馆。有一次,夫妇俩到悉尼度假,那天,他们在一家餐馆就餐,结果碰到一件令人不快的事情。坐在他们旁边的一个美国游客,手臂纹有火龙图案,点餐时从嘴里时不时蹦出"fuck"这个单词,而负责点餐的又是个女服务生。要知道,"fuck"可是英美口语的禁忌语,是所有脏话里最为粗俗的,在正式场合都应避免使用。所以,凯文听着很不舒服,扭头轻声地提醒道:"先生,如果您不介意,我建议您调整一下某些用词。"美国人抬起头,白了凯文一眼,再次吐出两个单词:"Fuck you(去你的)!"凯文也生气了,准备跟这个粗俗的家伙好好地理论理论。妻子见势不妙,担心事情闹大,硬拉着凯文离开了那家餐馆,饭都没吃成。

不能怪凯文多管闲事,其实,在澳大利亚,有一个基本共识:人只有分工不同,都是相互服务的,不应存在高低贵贱之分,理应相互尊重,彼此之间的言谈话语更应文明礼貌,不可以粗俗不堪。

回到纽卡斯尔,凯文还一直对这件事情耿耿于怀。妻子罗莎说:"亲爱的,你别那么正统了,现在,我们有些本地居民的日常用语不是也越来越不干净了吗? 也许,这就是一种潮流吧。"凯文不同意罗莎的观点,说:"也许,我们该为保留澳大利亚文明礼貌的传统做点什么,绝不能让粗俗占据我们的生活,尤其是日常用语的粗俗。""那么,我们该怎么做呢?"罗莎问。凯文想了想,说:"我想好了,就从我们这个咖啡馆做起吧!"

2014 年 8 月 30 日,纽卡斯尔的市民惊奇地发现,凯文咖啡馆门前的小黑板上,用彩色粉笔写出了一则新广告:欢迎光临本咖啡馆! 点餐时说"一杯咖啡"收费 5 美元;说"请给我一杯咖啡"收费 4.5 美元;说"早上好,请给我一杯咖啡"收费 4 美元。也就是说,在凯文的咖啡馆里,出售咖啡的同时也收购礼貌用语,一条礼貌用语的收购价为 0.5 美元。

　　此广告一经推出,引起市民们极大兴趣,前来喝咖啡的人与日俱增,所有顾客都不再粗鲁地说:"嗨,一杯咖啡!"而是都温文尔雅地说:"早上好,请给我一杯咖啡!"尽管仅仅只有1美元的优惠,但是,无论是店主还是顾客,都感到温馨暖人。两个月后,凯文的这一做法被纽卡斯尔其他的咖啡馆纷纷效仿。在接受媒体采访时,凯文高兴地说:"我们这么做,只是想唤回人们对礼貌的重视,感谢上帝,现在他们都在积极地改变自己的态度。"

　　(资料来源:谷东来.购买礼貌用语的咖啡馆[J].山东青年,2015(4).)

一、称呼礼仪

　　称呼指的是人们在日常交往中彼此之间所采用的称谓。正确称呼别人是人际交往中起码的礼仪。在商务活动中,选择正确、适当的称呼,是自身的教养的体现,也表明对对方的尊重,甚至还体现着双方良好关系发展所达到的程度,因此不能随便乱用称呼。商务交往,礼貌当先;与人交谈,称呼当先。恰当地使用称呼,是商务活动顺利开展的第一步。

(一)称呼的分类

　　商务场合的称呼要庄重、正式、规范。常见的称呼主要有以下几种类型。

1.职务性称呼

　　商务活动中,一般以交往对象的职务相称,以示身份有别、敬意有加。这是商务会面场合中最常见的一种称呼,包括三种方式:直接称呼对方的职务、在职务前加上姓氏或在职务前加上姓名(适用于极其正式的场合)。

2.职称性称呼

　　对于具有职称者而未有行政职务者,尤其是具有高级、中级职称者,在工作中应直接以其职称相称。称呼职称时,可以采取三种方式:直接称呼对方的职称、在职称前加上姓氏、在职称前加上姓名(适用于十分正式的场合)。对于既有行政职务又有高级职称的交往对象,则要根据场合进行选择。

3.行业性称呼

　　在工作中,有时可按行业进行称呼。对于从事某些特定行业的人,可直接称呼对方的职业,如老师、医生、会计、律师等,也可以在职业前加上姓氏、姓名。

4.性别性称呼

　　对于从事商业、服务性行业的人,一般约定俗成地按性别的不同,分别称呼"小姐""女士"或"先生"等。在国际交往中,一般对男子称"先生",对女子称"夫人""女士"或"小姐"。已婚女子称"夫人",未婚女子统称"小姐";对于不了解婚姻情况的女性,可称其"女士";对戴结婚戒指的、年纪稍大的女性,可称其"夫人"。

5.姓名性称呼

在工作岗位上称呼姓名,一般限于同事、熟人之间。其中有三种情况:其一是全呼其名。其二是只呼其姓,要在姓前加上"老、大、小"等前缀。其三是只称其名,不呼其姓,通常限于同辈之间,或者是上司称呼下级、长辈称呼晚辈,亲友、同学、邻里之间也可使用这种称呼。

（二）称呼的禁忌

在商务活动时,千万注意不要因称呼而冒犯对方。一般而言,下列做法都是不对的。

1.不要使用错误的称呼

在称呼他人时出现差错,显然是失礼至极。

2.不要使用地域性的称呼

一些国内常用的称呼,一旦到了境外便会变味。例如,"同志"可能被理解为"同性恋","爱人"可能被理解为"婚外恋者","小鬼"可能被理解为"妖魔鬼怪"等。此类称呼在涉外交往中一般不宜采用。

3.不要使用距离不当的称呼

在正式交往中,若是与仅有一面之缘者称兄道弟,或者直呼其名等,都是与对方距离不当的称呼。

4.不要使用绰号作为称呼

与自己关系一般者,切勿擅自给对方起绰号,也不应以道听途说的绰号去称呼对方。至于一些具有讽刺侮辱性的绰号,更应严禁使用。

5.不要使用庸俗性的称呼

某些市井流行的称呼,庸俗低级、格调不高,甚至带有明显的黑社会风格,在正式的商务交往中应禁用。

 知识链接　　**2018 网络最火五大流行语**

（1）大吉大利,晚上吃鸡。

出处:国外游戏《绝地求生:大逃杀》的系统提示语。在每局游戏中有100名玩家相互厮杀,最终能存活到游戏结束的胜利者,即第1名,会在自己的屏幕上看到这句"大吉大利,今晚吃鸡!"因此,网友也称打这款游戏为"吃鸡"。

（2）扎心了,老铁。

出处:是直播软件上的观众与主播互动的流行语。老铁在东北方言里是哥们的意思,扎心了就是指内心收到了极大的打击和刺激。比如杜甫可以对李白说:扎心了,老铁!

（3）惊喜不惊喜？意外不意外？

出处：出自周星驰的电影《家有喜事1992》里面的张曼玉饰演的何里玉和周星驰饰演的常欢二人之间的一段经典对白。意为事情发生了意想不到的转折，常常用来调侃一些比较具有戏剧化反转的剧情，令人跌破眼镜甚至是啼笑皆非的境况。

（4）还有这种操作。

出处：最初在电竞游戏圈流传，后来逐渐演变成网络流行语，意思是"居然还有这种套路"。用在网络聊天和回帖时使用，表示震惊或疑问。

（5）小猪佩奇身上纹，掌声送给社会人。

出处：动漫人物小猪佩奇，和社会人联系起来实属意外。抖音App上的某一群人，被统称为"社会人"。他们的标志是"手带小猪佩奇手表，身披小猪佩奇纹身"，于是就诞生了"小猪佩奇身上纹，掌声送给社会人"。

（资料来源：http://www.360changshi.com/wangluoliuxingyu/19413.html.）

二、问候礼仪

见面问候虽然只是打招呼、寒暄或简单的三言两语，在商务活动中，却代表着对交往对象的尊重。

（一）问候的内容

问候的内容分为以下两种，分别适用于不同的场合。

1.直接式问候

所谓直接式问候，就是直接以问好作为问候的主要内容。它适用于正式的交往场合，特别是在初次接触的商务场合中，如"您好""大家好"和"早上好"等。

2.间接式问候

所谓间接式问候，就是以某些约定俗成的问候语，或者在当时条件下可以引起话题的语句进行问候。主要适用于非正式的、熟人之间的交往。比如用"最近过得怎样""忙什么呢"和"您去哪里"等来替代直接式问候。

（二）问候的顺序

1.一对一的问候

一对一，即两人之间的问候。通常是位低者先问候，即身份较低者或年轻者首先问候身份较高者或年长者。

2.一对多的问候

如果同时遇到多人，特别是在正式会面的场合，既可以笼统地加以问候，比如说"大家

好"，也可以逐个加以问候。当一个人逐一问候多人时，既可以由"尊"而"卑"、由"长"而"幼"地依次进行，也可以由"近"而"远"地依次进行。

（三）问候的态度

问候是敬意的一种表现，态度上一定要注意做到以下几点。

1.主动

问候他人时，要积极、主动。当别人首先问候自己时，要立即予以回应，千万不要摆出一副盛气凌人的样子。

2.热情

问候他人时，要表现得热情、友好、真诚。不能毫无表情，或者摆一副苦瓜脸，表情冷漠。

3.大方

问候他人时，要有主动、热情的态度，必须表现得大方、专注。矫揉造作、神态夸张或者扭扭捏捏，反而会给人留下虚情假意的坏印象。问候他人时，要面含笑意，与他人有正面的眼神交流，做到眼到、口到、意到。不要在问候对方的时候，目光游离、东张西望，这样会让对方不知所措。

三、见面礼仪

72

（一）握手礼

两人相向，握手为礼，这是当今世界上最为流行的礼节。握手常常伴随寒暄、致意，如说"你好""欢迎""多谢""保重"和"再见"等。握手礼含义很多，视情况而定，可分别表示相识、相见、告别、友好、祝贺、感谢、鼓励、支持、安慰等不同意义。

握手礼来源于原始社会。早在远古时代，人们以狩猎为生，如果遇到素不相识的人，为了表示友好，会赶紧扔掉手里的打猎工具，并且摊开手掌让对方看看，示意自己手里没有藏东西。后来，这个动作被武士们学到了，他们为了表示友谊，不再互相争斗，就互相摸一下对方的手掌，以示手中没有武器。随着时代的变迁，这个动作就逐渐演变成了现在的握手礼。

现代握手礼通常是先打招呼，然后相互握手，同时致意。握手礼流行于许多国家，是商务交往中最常见的一种见面、离别、祝贺或致谢的礼节。

1.握手顺序

商务交往中一般的握手顺序为：尊者先伸手，即主人、长辈、上司、女士主动先伸出手，客人、晚辈、下属、男士再相迎握手。

长辈与晚辈之间，长辈伸手后，晚辈才能伸手相握；上下级之间，上级伸手后，下级才能接握；主人与客人之间，主人应主动伸手，客人才能接握；男女之间，女方伸出手后，男方才能伸手相握。两对男女相遇，女士与女士应先握手，然后两位女士再分别与男士握手，最后才是男士与男士握手。

2.握手的时间和力度

握手的力量、姿势与时间的长短往往能够表现出握手人对对方的礼节与态度，我们应该根据不同的场合以及对方的年龄、性格、地位等因素正确握手。与老人、贵宾、上级握手,不仅是为了表示问候,还有尊敬之意。因此握手的时间要恰当,长短要因人而异。控制握手时间的一般原则是:根据双方的熟悉程度灵活掌握。初次见面,握手时间不宜过长,以 3 秒为宜。切忌握住异性的手久久不松开;与同性握手的时间也不宜过长,以免失礼。男士之间或女士之间行握手礼时,只要遵从一般规范即可,握手时间及握手的力度都比较随意。但男士与女士握手,或者与长者、贵宾握手时,则要遵从特定的礼仪规范。

握手时力度要适当,可握得稍紧些,以示热情,但不可太用力。男士握女士的手时应轻些,只握其手指部位即可。如果下级或晚辈与你的手紧紧相握,作为上级和长辈的你一般也应报以相同的力度,这容易使晚辈或下级对你产生强烈的信任感,也可以使你的威望、感召力在晚辈或下级之中得到提高。

3.握手方法

正确的握手方法是:行握手礼时不必相隔很远,伸直手臂,但也不要距离太近。一般来说相距约一步左右,上身稍向前倾,伸出右手,四指齐并,拇指张开。双方伸出的手一握即可,时间宜短(3~5秒),同时要友好地注视对方,面带微笑。要热情大方,但不要太过用力。

4.错误的握手方式

(1)不要用左手相握。尤其是和阿拉伯人、印度人交往时更要牢记这一点,因为在他们看来,左手是不洁的。

(2)不要四人交叉握手。尤其是和基督教徒交往时更要避免这一点,因为这种形状类似十字架,在他们眼里这是很不吉利的。

(3)不要在握手时戴着手套或墨镜。只有女士在社交场合戴着薄纱手套握手,才是被允许的。

(4)在握手时,另外一只手不要插在衣袋里或拿着东西。

(5)不要在握手时面无表情、不置一词或长篇大论、点头哈腰、过分客套。

(6)不要在握手时把对方的手拉过来、推过去,或者上下左右抖个没完。

(7)不要拒绝和别人握手,如果有手疾,手上有汗渍、污物,或手里正提着东西,要和对方说明一下,以免造成不必要的误会。

(二)亲吻礼

亲吻,是源于古代的一种常见礼节。人们常用此礼来表达爱情、友情和尊敬。据说它产生于婴儿与母亲间,也有人说它产生于史前人类互舔脸部来吃盐的习俗。据文字记载,古罗马与古印度已流行公开的亲吻礼。有人认为,古罗马人爱嚼香料,行亲吻礼是为了传送口中芳香。当代,在许多国家及地区的上流社会中,此礼日盛。

行此礼时,往往与一定程度的拥抱相结合。不同身份的人,相互亲吻的部位也有所不同。一般而言,夫妻、恋人或情人之间,宜吻唇;长辈与晚辈之间,宜吻脸颊或额头;平辈之间,宜贴面。在公开场合,关系亲密的女子之间可吻脸颊,男女之间可贴面,晚辈对尊长可吻额,男子对尊贵的女子可吻其手指或手背。非洲某些部族的居民,常以亲吻首长的脚或首长走过的地方为荣。

西方现代的亲吻礼,在欧美许多国家盛行。法国人不仅在男女间,而且在男子间也多行此礼。法国男子亲吻时,常常亲吻两次,即左右脸颊各吻一次。比利时人的亲吻比较热烈,往往反复多次。

当代,在许多国家的迎宾场合,宾主往往以握手、拥抱、吻面或贴面的联动性礼节表示敬意。

(三)注目礼

注目礼主要有以下两种:
(1)行礼时身体直立,眼睛注视目标。例如升国旗时向国旗行注目礼。
(2)泛指以目注视对方的见面礼节。行礼时身体直立,眼睛注视目标。

(四)举手礼

举手礼的起源已无法考证,通常有两种说法:一是古罗马军团士兵举手做遮挡阳光状,以表示对上级的尊敬;二是与握手的用意相同,向对方显示自己手中没有武器。不过,流传得比较广的一种说法是:在中古时期的欧洲,当两名骑士在路上相遇时,会用右手掀起头盔,让对方看清楚自己,以表示尊敬。后来,这个动作演变为举手礼。

现代军人所行的标准的举手礼,其动作要领是:上体正直,右手迅速抬起,五指并拢自然伸直,中指微接帽檐右角前约 2 厘米处,手心向下,微向外张,手腕不得弯曲,右大臂略平,与两肩约成一线,同时注视受礼者。

(五)点头礼

点头礼适用的范围很广,如路遇熟人或与熟人、朋友在会场、剧院、歌厅、舞厅等不宜交谈之处见面,以及同时遇上多人而又无法一一问候时,都可以点头致意。

点头礼的做法是头部向下轻轻一点,同时面带笑容。注意不要反复点头不止,点头的幅度不宜过大。行点头礼时,最好摘下帽子,以示对对方的尊重。

(六)吻手礼

吻手礼是现在流行于欧美上层社会的一种礼节。英、法两国国民都喜欢行吻手礼,吻手礼一般在室内进行。吻手礼的受礼者只能是女士,而且应是已婚女士。手腕及其上下部位是行礼时的禁区。

具体做法是:男士行至已婚女士面前,首先垂首立正致意,然后以右手或双手捧起女士的右手,俯首用自己微闭的嘴唇,去象征性地亲吻一下女士的手背。男子同上层社会贵族妇女相见时,如果女方先伸出手作下垂式,男方则可将其指尖轻轻提起吻之;但如果女方不伸手表示,则不吻。行吻手礼时,若女方身份地位较高,男士屈膝做半跪式后,再握手吻之。

(七)合十礼

合十礼,又称"合掌礼",是流行于泰国、缅甸、老挝、柬埔寨、尼泊尔等佛教国家的见面拜礼。合十礼原是印度古国的文明礼仪之一,后为各国佛教徒沿用,成为日常普通礼节。在我国,一般非佛教徒对僧人施礼,也以行合十礼为宜。行礼时,双掌合于胸前,十指并拢,以示虔诚和尊敬。

在泰国,行合十礼时,一般是两掌相合,十指伸直,举至胸前,身子略向下躬,头微微下垂,口念"萨瓦迪卡"。遇到不同身份的人,行此礼的姿势也有所不同。例如,晚辈遇见长辈行礼时,要双手高举至前额,两掌相合后举至脸部,两拇指常近鼻尖。男行礼人的头要微低,女行礼人除了头微低外,还需要右脚向前跨一步,身体略躬。长辈还礼时,只需双手合十放在胸前即可。拜见国王或王室重要成员时,男女均须跪下。国王等王室重要成员还礼时,只点头即可。无论地位多高的人,遇见僧人时都要向僧人行礼,而僧人则不必还礼。

(八)鞠躬礼

鞠躬起源于中国,源于一种祭天仪式。这种习俗在一些地方一直保持到现在。在现实生活中,人们逐渐沿用这种形式,以此表达自己对地位崇高者或长辈的崇敬。

鞠躬,意思是弯身行礼,是对他人表示敬重的一种郑重礼节。此种礼节一般是下级对上级或同级之间、学生向老师、晚辈向长辈、服务人员向宾客表达由衷的敬意。鞠躬现在是中国、日本、韩国、朝鲜等国家传统的,普遍使用的一种礼节。鞠躬主要表达"弯身行礼、以示恭敬"的意思。如今在日本和韩国,鞠躬礼是最讲究的。对日本人来说,鞠躬的程度不同,其表达的意思也不同。如,鞠躬15度左右,表示致谢;鞠躬30度左右,表示诚恳和歉意;鞠躬90度左右,表示忏悔、改过和谢罪。行鞠躬礼需要掌握的要领是:脖子不可伸得太长,不可挺出下颏;耳和肩在同一高度;保持正确的站立姿势,两腿并拢,双目注视对方的胸部;随着身体向下弯曲,双手逐渐向下,朝膝盖方向下垂。

(九)拱手礼

拱手礼已有两三千年的历史了。拱手礼始于上古时代,有模仿带手枷奴隶的含义,意为对方的奴仆。从西周起,拱手礼就开始在同辈人见面、交往时采用了。很多礼仪学专家都认为,拱手礼不仅是最能体现中国人文精神的见面礼节,而且是最恰当的一种交往礼仪。拱手礼的动作要领是:行礼时,双腿站直,上身直立或微俯,双手互握合于胸前。一般情况下,男子应右手握拳在内,左手在外,女子则正好相反;若为丧事行拱手礼,男子应左手握拳在内,右手在外,女子则正好相反。

同步案例

曾国藩见面识才

有一次,李鸿章带了三个人请曾国藩任命差遣,当时曾国藩刚吃饱饭正在散步。他有饭后缓行三千步的习惯,所以那三人就在一旁恭候。

散步之后，李鸿章请他接见那三人，曾国藩却说不必了。李鸿章很惊讶，曾国藩说道："在散步时，那三个人我都看过了，第一个低头不敢仰视，是一个忠厚的人，可以给他保守的工作；第二个喜欢作假，在人面前很恭敬，等我一转身，便左顾右盼，将来必定阳奉阴违，不能任用；第三个人双目注视，始终挺立不动，他的功名，将不在你我之下，可委以重任。"

后来三人的发展，果然不出曾氏所料，而第三人就是开发台湾有功的台湾首任巡抚刘铭传。

（资料来源：付秀彬.商务礼仪[M].成都：西南财经大学出版社，2010.）

第二节　商务介绍礼仪

案例引导

热情的王晓

王晓是一名高职院校的学生，在一家知名企业工作。一天，经理叫他一起接待一个海外访问团。访问团到达后，王晓马上非常热情地伸出手去："你们好！我是公司的员工，这是我们公司的总经理。早就听说你们要来，今天见到你们很开心，以后希望你们能多多提拔我！请随我来！"这时，经理和访问团都非常尴尬。等访问团走后，王晓被开除了。

（资料来源：https://wenku. baidu. com/view/78a301af65ce0508763213f7. html？ from＝search.）

介绍是指经过自己主动沟通或者通过第三者从中沟通，从而使交往双方相互认识、建立联系、增进了解的一种交往方式。介绍是人与人之间进行相互沟通的出发点，也是建立良好人际关系的有效方式。在商务场合，如果能够正确得体地介绍自己，不仅可以扩大自己的交际范围，广交朋友，而且有助于自我宣传、自我展示。介绍包括自我介绍和他人介绍两种类型。

一、自我介绍

自我介绍,即将本人介绍给他人。自我介绍是推销自身形象和价值的一种重要手段。学会自我介绍,可以树立自信、大方的个人形象。从商务礼仪角度出发,做自我介绍时应注意以下问题。

(一)自我介绍的时机

商务交往中,何时何地把自己介绍给他人,是一个十分复杂的问题。它和当时的气氛、现场人员及场合有关。在以下场合,有必要进行适当的自我介绍。

(1)在商务聚会中,当主人无法抽身或忘了介绍,自己对周围的人一无所知,而又十分想认识他们时,最好的方法就是自我介绍。

(2)想结识某些人或某个人而又无人引见时,可以自己充当自己的介绍人,进行自我推荐和自我宣传。

(3)有不相识者表现出对自己感兴趣时,也有必要做自我介绍。

(二)自我介绍的内容

自我介绍一般包括姓名、籍贯、职业、职务、工作单位、部门或毕业学校、经历、特长或兴趣等。自我介绍要根据实际需要来决定介绍的繁简,不一定要把上述内容全部说出。在正式的商务场合,自我介绍至少要包括三项要素:本人的姓名、供职的单位以及具体部门、担任的职务和所从事的具体工作等。

在你准备参加正式的商务活动之前,可以预先准备一下自我介绍的内容并进行反复的练习。介绍时要做到表达清晰、风趣、真实、流畅。这一分钟左右的"自我推销"应该包含足够的有关你自己的信息以及与接下去的谈话相关的内容。同时,在自我介绍时,还要学会用眼神表达自己的友善、关心以及沟通的愿望。如果你想结识某人,最好预先获得一些有关他的资料或情况,诸如性格、特长及兴趣爱好等。这样在自我介绍后,彼此便很容易融洽交谈起来。换言之,良好的自我介绍可以给人留下深刻的印象,同时也便于接下来工作的开展。

(三)自我介绍的方式

1.简洁式

适用于某些公共场合和一般性的社交场合,这种自我介绍最为简洁,往往只包括姓名一项即可。如"你好,我叫××。"

2.工作式

适用于工作场合,它包括本人姓名、供职单位及其部门、职务或从事的具体工作等。如"你好,我叫××,是××公司的销售经理。""我叫××,在××学校读书。"

3.交流式

适用于社交活动中,希望与交往对象进一步交流与沟通。它大体包括介绍者的姓名、工

作、籍贯、学历、兴趣及与交往对象的某些熟人的关系。如"你好,我叫××,在××工作,我是××的同学,也是××人。"

4.礼仪式

适用于讲座、报告、演出、庆典、仪式等一些正规而隆重的场合。包括姓名、单位、职务等,同时还应加入一些适当的谦辞、敬辞,如"各位来宾,大家好!我叫××,是××学校的学生。我代表学校全体学生欢迎大家光临我校……"。

5.问答式

适用于应试、应聘和公务交往。问答式是根据对方提出的问题给出自己的回答,一般来说,应该有问必答。

(四)自我介绍的注意事项

1.节省时间

在自我介绍的过程中,要注意言简意赅,尽可能地节省时间。一般来说,自我介绍的时间不宜太长,控制在半分钟到一分钟之间,而且越短越好。话说得多了,不仅显得啰唆,而且对方也未必记得住。为了节省时间,做自我介绍时,还可以通过递交名片、添加微信等手段加以辅助。

2.表情自然

表情一定要自然、友善、亲切、随和。既不能唯唯诺诺,又不能虚张声势、轻浮夸张。语气要自然,语速要正常,语音要清晰。在自我介绍时镇定自若、潇洒大方,有利于给人以好感;相反,如果流露出畏怯和紧张、结结巴巴、目光不定、面红耳赤、手忙脚乱,则会为他人所轻视,彼此间的沟通便有了阻碍。

3.把握时机

要把握时机,在适当的场合进行自我介绍,例如在对方正好有空闲,而且情绪较好,又有兴趣时进行自我介绍,这样就不会打扰对方。

4.注意方法

进行自我介绍时,应先向对方点头致意,得到回应后再向对方介绍自己。如果有介绍人在场,自我介绍则被视为不礼貌的行为。

知识链接　　　　**老舍的自我介绍**

舒舍予,字老舍,现年四十岁,面黄无须。生于北平,三岁失怙,可谓无父。志学之年,帝王不存,可谓无君。无父无君,特别孝爱老母,布尔乔亚之仁未能一扫空也。

幼读三百千，不求甚解。继学师范，遂奠教书匠之基。及壮，糊口四方，教书为业，甚难发财；每购奖券，以得末彩为荣，亦甘于寒贱也。二十七岁，发愤著书，科学哲学无所懂，故写小说，博大家一笑，没什么了不得。

三十四岁结婚，今已有一女一男，均狡猾可喜。闲时喜养花，不得其法，每每有叶无花，亦不忍弃。书无所不读，全无所获，并不着急。教书做事，均甚认真，往往吃亏，亦不后悔。如是而已，再活四十年也许能有点出息。

（资料来源：根据粟九红《老舍的自我介绍》一文整理。http://blog.sina.com.cn/s/blog_8ab2f1a50100xts3.html.）

二、介绍他人

（一）介绍他人

商务场合互不认识的人，常常是通过第三者进行介绍的。所以介绍他人，又称第三者介绍，是经第三者为彼此不相识的双方引见、介绍的一种交际方式。介绍他人一般是双向的，即将被介绍者双方各作一番介绍。有时也可以进行单向的介绍。为他人介绍时还可说明被介绍者与自己的关系，便于新结识的人相互了解和信任。

介绍他人时，一般遵守"尊者居后"的原则。简单地说，就是在为他人介绍前，先要确定双方地位的尊卑，然后先把位卑者介绍给位尊者，后把位尊者介绍给位卑者。这样做，可以让位尊者优先了解位卑者的情况，以便见机行事，从而在商务场合中掌握主动权。

现在，商务交往中公认的介绍顺序是：先把职位低者介绍给职位高者，先把年轻者介绍给长者，先把主人介绍给客人，先把男士介绍给女士，先把迟到者介绍给早到者。

值得注意的是，介绍人做介绍时，应该使用敬词。比如说："王小姐，请允许我向您介绍一下……"，或者在较随意的场合可以说："张先生，我来介绍下，这位是……"。为人介绍时，应该把手掌伸开，向着被介绍的一方，忌用手指指指点点，或去拍打被介绍一方的肩和背。而作为被介绍者，应当表现出结识对方的热情，要正面对着对方。介绍时，除了女士和长者外，一般都应该站起来，但若是在会谈进行中，或在宴会等场合，则不必起身，只略微欠身致意就可以了。被介绍时，双目应该注视对方，不可东张西望、心不在焉或是羞怯不敢抬头。被介绍的双方在介绍完之后，应该互相握手问好。

（二）介绍集体

介绍集体，即他人介绍的一种特殊方式。它是指在为他人进行介绍时，被介绍者其中一方或者双方不止一人，甚至有许多人。

1.集体介绍的顺序

越是正式的、大型的商务活动,越要注意介绍的顺序。

(1)"少数服从多数"。

当被介绍者双方地位、身份大致相似时,应先介绍人数较少的那一方。

(2)强调地位、身份。

若被介绍者的地位、身份明显较尊贵,那么即便被介绍者人数较少或只有一人,也应将其放在尊贵的位置,最后加以介绍。

(3)单向介绍。

在演讲、报告、比赛、会议、会见时,往往只需将主角介绍给广大参加者。

(4)对人数较多一方的介绍。

若一方人数较多,可采取笼统的方式进行介绍。如"这是我的家人""这是我的同学"。

(5)对人数较多各方的介绍。

若被介绍的不止两方,则需要对被介绍的各方进行位次排列。排列的标准主要有:以其负责人身份为准;以其单位规模为准;以单位名称的英文字母顺序为准;以抵达时间的先后顺序为准;以座次顺序为准;以距介绍者的远近为准。

2.集体介绍时的注意事项

集体介绍的注意事项与他人介绍的注意事项基本相似。除此之外,还应再注意以下两点:

(1)不要使用易生歧义的简称,在首次介绍时要准确地使用全称。

(2)不要开玩笑,要很正规。介绍时要庄重、亲切,切勿开玩笑。

第三节　商务名片礼仪

案例引导

大意失荆州

一位外经贸委的处长王女士奉派随团出访,前去欧洲开展招商引资工作。因为出国之前她忘记了重新印制一套名片,所以,每到送名片的时候,为了让对方能找到自己的最新的电话和住址,赶紧在名片上临时用钢笔加注了几个有用的电话号码和地址。半个月跑下来,王女士累得筋疲力尽,却未见有外商与其有实质性接触,后来经人指点,才明白问题出在哪儿。原来是她自己奉送给外商的名片不合规范。为了图省事,王女士临时用钢笔在自己的名片上加注了几个有用的电话号码,本想这样联系起来更方便和更有效。可是在外商看来,名片犹如一个人的"脸面",对其任意涂涂改改、加加减减,只能表明她的为人处世敷衍了事、马马虎虎。

（资料来源： https://wenku. baidu. com/view/78a301af65ce0508763213f7. html? from＝search.）

名片是中国人最早使用的礼仪信物之一。而在现代商务交往中,名片常常作为一种"介绍信"和"联络卡",用来证明身份、结交朋友、联系业务等。名片是一个人身份的象征,它是让新结识的朋友记住自己的一种有效方式,同时也是保持日后联系的方法。名片已成为人们商务活动中重要的沟通联系工具。在商业活动中,我们必须使用名片,要使名片的作用发挥得更充分,就必须掌握相应的礼仪。

一、名片的分类

根据名片的用途不同,可将名片分为个人名片和单位名片。在正式的社交场合,可以根据不同的交往对象使用不同的名片进行交往。其中个人名片主要有应酬式名片、社交式名片和公务式名片。

（一）应酬式名片

应酬式名片又称本名式名片。其内容通常只有个人姓名一项,或再加上本人的籍贯。应酬式名片一般在以下情况时使用:拜会他人时用来说明身份;馈赠时替代礼单;用作便条或短信。

（二）社交式名片

社交式名片主要用于自我介绍与保持联络。内容主要包括姓名及联络方式两项。其中个人姓名应以大号字体印于名片中央;联络方式主要包括家庭地址、邮政编码、个人电子信箱、住宅电话号码等。一般来说,社交式名片不印办公地址,以示公私分明。

（三）公务式名片

公务式名片指的是在正式的公务场合交往中所使用的个人名片。它是目前社会交往中最常见的一种名片。公务式名片主要包括个人称呼、所属单位、联络方式三个方面的内容。

1.个人称呼

个人称呼主要由本人姓名、所任职务、学术头衔三部分组成,后两项可根据实际需要进行取舍,内容不能过多,如头衔一般不能超过两个。

2.所属单位

这项内容主要由单位名称、组织标志、所在部门三部分组成,名片上的单位名称及所在部门名称应采用全称。

3.联络方式

这项内容主要由单位地址、邮政编码、办公电话三部分组成,在这里一般不提供家庭住址与住宅电话。而本人的手机、电子信箱等信息是否提供,则根据自己的实际情况而定。

知识链接　　　　　单 位 名 片

相对于个人名片,单位名片多为公司企业所用,故又称企业名片。它主要使用于组织的对外宣传、推广活动中。

单位名片的内容主要包括两项:一是单位的全称及其标志;二是单位的联络方式,由单位地址、邮政编码、单位电话、传真、网址等构成。同样,也可在名片的另一面印上本单位的经营范围或所在方位。

(资料来源: https://wenku. baidu. com/view/78a301af65ce0508763213f7. html? from＝search.)

二、名片的制作

随着商务的发展,名片礼仪也越来越为人们所重视。名片的制作是有一定讲究的。名片制作得是否规范,往往会影响交往对象对自己的看法,进而影响双方的进一步交流与合作。一张粗制滥造的名片显然不会让人对名片主人产生什么好感。在定制名片时,应当对下述问题予以关注。

(一)名片的材料

名片通常应以耐折、耐磨、美观、大方、便宜的纸张作为首选材料,如白卡纸、麻点纸、香片纸或布纹纸等。选用真皮、化纤、木材、钢材甚至黄金、白金、白银等材料制作名片是毫无必要的。

(二)名片的规格

各国名片的规格是不尽相同的。目前国内最通行的名片规格为 9cm×5.5cm,即长9cm,宽5.5cm。而在国际上较为流行的名片规格则为 10cm×6cm。在一般情况下,建议以一种规格定制名片。当然,如果参与的商务活动多为涉外性质,则可采用后一种规格。

(三)名片的色彩

名片的颜色宜少,两种颜色是最好的,纸一种颜色,字一种颜色。必要情况下还需加上公司标志、商标或者公司的徽记,色彩总体上要控制在三种颜色之内。纸张的颜色最好选择天然质地的白色或者浅灰色、浅蓝色、浅黄色等,这样印上深色的字会比较醒目。一般不用红色、粉色、紫色、绿色印制名片。

(四)名片的印刷

名片最好是铅印或打印而不要手写。名片样式有横式和竖式两种。名片印制中最关键的是印制质量,印出的字迹一定要清楚。商务人员所使用的名片,在正常情况下应采用标准的汉字简化字,如无特殊原因,不得使用繁体字。而对于从事民族工作或涉外工作的人员而言,双面名片会很有帮助,即名片一面可以全用英文,另一面则使用所在国的文字。但建议不要在同一面混合使用不同的文字,一张名片上不宜使用两种以上的文字。

要注意的是,以汉字印制名片时,一般采用楷体或仿宋体,尽量不要采用行书、草书、篆书等不易辨认的字体;以外文(主要采用英文)印制名片时,一般采用黑体字,在涉外交往中使用的名片亦可采用罗马体,但不宜用草体。

三、名片的递接

(一)名片的放置

随身携带的名片应使用较为精致的名片夹,且应放置在容易拿出的地方,不要与其他杂物混在一起,以免用时手忙脚乱,甚至拿不出来。在穿正装时,女性可以把名片夹放在挎包内,男性可以将名片夹放在左胸内侧的口袋里或公文包内。因为名片是一个人身份的象征,而左胸是靠近心脏的地方,将名片放在靠近心脏的位置,无疑是对自己和对方的一种尊重。在不穿西装时,名片夹可放置于自己随身携带的小提包里。将名片放置于其他口袋,甚至后侧口袋里是一种很失礼的行为。

(二)递送名片的基本礼仪

递送名片是商务礼仪中常见的重要礼仪。递送名片应遵循以下一些基本礼仪。

(1)在涉外交往中,在名片上应使用自己将要访问国家的官方语言标明信息。例如,在比利时用法语,在巴西用葡萄牙语等。递送名片时印有对方所在国文字的一面应向上。

(2)准备数量充足的名片,避免出现无名片可发的情况。

(3)把握递送名片的时机,一般在会面结束时交换,但有时也可在握手时进行。如果是由别人介绍,你应在你的老板或上司介绍完后再将名片递上。在丹麦,通常在会见开始时进行;在日本,是在做完自我介绍并鞠躬后交换名片,并且是由来访方先将名片递上;在葡萄牙,人们在会议上碰面时互换名片;但在意大利和荷兰,则要等到第一次会面结束才交换名片。所以,要想掌握递送名片的最佳时机,应本着入乡随俗的原则。

(4)赠送名片要有所选择。不要不加区别地乱发一通,随意散发名片可能使你的名片得不到尊重和珍惜。应考虑一下对方是否真的需要你的名片以便将来与你联络,但也不要过于吝啬。在人数较多的场合或聚会上,交换名片应在私下进行。互换名片的适当方式是每次仅在两个人之间进行。

（5）出示名片的礼仪与握手相似。通常是年长者或职位偏高者主动出示，或等职位高的人向你索要时再出示。如果他没有这样做，你应先出示名片，然后再向他索要。

（6）名片应放在伸手可及的地方，以便随时取出。如放在口袋里或公文包里。

（7）买一个好的名片夹。质地精良的名片夹不仅可使名片保持整齐，而且能增添你的职业气质。

（三）递送名片的时机

当双方谈得较融洽，表示愿意建立联系时就应出示名片；当双方告辞时，可顺手取出自己的名片递给对方，以表示愿结识对方并希望能再次相见，这样可加深对方对你的印象。希望认识对方、被介绍给对方、对方提议交换名片、打算获得对方的名片、登门拜访对方等，都是发送名片的好时机。一般来说，递送名片有以下几个时机。

（1）当你与某人第一次见面时，一般都要赠送一张名片，这是十分得体的礼仪。交换名片通常标志着第一次或初次见面的结束。出示名片，表明你有与对方继续保持联络的意向。

（2）展销会开始时，销售经理与客户之间互换名片则是一种传统，表示非正式的业务往来已经开始。

（3）刚到办公室的来客也会向接待者出示名片，以便被介绍或引见给有关人员。等见到主人时还要再递上一张名片。在这种情况下，商务名片起到了社交名片的作用，既表明了自己的身份和自己的到来，还显示了你有进行业务往来的意向。

84

（4）在宾客较多的场合，一开始就接受名片可帮助自己及早了解来客的身份。例如，会议上来了许多代表，而自己对他们的姓名、职务都不太清楚，那么在会议开始前就应向他们索要名片，然后可按日本人的习惯，把它们摆放在桌上随时使用。

（5）去拜访某人时，如果主人没有出示名片，客人可在道别前索要。如果主人的名片就放在桌上的名片盒中，应首先征求同意后再取出一张。你可以递上两张名片，一张给主人，另一张给秘书。当然你也可以索要两张名片：一张存放在自己的名片夹里，另一张可放在客户卷宗里。

（6）用餐时不要出示名片，应等到用餐结束再出示。

同步案例

世界上最伟大的推销员与名片

乔·吉拉德先生，在15年的汽车推销生涯中总共卖出了13001辆汽车，平均每天销售6辆，而且全部是一对一销售给个人的，他也因此创造了吉尼斯汽车销售的世界纪录，同时获得了"世界上最伟大推销员"的称号。他很有耐性，不放弃任何一个机会。或许客户五年后才需要买车；或许客户两年后才需要送车给大学毕业的小孩当礼物，没关系，不管等多久，乔·吉拉德都会不时打电话追踪客户，1年

12 个月更是不间断地寄出不同花样设计、上面永远印有"I like you!"的卡片给所有客户,最高纪录曾每月寄出 16000 封卡片。

"我的名字'乔·吉拉德',1 年出现在你家 12 次！当你想要买车,自然就会想到我!"展示着过去所寄出的卡片样本,乔·吉拉德的执着令人折服。

乔·吉拉德还特别把名片印成橄榄绿,令人联想到一张张美钞。每天一睁开眼,他逢人必发名片,每见一次面就发一张,坚持要对方收下。乔·吉拉德解释,销售员一定要让全世界的人都知道"你在卖什么",而且一次一次加强印象,让这些人一想到要买车,自然就会想到"乔·吉拉德"。

乔·吉拉德有一个特别的习惯,喜欢在公众场合"撒"名片,例如在热门球赛观众席上,他便整盒整盒地撒出名片,他耸耸肩表示:"我同意这是个很怪异的举动,但就是因为怪异,人们越会记得,而且只要有一张落入想买车的人手中,我赚到的佣金就超过这些名片的成本了!"

(资料来源:付秀彬.商务礼仪[M].成都:西南财经大学出版社,2010.)

(四)递送名片的顺序

对名片递送的先后顺序没有太严格的讲究。

一般来说,是由职位低的先向职位高的递送名片,晚辈先向长辈递送名片,男士先向女士递送名片。当对方人数不止一人时,应先将名片递给职位较高或年龄较大者;如果分不清职位高低和年龄大小时则先和自己对面左侧方的人交换名片。总之,在向多人递送名片时,应讲究先后顺序,由尊而卑,由近而远,顺时针依次进行。

名片代表一个人的身份,在未确定对方的来历之前,不要轻易递出自己的名片。否则,不仅有失庄重,而且可能会留下日后名片被他人冒用的隐患。同样,为了尊重对方的意愿,尽量不要向他人索要名片。

(五)递送名片的方式

向他人递送名片时,应面带微笑,双目注视对方,将名片的正面朝向对方,用双手的拇指和食指分别持握名片上端的两角送给对方,并说"这是我的名片,请多关照"等寒暄语。注意在递送名片时,如果本来是坐着的,应当起身或欠身,切忌目光游移或漫不经心。

若一次同许多人交换名片,而且都是初交,那么最好依照座次来交换。交换名片时如果名片用完,可用干净的纸代替,在上面写下个人资料。参加社交活动时,宜随身带上几张名片以备用。与初次见面的人相识后,出于礼貌、有意继续交往或商务、公关活动的需要,可适时递上自己的名片。递、接名片时,如果是单方递、接,应用双手递双手接;若双方同时交换名片,则应右手递、左手接。在涉外交往中,递送名片时要把印有当地语言的一面向上。在中东、东南亚和非洲,要用右手递、接名片,这与他们的文化有关系,即认为左手是不洁的。在中国、新加坡、日本,要用双手递送名片以示尊敬。

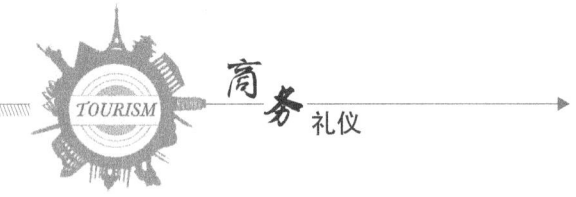

（六）接受名片的方式

忌用单手接对方递过来的名片，一定要用双手承接。接住对方名片时，和递出时一样，需站立着交换。

接受对方名片时，需用双手，以左手接住，右手轻轻扶住另一角，身体微倾 30 度，并说"谢谢"，给对方以好印象。接下的名片不可马上放入胸前口袋，要有一个微笑阅读名片的过程，需马上记住对方的头衔及名字。如果对方的名字很特殊，你读不出的话，应先向对方确认读音。

如果双方同时递上名片，要把自己的名片以右手伸向前，而以左手轻轻按住对方的名片，交换完后归座时，应将对方名片放入名片夹或上衣内侧口袋。如果接下来与对方谈话，不要将名片收起来，应该放在桌子上，并保证不被其他东西压起来，这会使对方感觉你很重视他。

（七）名片的管理

及时把所收到的名片加以分类整理收藏，以便日后使用方便。不要将它随意夹在图书期刊、文件中，更不能随便地把它扔在抽屉里面。

（八）名片的禁忌

在商务场合使用名片有许多禁忌，如忌在用餐时发送名片；忌发送破损、脏污或涂改过的名片；忌收集名片似的逢人便要；忌用左手接受或递送名片，无论接受名片还是递送名片，都必须用双手或右手等等。另外，在一些场合，可以不必把自己的名片递给对方。例如，不想认识或不想与对方深交；对方对自己并不感兴趣；对方是陌生人且以后不需要交往；双方地位身份差别悬殊等等。

第四节　商务信函礼仪

认真的杨秘书

杨小姐是金心公司总经理的秘书，在她上午上班时，电话铃响了，杨小姐在铃响第二声接起："您好！这里是金心公司，我是杨秘书。"电话是上司打来的，让杨小姐通知各部门主管下午 3:00 到会议室开会，会议主题是关于新产品发布的事项。杨小姐在电话记录本上记下时间、地点、内容。挂断电话后，杨小姐把所有要通知的部门在便签上列出，然后逐个打电话通知。通知销售主管时，杨小姐在电话里这样说道："李主管，您好！我是杨秘书，今天下午3:00在会议室有一个关于公司新产品发布事项的会议，会议由总经理主持，希望您准时参加。"得到肯定答复后，杨小姐等对方挂断电话后再挂断电话。

（资料来源：https://wenku.baidu.com/view/78a301af65ce0508763213f7.html? from=search.）

一、电话礼仪

电话和手机的应用，不知不觉已经改变了我们的沟通方式，电话和手机不仅成为我们日常沟通的方式，更在商务沟通过程中起着举足轻重的作用。在商务活动中，我们往往能通过人们在通电话的整个过程之中的语言、声调、内容、表情、态度、时间感等的集合来判断对方的素质、待人接物的态度甚至公司的办事风格和信誉。从商务礼仪角度出发，拨打电话与接听电话时有着各自不同的标准做法。

（一）拨打电话礼仪

为了表示对对方的重视、尊重，我们在拨打电话前要先列出提纲，内容有通话对象的姓名、单位、电话号码、约定的去电时间、通话要点等内容。这样能够保证通话时条理清晰、内容精练、重点突出、时间简短，让对方充分感受到你的尊重与敬业。而拨打电话时，应注意以下问题。

1.打电话的时间

有关公务的电话，最好在上班时间打。若无紧急情况，打电话的时间最好在工作日上午的9点到11点，下午的3点到5点，晚上则在21点以前，以免打扰他人休息。尽量不在节假日打扰他人。打电话到海外，还应考虑到两地的时差。

2.打电话的内容

除非万不得已，商务电话一般不应长于3分钟，即所谓的"3分钟原则"。商界人士在打电话前，一定要"去粗取精"，直截了当地通话。一般要牢记"5W1H"，即When（什么时候）；Who（对象是谁）；Where（什么地点）；What（说什么事）；Why（为什么）和How（如何说）。电话拨通后，力求谈话简洁，抓住要点，尽可能省时省事，同时考虑到交谈对象的特点。

3.打电话的语言和声音

在打电话时，对一个人的电话形象影响最大的，当首推他自己的语言与声调。从总体上来讲，语言应当简洁、明了、文明、礼貌。在通话时，声音应当清晰而柔和，吐字应当准确，句子应当简短，语速应当适中，语气应当亲切、和谐、自然。

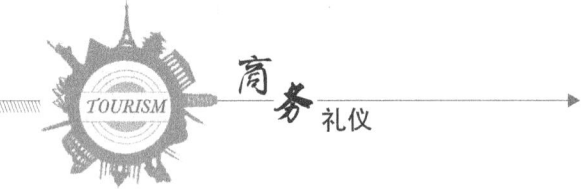

4.打电话的规范

通电话之初,应先做自我介绍,不要让对方"猜一猜";打电话时,要注意使用礼貌用词,如"您好""请""谢谢""麻烦您"等;要结束电话交谈时,一般应当由打电话的一方提出,可以把刚才谈过的问题适当重复和总结,然后彼此客气地道别,说一声"再见",再挂电话。一般来说,上下级或长辈与晚辈之间通话时,按照礼仪应由上级或长辈先挂断电话;如果是同事或者朋友之间通话时,一般是主叫先挂断电话。而且挂断电话时,一定要轻轻放下。

(二)接听电话礼仪

接电话也是一门艺术,是否合乎礼仪规范,不仅体现接听电话者的个人修养,而且也体现公司整体形象。商界人士在接听电话时,同样应该做到语调热情、大方自然、声量适中、表达清楚、简明扼要、文明礼貌。

1.及时接电话

一般来说,在办公室里,电话铃响3遍之前就应接听,6遍后才接听就应道歉:"对不起,让你久等了。"尽快接听电话会给对方留下好印象,让对方觉得自己被看重。

2.接电话的准备工作

要做好通话的准备,无论是私人还是公务电话,尤其是后者,应该在电话机旁准备好一些物品:电话号码簿、电话记录本和记录用笔等。因为在电话沟通中,完全凭听觉获得信息,因此对于一些重要的信息,如电话号码、邮箱地址、姓名等一定要通过记录的方式及时保存。如果在打电话的过程中没有及时记录这些信息,很可能就会产生很多不必要的麻烦。

3.接听电话的过程礼仪

当您拿起话筒的时候,一定要面带笑容。不要以为笑容只能表现在脸上,它也会显现在声音里。亲切、温情的声音会使对方马上对我们产生良好的印象。如果绷着脸,声音会变得冷冰冰的。拨打、接电话的时候不能叼着香烟、嚼着口香糖;说话时,声音不宜过大或过小,应吐字清晰,保证对方能听明白。同时,要事先准备好随时会用到的纸和笔。如果电话内容比较重要,应做好电话记录,包括单位名称、来电话人姓名、谈话内容以及通话日期、时间和对方电话号码等。

4.结束通话的礼仪

在通话时,接电话的一方不宜率先提出终止通话的要求。通话完毕后,可以询问对方"还有什么事吗?"或者"还有什么要吩咐吗?"这一类客套话,既是表示尊重对方,也是提醒对方,请对方先放下电话,再轻放下自己的电话,不宜"越位"抢先。

(三)手机礼仪

现今手机已成为每个人必不可少的随身工具,而且随着技术的发展,手机已不再只是打电话的通信工具,而是有着众多实用功能的工具。商务人士在日常交往中使用手机时,大体上有如下五个方面的礼仪规范。

1.要放置到位

手机在公共场合的摆放是很有讲究的,手机在不使用的时候,可以放在口袋里,也可以放在公文包里,但要保证随时可以拿出来。在与别人面对面交谈时,最好不要把手机放在手里把玩,也不要长时间地发短信、打电话,这都会让对方感觉不舒服。

2.要合理使用

如今,手机作为沟通的重要工具,自然是联系客户的重要手段之一。但在给自己重要的客户打电话前,首先应该想到客户是否方便接听你的电话,如果他正处在一个不方便和你说话的环境中,那么你们的沟通效果肯定会大打折扣。因此,"打电话前考虑对方"是商界人士必须要学会的一课。最简单的一点,就是在接通电话后,先问问对方是否方便讲话。但仅仅这样是远远不够的。

一般应在平时主动了解客户的作息时间,有些客户会在固定时间召开会议,这个时段最好不要去打扰对方。而电话接通后,要仔细倾听并判断对方所处的环境,如果环境很嘈杂,说明他可能正在外面而不在办公室,这个时候你要考虑对方是否能够耐心听你讲话。而如果他小声讲话,则说明他可能正在会场里,你应该主动挂断电话,择机再打过去。

3.要遵守公德

手机最大的优势就是可以随时随地通话,这在给大家带来便利的同时,自然也会带来一些负面效果。除了要注意手机摆放的位置之外,商界人士也要懂得接听手机的礼仪。

在公共场合接听手机时,一定要注意不要影响他人。有时办公室因为人多,原本就很嘈杂,如果你再大声地接电话,往往就会让环境变得更糟糕。作为商界人士,可以去办公室外接电话,以免影响他人,特别是私人通话更应注意。

4.要保证畅通

商界人士在告诉他人自己的手机号码时,务必力求准确无误。若自己的手机改变了号码,应及时通知重要的交往对象,免得双方的联系中断。拨打他人的手机占线之后,也应保持耐心等待对方回话。在此期间,不宜再同其他人进行联络,以防电话频频占线。万一因故暂不方便使用手机时,可在语音信箱上留言,说明具体原因,告知来电者自己的其他联系方式。有时,还可采用呼叫转移的方式与外界保持联系。

5.要注意安全

使用手机时,对于有关的安全事项绝对不可马虎大意。在任何时候,都不可在使用时威胁到自己或他人的安全。按照常规,在驾驶车辆时、乘坐客机时、在加油站或是在医院里停留时,均不能开启手机。此外,在一切标有文字或图示禁用手机的地方,均须遵守规定。

二、电子邮件礼仪

随着因特网的发展,电子邮件因其快捷、方便、经济和高效,在商务领域中的应用越来越广泛。电子邮件快捷、方便、安全、保密,不受篇幅和收信人人数的限制,清晰度高,而且费用低廉,是性价比最高的一种通信手段。这些优点是信件、传真、电话和直接见面所无法比拟的,所以它的使用越来越广泛,已逐渐成为一种远程通信的重要方式。现在许多人每天工作的第一件事便是打开电子邮箱,及时处理客户信件。因此,电子邮件礼仪已成为商务礼仪重要的组成部分。

(一)主题要明确

标题要提纲挈领,添加邮件标题是电子邮件跟信笺等的主要不同之处。在主题栏里用短短的几个字概括出整个邮件的内容,便于收件人权衡邮件的轻重缓急,加以分别处理。标题一定不能是空白标题,这是最失礼的。标题要简短,不宜冗长。最好写上"来自××公司的邮件",让对方既一目了然又便于留存。时间可以不用注明,因为一般来说邮箱会自动生成时间,写了反而显得累赘。回复对方邮件时,应当根据回复内容的需要更改标题。最重要的一点是标题千万不可出现错别字和不通顺之处,切莫只顾检查正文而在发出邮件前忘记检查邮件标题。

(二)内容要简明、扼要、严谨

电子邮件是职业信件的一种,现行法律规定电子邮件也可以作为法律证据,其具有法律效用,是合法的。发送电子邮件时一定要注意内容的严谨,在电子邮件里绝不能写对公司不利或个人不利的事。发邮件时一定要慎重,还要定期重新审查你发过的电子邮件,评估其对商业往来所产生的影响。电子邮件的正文一定要注意以下几点。

(1)Email 正文要简明扼要,行文通顺。尽可能避免拼写错误和错别字,注意使用拼写检查。

(2)注意 Email 的论述语气。根据收件人与自己的熟络程度、等级关系以及邮件对象的不同(是对内还是对外),选择恰当的语气进行论述,以免引起对方不适。

(3)Email 正文多用 1、2、3、4 之类的序列,以清晰明确。

(4)一次邮件交代完整信息。

(5)合理利用图片、表格等形式来辅助阐述。不要动不动就使用笑脸字符等,在商务信函里这样显得比较随意。

知识链接　　　Email 中 to,cc,bcc 的区别

Email 正文前面,有 to,cc,bcc 等一堆字段,这都有些什么作用呢?

to 大家都知道,指的是受理并响应邮件的人。cc 和 bcc 的对象,也会收到信。

cc 中文翻译成抄送,顾名思义,这信不是写给你的,抄一份给你过目,也就是知会的意思。cc 这个缩写事实上来源于 carboncopy。什么是 carboncopy 呢? 过去没有复印机,人们同一封信想写两份怎么办? 因而会使用复写纸。carboncopy 就是这个意思。bcc 中文翻译成暗送,blind carbon copy。收信人能够看到这封信 to 谁 cc 谁,但看不到 bcc 的对象。

用好 to,cc,bcc,可以省好多话,明眼人一看就知道发信人的意图。

(资料来源:https://blog.csdn.net/zkn_cs_dn_2013/article/details/46803217.)

（三）注意形象，称谓得体

通过电子邮件，对方可以透过你的文字了解你的态度、文化素养甚至内心世界。所以，发送邮件时一定要重视必要的礼仪，认真推敲写在电子邮件里的每个字和每句话，用语要礼貌，以示对收件人的尊重，以塑造良好的自身形象和公司形象。

电子邮件的文体格式应该类似于书面交谈式的风格，写信的内容、格式与传统书信一样，开头要有问候语，结尾要有祝福语。在信尾还要注明寄件者的姓名，以及通信地址、电话，以方便收信者日后与你进行联系。越是大型的公司越要注意在自己的邮件地址中注上自己的姓名，同时在邮件的结尾添加个人签名栏。

（四）正确发送附件

（1）如果邮件带有附件，应在正文里面提示收件人查看附件。

（2）附件文件应按有意义的名字命名，最好能够概括附件的内容，方便收件人下载后管理。

（3）正文中应对附件内容做简要说明，特别是带有多个附件时。

（4）附件数目不宜超过 4 个，数目较多时应打包压缩成一个文件。

（5）如果附件是特殊格式文件，应在正文中说明打开方式，以免影响使用。

（五）及时回复，注意技巧

条件允许的话，应每天查看自己的邮箱，一般应在收到邮件后的当天予以回复，以免耽误或影响业务的开展。特别是收到要求回复的电子邮件，更要及时给予答复，有来无回、石沉大海是很不礼貌的。如实在来不及作详细回复或涉及较难处理的问题，也应当在最短的时间内给予回应，表示已经收到邮件，来信处理后会及时给予正式回复。可以在邮箱中设置自动回复功能，对收到的邮件由系统自动给予回复。

三、文书礼仪

文书礼仪涉及各行业的礼仪规范，掌握文书礼仪是商务交往中必不可少的关键环节。商务活动中，在要求的时间内，及时、准确、得体的文书可以表现个人及企业的良好风范。而对个人而言，文书礼仪体现了其基本的文化素质。所以了解文书礼仪，在书面上做到礼貌周到、有礼有节，是十分必要的。

（一）文书礼仪

1.职业文书应真实准确

文书礼仪包括的范围相当广泛，在工作过程中，单位与单位、个人与个人、个人与单位都有可能形成一定的书信关系，比如邀请函、传真等，在撰写时应当力求准确、适当地表达出礼仪上的要求，根据不同的时机和对象，把文书写得恰如其分、恰到好处。有时候，还可根据具体情况写进一定的实质内容，以便使礼仪文书达到更好的效果。文书中涉及的时间、地点和

其他有关资料,均应经过核对,做到翔实可靠。不应仅仅把礼仪文书视为"应景文章",简单抄袭、套用现成的格式。

2.使用全称体现礼貌

职业文书类型广泛,包括贺函、贺电;感谢信、感谢电和感谢公告;邀请函、邀请电函;国书、全权证书、授权证书、委任书,还包括一些事项通知。

需要特别指出的是,撰写职业礼仪文书时应注意行文中的名字、名称在第一次出现时,都应使用全称。比如文中的外国国名,如习惯用简称,可使用正式简称。某些特殊国家,不可使用简称。文中的单位名称,第一次亦应使用全称。对方的职衔、姓名要用全称。

3.适当称谓表现尊重

在文书中对对方在社会中的职务、职称、地位的称呼,叫公职位,如主席、总理、部长、局长、校长、主任、经理、董事、会长、秘书长、理事等。如果收信人有两种以上的职务(或职衔),甚至同时身兼数职,那就需要选择一个适当的称呼。选择的原则是看书信内容与收信人的哪个职位关系最密切。如收信人从前是寄信人的老师,现在当了局长,而寄信人的书信重点是叙师生情谊,那么这封信的称谓就应以表现师生关系为宜。

4.书信礼仪体现尊敬谦虚

科技文明日新月异,人际间的交往沟通变得越发便捷。但越是如此,书信在现代生活中越显得礼数周到,亲笔信更能体现出对对方尊敬有加。

古人在书信中表现出"自谦而敬人"的美德。清华大学历史系彭林教授在谈到书信礼时曾提道:书信中的敬称称呼是向对方表示尊重,一般用古代的爵称——君、公等;也可在称谓前加敬字,或者称字和号。像"夫人"一词,是专用来称对方或他人的妻子的,也包含尊敬的意思,但若称呼自己的妻子为"我夫人"就不合适了。也就是说古人"自谦而敬人"的做人原则,在书信中表现为对别人用敬称,同时对自己用谦称。

书信礼仪更多的是一种礼仪规范,但折射出来的却是中华民族几千年来尊敬谦虚的传统美德。现代人写信的机会越来越少,大多数人都已经习惯使用电子邮件等方式,但一些基本的原则,比如书信的结构、敬语、称呼等,还是应该和传统书信一样。

同步案例

燕 子 道 歉

日本奈良有一个世界一流的旅馆,每年春夏两季游人如织。但每年4月以后,燕子便争相飞到旅馆檐下,筑窝栖息,繁衍后代。

招人喜爱的燕子都有随便排泄的不懂事之处,刚出壳的雏燕更是把粪便溅在明净的玻璃窗上或雅洁的走廊上。尽管服务员不停地擦洗,但燕子的我行我素使旅馆总会留下污渍。于是,客人不高兴了。纷纷找服务员投诉,影响效益的危机出现了，有关人士大伤脑筋。但不久，这种现象就渐渐消失了。原因是客人们看到了一封"燕子"写的信。内容如下。

女士们、先生们：

我们是刚从南方赶来这儿过春天的小燕子，没有征得主人的同意，就在这儿安了家，还要生儿育女。我们的小宝贝年幼无知很不懂事，我们的习惯也不好，常常弄脏你们的玻璃窗和走廊，致使你们不愉快。我们很过意不去请你们多多原谅。

你们的朋友：小燕子

寻找欢乐的游客见到小燕子的信，都给逗乐了，肚里的怨气也在大笑中悄然散去。

（二）商务传真礼仪

（1）发送传真时，应先仔细查阅相关资料，传真内容应当包括发件人的信息以及所传真文档的日期和页数，并且应写清接收人的全名。

（2）接收或发送传真时，如果需先人工呼叫，在接通电话时首先应口齿清晰地说"你好"，然后报出自己的公司或单位的名称以及详细的部门名称等。通话时，交流语气要真诚，吐字要清晰，语速要平缓。电话语言要简洁、得体、准确，音调适中，态度自然。

第五节　商务拜访礼仪

案例引导

介　绍　信

一位先生要雇一个没带任何介绍信的小伙子到他的办公室做事，先生的朋友挺奇怪。先生说："其实，他带来了不止一封介绍信。你看，他在进门前先蹭掉脚上的泥土，进门后又先脱帽，随手关上了门，这说明他很懂礼貌，做事很仔细；当看到那位残疾老人时，他立即起身让座，这表明他心地善良，知道体贴别人；那本书是我故意放在地上的，所有的应试者都不屑一顾，只有他俯身捡起，放在桌上；当我和他交谈时，我发现他衣着整洁，头发梳得整整齐齐，指甲修得干干净净，谈吐温文尔雅，思维十分敏

捷。怎么,难道你不认为这些细节是极好的介绍信吗?"

(资料来源:http://www.docin.com/p-726688475.html.)

拜访是前往他人的工作地点、私人居所或其他商定的地点,探望、会晤对方,或者是与对方进行其他方面的接触。商务拜访礼仪是商务交往工作中的一项重要内容。通过商务拜访,商界人士之间可以更好地进行心灵沟通,建立深厚友谊,取得支持和帮助;还可以更好地互通信息,共享资源,有助于取得事业的成功。

一、拜访前的准备礼仪

(一)拜访时机的准备

商务拜访应该选择恰当的时机。有业务往来的,对方举办某些活动,如召开新产品发布会、促销会、联谊会等,以及每年的年终及岁首都是商务拜访的合适机会。商务拜访的具体时间最好在工作时间内,如果对方没有宴请你的话,拜访要避免午餐时间和晚餐时间。在我国,考虑到午休习惯,拜访还要避免午休时间。商务拜访还要避免对方的禁忌之日,如对方信仰宗教的重大节日,涉外的商务拜访还要避免一些西方人忌讳的 13 日和星期五等。

(二)拜访的预约准备

商务拜访切忌搞"突然袭击",不预约而临时拜访在商务拜访中是不妥当的。最好提前预约有利于双方商定安排时间与地点,从而达到拜访的目的。拜访者最好为被拜访者提供几个可以选择的时间。预约的时候所使用的语言、语气要是友好和商量式的,不能是强求命令式的。

如果对方没接受拜访请求,就不能强行拜访。一旦确定了拜访日程,双方都应遵守,不要轻易变更。达成拜访事项后,拜访者可以发传真给被拜访者,传真上可注明拜访的目的、时间、交流内容、人员基本信息,如姓名、性别、职称、职务、联络人电话。这样便于接待方确定接待规格,准备接待所需材料,做好接待准备,如用餐、住宿等。

(三)拜访的物品准备

准备好拜访时可能用到的物品,一旦客户需要,5 秒钟之内可以拿出来。

1.名片

名片是个人商务身份的一种代表,在拜访之前,要准备好适合此次拜访的名片。

2.介绍信

介绍信是交往中常用的书信,可以使被拜访者感觉到拜访者对此次拜访的重视。

3.书面资料

根据拜访的性质和目的,拜访者要提前准备好相关资料,包括公司介绍、策划书、建议书、报价单、合同书、协议备忘录、发票等书面资料。准备充足的书面资料,一方面表明自己的重视和诚意,以及对对方的尊重;另一方面也可以提高拜访的效率,不耽误对方的时间,同时还可以给对方留下一个办事有条理、考虑周全的好印象,提高印象分。

4.小件物品

小件物品包括三大类:赠送客人的小礼品;一些基本的办公用品最好是随身携带,如计算器、笔记本、钢笔、便签纸条;个人出行的基本用品,如小镜子、小梳子、唇膏、交通图、通讯录等。

(四)拜访的心理准备

1.信心准备

在商务拜访中要注意突出自己最优越的个性,用真诚的微笑、积极乐观的心态营造轻松愉悦的气氛来感染他人,要相信自己是一个受欢迎的人。

2.知识准备

在商务拜访中,拜访者除了从自身出发做好充分的知识准备外,还要了解对方关心的话题,并能够回答对方的提问。例如,对方单位全称、经营范围、公司性质等基本资料;被拜访者个人的基本情况,如对方的性格、教育背景、生活水准、兴趣爱好、社交范围、习惯嗜好等;和其要好朋友的姓名、目前得意或苦恼的事情,如乔迁新居、结婚、喜得贵子、子女考大学,或者工作紧张、经济紧张、充满压力、失眠、身体欠佳等信息也是重要的资料,虽然这些看似是个人私人的信息,但通过对这些内容的掌操,了解被拜访者的个性和喜好,便于选择话题与被拜访者交谈,这样有助于较快地进入交流状态。

3.拒绝准备

在商务活动中,拜访者和被拜访者处于不同立场或是不熟悉的状态,特别是在接触陌生人的初期,产生本能的抗拒和保护自己是很正常的反应。例如,找借口仅仅只是为了保持一点距离,而不是真正讨厌来访者。拜访者对此情况要有充分的心理准备,切忌陷入对自己的怀疑,进而产生错误的、不必要的挫败感。

(五)拜访的形象准备

商务拜访的着装一般宜选择正装,即男士穿着西装,女士穿着套装,而且要符合着装的要求和规范。争取以职业干练、端庄文雅的外表,给对方留下良好的印象。如果客户对你产生良好的第一印象,这样拜访就等于事半功倍。

(六)拜访的出行准备

商务拜访必须按时到达,所以拜访前应该针对现在城市交通经常发生拥堵、交通路线日益复杂,常有不确定的突发事件出现等现状,首先弄清楚所去地点的具体交通路线,并尽可能多地准备几种交通方式和交通路线,核实最佳交通、行走路线。

二、拜访中的礼仪

(一)到达礼仪

到达被拜访的公司后,可能需要进行登记才能进入公司大楼,这时要告知门卫人员自己的基本情况,得到允许后,才可以进入。拜访者也可以电话联络被拜访者或其助手,说明已抵达,他们会派人接你去办公室或告诉你到哪座楼哪个房间,以及怎样走。

(二)等候礼仪

若被拜访者正在开会或忙于其他事务,接待人员会安排你在贵宾室或会客室稍候,这时切忌表现出不满意、不耐烦的态度,而要礼貌谢谢接待人员并耐心地等候。在等待的过程中,要注意自己的行为举止,不能散漫地打电话聊天或是四处东张西望,表现出一副很无聊的样子。

如果与被拜访者事先有预约,且你准时赴约并在接待室中等候多时,仍无人与你会面,不管是否能继续等待,只要已经超过20分钟,就可以礼貌地询问秘书或接待人员,当要拜访的对象始终没有办法和你见面,而你又无法再继续等候下去时,可以留下名片,也可以向接待人员了解被拜访者的日程安排,表示下次再约时间。

(三)相见礼仪

当接待人员将拜访者引领到被拜访者办公室门前时,应轻轻叩门或按门铃,待有回音或有人开门相让时,方可进入。如果门是虚掩的,对方告知你请推门进来,就立即推门而入。若被拜访者亲自开门相迎,见面后应热情向其问好。若接待人员直接将你领到被拜访者面前,并将会晤双方的基本情况做简单介绍,你应对接待人员的介绍表示感谢。

(四)落座礼仪

拜访者要在被拜访者做出明确说明后再入座,不可看到沙发或椅子就自行坐下。如果被拜访者没有指明,拜访者最好询问后再坐下。待被拜访者让座之后,要诚恳地说声"谢谢",然后用规范的礼仪坐姿坐下。

对于自己携带入内的衣帽、手提袋不要贸然地摆放在主人的桌子上,拜访者应将公文包或手袋放在地上。如果遇到雨雪天气,可能会携带雨具,在进入被拜访者的办公室前,要先请教接待人员是否有衣帽间可以放置你的伞或雨衣,最好不要随身携带雨具去见所要拜访的人。

(五)会谈礼仪

1.寒暄礼仪

寒暄是在交往中一种礼貌地进入正题的方式,一般应由拜访者采取主动。商务交往中往往强调效率,强调时间,几分钟或几句话就足够了。寒暄的话题可以涉及办公室及办公室里的物品,如摆设、照片、奖品、书籍等。

2.把握交谈时间

会谈过程中,要注意控制谈话时间。如果事先说好只占用对方 30 分钟时间,当 30 分钟快到时,就是该结尾的时候了。这个时候你可以说:"以后还请您多多指教,希望能有机会和贵公司合作。"如果你无法洽谈完毕,那也要告诉对方:"这次与您预约的 30 分钟时间已经到了,是否能再给我一点时间?""您看,30 分钟过去了,我的事情还没说完,可不可以再耽误您一会儿?"

3.注意交谈中的细节

(1)电话的处理。在拜访中,一定要记得将手机调成震动或无声状态,除非紧急情况,否则一般不接听电话。如果遇到非接不可的电话,要礼貌地向主人示意,在尽可能短的时间内处理完毕。

如果是被拜访者接电话,拜访者应主动询问是否需要回避,以尊重主人的隐私权。如果被拜访者表示不用回避,则拜访者不妨就坐在原位。但在其打电话时,不要盯着看,这会令对方很不自在,可以看看办公室的摆设或墙上的画、窗外的景观、地毯的图案等,但切记不要翻动对方的文件。

(2)饮品的接受。在拜访时,当有人为你奉茶时,应注视奉茶者,并诚恳地说声"谢谢"。在商务活动中,当别人奉茶时不要以手去接,以免增加奉茶者的困扰。可以让其摆放在会议桌或茶几上。但若是领导或长辈亲自给你奉茶,则要起身双手恭敬地接迎。

(3)尽量不吸烟。如果被拜访者没有吸烟的习惯或已标明无烟办公室,要克制自己的烟瘾,以示对其习惯的尊重。

(4)其他细节。在他人房间内,不要东张西望,也切忌翻阅他人的任何物品。

(六)告别礼仪

在拜访的目的基本实现或达到预约的时间时,应先说一段有告别意义的话后起身告辞,忌在对方刚说完一段话后就起身告辞,这会使人产生误解。也不要在另一位客人刚到时告辞,应再坐片刻再走。告辞要果断,不要"走了"说了好几次,就是动口不动身,一旦说出告辞,就要立即起身并婉言谢绝主人相送,但也不要过分客套。当主人相送时,要有礼貌地请对方留步。事后要真心地感谢被拜访者给予的招待,可以通过电话、短信、邮件等方式表达谢意,这是很有必要的。

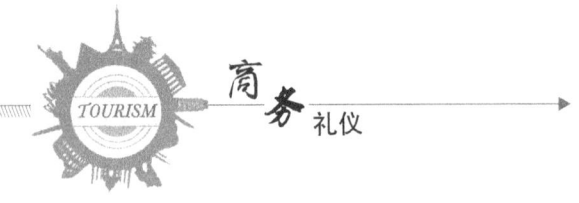

第六节　商务馈赠礼仪

案例引导

特殊的礼物

2005 年 4 月 29 日,连战访问北京大学,获得一份特殊的礼物:母亲赵兰坤女士在 76 年前毕业于燕京大学的学籍档案和相片,其中包括在宗教系就读的档案、高中推荐信、入学登记表、成绩单等,大多是她亲笔写的字。在这份特殊的礼物面前,一贯严谨的连战先生也难掩内心的激动。他高举起母亲年轻的照片,然后放在面前细细端详,眼里泛着晶莹的泪光。这一刻,他满脸都是幸福的微笑。

(资料来源:https://zhidao.baidu.com/question/501098955.html.)

馈赠礼品能起到联络感情、加深友谊、促进交往的作用。随着交际活动的日益频繁,馈赠礼品越来越受到人们的重视。所以,馈赠活动对礼节的要求,也需进行强调。

在商务交往中,馈赠礼品往往是必不可少的。古今中外都有通过馈赠礼品表示尊重、友好、祝福的习俗。在我国就有"礼尚往来"之说。馈赠礼品是一门艺术,自有其约定俗成的规矩。送给谁、送什么、怎么送、什么时候送都是有讲究的。

一、赠礼礼仪

(一)确定馈赠目的

馈赠是商务活动中不可缺少的交往内容。在不同的社交场合和商务活动中,商务馈赠的目的是有差别的。

(1)交际。礼品的选择,要使礼品能反映送礼者的寓意和思想感情,并使寓意和思想感情与送礼者的形象有机地结合起来。

(2)巩固关系。巩固关系即"人情礼"。"人情礼"强调礼尚往来,以"来而不往非礼也"为基本准则。因此礼品的种类、价值、档次、包装、寓意等方面都呈现出多样性和复杂性。

(3)酬谢。这类馈赠是为答谢他人的帮助而进行的,因此,在礼品的选择上十分强调其物质利益。礼品的贵贱厚薄,取决于他人帮助的性质。

（二）选择礼品

选择礼品不是一件容易的事情，为使受礼者喜欢该礼品，选择时应注意以下三个问题。

1.投其所好

要使对方愉快接受馈赠并不是件容易的事情。由于每个人都有自己的兴趣和爱好，每个民族、国家都有各自的风俗习惯，因此在选择礼品时一定要有所考虑，投其所好，不可盲目送礼。可以通过仔细观察或打听了解受礼者的兴趣爱好，然后有针对性地精心挑选合适的礼品。尽量让受礼者感觉到馈赠者在礼品选择上是真诚的，是花了一番心思的。

2.礼品轻重得当

一般来讲，如果礼太轻，又没什么深刻的意义，很容易让人误解为瞧不起他，尤其是对关系不算亲密的人，更是如此。而且如果礼太轻而想求别人办的事难度又较大，那么，成功的可能性几乎为零。不过，礼物太贵重，又会使受礼者有受贿之嫌，特别是对上级、同事更应注意。一般人即使收下，也会付钱，要不就必定设法还礼。如果对方拒收，礼物自己留着无用，便会生出许多烦恼。因此，礼物的轻重选择以对方能够愉快接受为尺度，争取做到少花钱多办事、多花钱办好事。

3.礼品要有意义

礼品是感情的载体，任何礼品都表示送礼人的特有心意，或酬谢，或求人或联络感情等。所以，选择的礼品必须与送礼人的心意相符，并使受礼者觉得礼物非同寻常，倍感珍贵。因此，选择礼品时要考虑它的思想性、艺术性、趣味性、纪念性等多方面的因素，力求别出心裁、不落俗套。

（三）把握馈赠时机

馈赠虽然对商务往来活动能够起到非常重要的作用，但是，并不是在任何时间都需进行馈赠活动。选择恰当的时机赠送礼品，可以使馈赠礼品显得自然亲切，也会给对方留下良好的印象。一般而言，赠送礼品可选择在以下时机进行。

（1）传统节日。如我国传统的春节、元宵节、中秋节、端午节等，都可以成为馈赠礼品的黄金时间。现在社会崇尚和流行的情人节、母亲节等，都可赠送一些礼品，以增进感情；而开业典礼、周年庆典等，亦可以备礼相送，表示祝贺与纪念。

（2）喜庆之日。晋升、获奖、司庆等日子，应考虑备送礼品以示庆贺。

（3）企业开业庆典。在参加某一企业开业庆典活动时，要赠送花篮、牌匾或室内装饰品以示祝贺。

（4）酬谢他人。如果自己接受了别人的帮助，事后可送些礼品作为回报。送礼时机要视实际情况灵活掌握。一般赠礼应选择在相见、道别或相应的仪式上。如受到他人关心、帮助之后，选择适当时机，以礼相赠，表示谢意；当对方遇到困难、挫折时，以礼相送，表示慰问、鼓励等。

（5）重逢、惜别时。为表示久别重逢、临行惜别之情，赠送一些礼品留作纪念，以示友谊地久天长。

（四）馈赠的注意事项

（1）包装要精美。精美的包装不仅使礼品的外观更具艺术性和高雅的情调,显出赠礼人的文化艺术品位,而且还可以避免给人俗气的感觉。

（2）礼品标签应清洁干净。但如果礼品是有保修期的"大物件",如家用电器、计算机等,可以在赠送礼品的时候把发票和保修单一起奉上,以便将来受礼人能够享受三包服务或方便其转手处理。

（3）适宜的送礼场合和态度。当众只给一群人中的某一个人送礼是不合适的,给关系密切的人送礼也不宜在公开场合进行。只有象征着精神方面的礼品,如锦旗、牌匾、花篮等才可在众人面前赠送。赠送礼品时,只有态度平和友善、动作落落大方并伴有礼节性的语言,才容易让受礼者接受礼品。

（4）注意送礼间隔时间。送礼的时间间隔也很有讲究,过于频繁或间隔过长都不合适。因为频繁送礼的目的性太强。另外,礼尚往来,受礼人还必须还情于送礼人。一般来说,以选择重要节日、喜庆、寿诞送礼为宜,这样送礼人既不显得突兀虚伪,受礼人也心安理得,两全其美。

（五）赠礼的艺术

1.赠礼的方式

赠礼要达到预期的效果,不仅受礼品本身的影响,赠礼的方式有时也影响送礼的效果。商务赠礼一般包括当面赠送、邮寄赠送和托人赠送。最常见的是当面送礼,若邮寄或托人转交,应附上赠礼人的祝词、名片,或签上赠礼人的姓名。礼品送出后,最好打个电话通知和确认。

2.赠礼的技巧

（1）精心包装。礼物虽轻重不一,但包装需讲究。精美的包装,不仅使礼品的外观具有艺术性和高雅的情调,而且显示出赠礼人的文化和艺术品位,同时体现了对受礼人的重视和尊重。包装完毕,再贴上写有祝词和签名的缎带或彩色卡片,更能表达赠礼人的情感和诚意。

（2）适时赠礼。在商务往来中,什么时候赠送礼品是有讲究的。一般包括见面时、告别离开时、宴会结束前、对方送礼后、会谈结束后、签订协议后等几种情况。

（3）举止大方。赠送礼品是为了表达心意、联络感情,因此,应神态自然、落落大方。赠送时,应起身走近受礼人,面带微笑,目视对方,双手把礼品递送到受礼人手中。若礼物太大,可请其他人帮助递交,赠礼人最好也参与进来;若同时向多人送礼时,应先长辈后晚辈、先女士后男士、先上级后下级,按顺序进行。若礼品较新颖,应向受礼人说明具体用途、用法等。

（六）赠礼的原则

1.轻重得当

赠送礼品是为了表达对他人的情谊和尊重,常言道:"千里送鹅毛,礼轻情意重。"一份名贵的礼品,并不一定是好礼品;一份价格低廉的礼品,也不一定就不成敬意。送礼要本着小(小巧玲珑)、巧(巧立新意)、少(少而精)、轻(价值适中)的原则,要体现礼品的精神价值和纪念意义。在大多数商务场合,礼物太贵重,会使受礼人不安,产生"重礼之下,必有所求"之感,甚至会有受贿之嫌。礼不在重而在于合适。

2.因人而异

无论是以组织名义,还是以个人名义赠送礼品,应考虑到受礼人的身份、年龄、性格、兴趣和爱好等,送礼要因人而异。"投其所好"是送礼的最基本原则。如给儿童送玩具、给老师送书籍等。所谓"宝剑赠侠士,红粉赠佳人",就是这个意思。

3.尊重习俗

由于各个国家和地区宗教信仰、风俗习惯和文化背景不同,在送礼上往往有不同的习俗。例如,在我国,看望老人忌送钟,因为"钟"与"终"谐音;恋人之间忌送伞,因为"伞"与"散"谐音。在西方,药品不能送人。在阿拉伯,酒不适合作为礼物。因此,选择礼品时,要自觉、主动地避开对方受礼的禁忌,以免送礼送出麻烦。

4.适用美观

馈赠礼品要掌握别致、适用、新颖及美观的原则,选择有艺术性、趣味性、实用性、纪念性和时尚性的物品。一般说来,企业间的送礼,以能看得见的东西作为礼品是最为适宜的,如大瓷花瓶、大花篮、条幅、字画等。而与外商交往,最好选择具有浓厚的中国特色和民族特色及富有纪念意义的物品,如中国的丝绸、茶叶、手工艺品等。时尚新颖、别致有趣、耐人寻味的礼品往往会在人们心中留下深刻的印象。

知识链接   送 花 礼 仪

给老人祝寿,宜送长寿花或万年青:长寿花象征着"健康长寿",万年青象征着"永葆青春"。拜访德高望重的老者宜送兰花,因为兰花品质高洁,又有"花中君子"之美称。新店开张,公司开业,宜送月季、紫薇等,这类花花期长、花朵繁茂,寓意"兴旺发达,财源茂盛"。热恋中的男女,一般送玫瑰花、百合花或桂花。这些花美丽、雅洁、芳香,是爱情的信物和象征。给友人祝贺生日宜送月季和石榴花,这两种花象征着"火红年华,前程似锦"。给病人送花有很多禁忌,探望病人时不要送整盆的花,以免病人误会为"久病成根"。香味很浓的花对手术后的病人不利,易引起咳嗽;颜色太浓艳的花,会刺激病人的神经,激发情绪;山茶花容易落蕾,被认为不吉利。看望病人宜送兰花、水仙、马蹄莲等,或选用病人平时喜欢的品种,有助于病人怡情养性,早日康复。

(资料来源:陆克斌,李玲玲,靳艳.商务礼仪[M].北京:北京理工大学出版社,2015.)

二、受赠礼仪

受礼和答谢是受礼人对馈赠者深情厚谊的肯定,它可以从另一方面帮助馈赠者完成送礼的任务。

(一)能受则受

在一般情况下,对于一件得体的礼品,受礼人应当郑重其事地收下。大多数人都曾接受过礼品,然而并不是每个人都能礼貌地接受别人的礼品。

1.欣然接受

当他人口头宣布有礼相赠时,不管自己在做什么事,都应该立即中止,起身站立,面向对方,以便有所准备。在对方取出礼品预备赠予时,不应伸手去抢、开口相询,或者双眼盯住不放、"先睹为快",而应保持风度,接礼时最好用双手,不要单手去接,特别是不要单用左手去接礼品。在接受礼品时,勿忘面带微笑,双目注视对方。接过来的若是对方提供的礼品单,则应立即从头至尾细读一遍。正式场合下,受礼者应用左手托住礼物(大的礼物可先放下),抽出右手来与对方握手致谢。

2.礼貌道谢

在双手接过他人礼品的同时,应立即向对方道谢。还可以说些动听的话或者令人开心的话。接受礼物时要注意礼貌,但不要过于推辞,没完没了地说:"受之有愧,受之有愧!"这样会伤害送礼者的感情。即使送的礼物不合心意,也应有礼貌地加以感谢。

如果朋友的礼物是邮寄过来的,最好能在电话感谢的同时,写一封正式的感谢信,这样可以表明你花了一些时间,就像送礼人花费时间来挑选礼物一样。

3.当面启封

接受礼品后,欧美人喜欢当着客人的面,小心地打开礼物欣赏,从外包装夸赞到内包装,看见了礼物,也会好好地夸赞一番,甚至高兴时还会拥抱送礼者一下,与送礼者共同分享自己收到礼物的喜悦。欣赏完礼物,他们会重新将礼物包装好,对他们而言,这才是一个完整的受礼礼仪。

而中国人在接受礼品时,一般不会当着送礼者的面把礼物打开,而是把礼物放在一边,留待以后再看。这是为了避免自己万一不喜欢对方所送礼物时的尴尬,也是为了表示自己看重的是对方送礼的心意,而不是所送的礼品。还有一点,如果给不同地位的人赠送不同的礼物,当场不打开礼物可以避免相互之间的比较。

但今天已不再这么刻板了。如果现场条件许可,时间充裕,人数不多,礼品包装考究。那么在接过他人相赠的礼品之后,应当尽可能地当着对方的面将礼品包装拆封。这表示自己看重对方,同时也很看重获赠的礼品。在启封时,动作要舒缓文明,不要乱撕、乱丢包装用品。当面拆开包装后,要以适当的动作和语言,表示您对礼品的欣赏。比如,可将他人所送的鲜花捧起来闻闻花香,随后再将其装入花瓶,并置于醒目之处。

（二）拒绝有方

一般而言，不要拒收礼品。但这种情况还是时有发生。当不能接受礼品时，你可以礼貌地拒绝，但是必须注意礼节。符合社交礼仪的拒收礼品的方法，可以因人因事而异。

1.婉言相告

比如，当对方向自己赠送手机时，可告之：“我已经有一部了。”当一位男士送电影票给一位小姐，而她打算回绝时，则可以说：“好巧，我男朋友也买了同一场电影的票，而且我们已经有约在先了。”

2.直言原委

直截了当地向赠送者说明自己难以接受礼品的原因。在公务交往中拒绝礼品时，此法尤为适用。例如，拒绝他人所赠的大额现金时，可以说：“我们有规定，接受现金就是受贿。”拒绝他人所赠的贵重礼品时，可以说：“按照有关规定，您送我的这件东西，我必须登记上缴。”

3.事后退还

有时，由于身处大庭广众之下，受礼者往往有口难张，因为如果当场拒绝会使赠送者尴尬异常。遇到这种情况，可在事后退还，即当时收下礼品，但不拆启开封，事后尽快地单独将礼品退回原主，时间一般在 24 小时之内。

（三）礼尚往来

收到他人馈赠的礼品后，受礼人一般要回赠，以此来加强联系，增进友谊。在节日庆典期间，可以在客人走时立即回赠。在生日、婚庆、晋级升迁时接受的礼品，应在对方有类似的情形或适当的时候再回赠。

回赠的礼品切忌重复，讲究价值相当，也可以根据自己的情况而定，但也无须每礼必回。每当接受他人的馈赠时，应留心记住礼物的内容，回赠时以选择类似的物品为宜。例如，他人送你一套陶器，回赠时可选择同是陶器类的物品作为礼物。因为一般人在选择礼物时，无意间会选择自己喜欢的物品，所以，回赠对方时，不妨参考一下对方馈赠的礼物，这样会较易赢得对方的欢心。

收到礼物后，一定要以书面的形式表示感谢，而不是随便回一个电话。感谢函要在收到礼物后几天、最迟两个星期内寄出，写信给年纪大的人应尽量快，这样才是有礼貌的。信必须是亲笔书写的，如果你在事先准备好的统一模板上填上自己的签名，这是对花了时间为你挑选礼物的朋友们的不敬。

（四）注意禁忌

送礼要注意避免违犯地方或民族禁忌。例如，中国普遍有“好事成双”的说法，因而，凡是大喜之事，所送之礼均宜双忌单。白色虽有纯洁无瑕之意，但中国人比较忌讳，因为在中国，白色常是大悲之色和贫穷之色。同样，黑色也被视为不吉利，是凶灾之色、哀丧之色；而红色则是喜庆、祥和、欢庆的象征，受到人们的普遍喜爱。另外，我国民俗还讲究不

能给老人送钟表,不能给夫妻或情人送梨,因为"送钟"与"送终","梨"与"离"谐音,都是不吉利的。

 **本章小结**

　　商务见面礼仪涉及商务活动中的细节,与各种具体的商务活动结合在一起进行。令人满意的、健康的交往礼仪对于商务活动的顺利开展有着重要意义。本章内容涉及六个方面,包括见面礼仪、介绍礼仪、名片礼仪、信函礼仪、拜访礼仪和馈赠礼仪等。

　　(1)见面礼仪主要包括三个部分内容,称呼礼仪、问候礼仪和见面礼仪。

　　(2)介绍礼仪主要阐述自我介绍的礼仪和为他人作介绍的方法,其中自我介绍包括自我介绍的时机、内容、方式等,介绍他人的方法包括介绍他人的方式、顺序、集体介绍的顺序及注意事项等。

　　(3)名片礼仪主要介绍名片的分类、材料、规格、色彩、印制,还有递送名片的礼仪、时机、顺序、方式及接受名片的方式、名片的管理及禁忌等。

　　(4)信函礼仪包括电话礼仪、电子邮件礼仪和文书礼仪。

　　(5)拜访礼仪包括拜访前的准备礼仪和拜访中的礼仪。

　　(6)馈赠礼仪包括确定馈赠目的、选择礼品、把握馈赠时机、馈赠的注意事项、赠礼的艺术、赠礼的原则等内容。

 **关键概念**

　　称呼　介绍　名片　拜访　馈赠

 **复习思考题**

□ **复习题**

1.简述称呼礼仪的分类及其禁忌。

2.商务场合适合的见面礼仪有哪些?简述其分别适用于哪些场合。

3.简述在商务场合为他人做介绍的顺序。

4.一张合格的商务名片应该包括哪些内容？

5.简述商务交往中使用电子邮件的礼仪。

6.商务拜访前需要做哪些准备工作？有哪些注意事项？

7.简述商务送礼的时机和原则。

□ **思考题**

赠礼时，尤其针对外国客人的赠礼应该注意哪些事项？

案例解析

1.一次某公司招聘文秘人员，由于待遇优厚，应聘者很多。中文系毕业的小张前往面试，她的背景材料可能是最好的：大学四年，在各类刊物上发表了3万字的作品，内容有小说、诗歌、散文、评论、政论等，还为六家公司策划过周年庆典，一口英语表达也极为流利，书法也堪称佳作。小张五官端正，身材高挑、匀称。面试时，招聘者拿着她的材料等她进来。小张穿着迷你裙，露出藕段似的大腿，上身是露脐装，涂着鲜红的唇膏，轻盈地走到一位考官面前，不请自坐，随后跷起了二郎腿，笑眯眯地等着问话，孰料，三位招聘者互相交换了一下眼色，主考官说："张小姐，请回去等通知吧。"她喜形于色："好!"挎起小包飞跑出门。

分析讨论：

(1)小张能等到录用通知吗？为什么？

(2)假如你是小张，你打算怎样准备这次面试？

2.某公司新建的办公楼需要添置一系列的办公家具，价值数百万元。公司的总经理已做了决定，向A公司采办这批办公器具。次日，A公司的发卖部负责人打来电话，要上门访问这位总经理。总经理心想，等对方来了，就在订单上盖章，定下这笔生意。不料对方比预约的时候提前了2个小时，原来对方传闻这家公司的员工宿舍也要在近期内落成，但愿员工宿舍需要的家具也能向A公司采办。为了谈这件事，发卖部负责人还带来了一大堆的材料，摆满了台面。总经理没料到对方会提前到访，刚好手边又有事，便请秘书让对方等一会。这位发卖员等了不到半小时，就开始没耐心了，一边整理材料一边说："我还是改天再来访问吧。"这时，总经理发现对方在整理材料准备离开时，将自己刚才递上的名片不小心掉在了地上，对方却并没发觉，走时还无意从名片上踩了过去。这个不经意的失误，令总经理改变了初衷，A公司不仅没有机缘与对方商谈员工宿舍的设备采办，连几乎到手的数百万元办公器具的生意也告吹了。

分析讨论：

(1)试分析为什么 A 公司此次的生意会失败？

(2)应如何进行得体的拜访？

(3)如何运用名片礼仪谈成生意？

◇**实训操练**

1.称呼、见面、介绍、名片礼仪

实训目标:熟练掌握称呼、见面、介绍、名片礼仪。

实训内容与要求:三个人一组,身份设置为两个人是同一公司成员,分别为经理和秘书,另一人是前往公司洽谈业务的客户,模拟客户到达后三人之间的称呼、见面、介绍和交换名片等环节。

实训成果与检测:一组学生进行角色演示,其他组学生进行观摩,最后教师进行点评。

2.电话礼仪

实训目标:熟练掌握接听电话礼仪。

实训内容与要求:两个人一组,身份设置为一人是公司秘书,另一人是公司重要客户。客户往公司秘书处打电话,因临时有事,希望把已经安排好在下午 3 点召开的会议推迟到 4 点。

实训成果与检测:一组学生进行角色演示,其他组学生进行观摩,最后教师进行点评。

◇**相关链接**

推荐进一步阅读文献:

1.郑娟.浅析日本商务礼仪中的鞠躬[J].科教导刊,2018(4).

2.唐晓波.浅析办公室接待和电话接听礼仪[J].办公室业务,2017(16).

3.李洁.西方礼仪文化中初次见面的探究与实践[J].海外英语,2016(12).

4.程林盛.从一则馈赠案例看秘书礼仪教育的必要性[J].秘书之友,2015(5).

5.梁少祯.旅游业务拜访礼仪程序刍议[J].中国市场,2014(5).

6.王琳.介绍礼仪之浅见[J].中国校外教育,2014(15).

7.张茹.馈赠礼仪的原则与技巧[J].东方企业文化,2014(13).

第四章 →

商务宴请礼仪

学习目标

通过本章的学习,了解宴请的种类和相关的现场布置;掌握中餐的八大菜系和用餐基本礼仪;掌握西餐的六大菜系和用餐基本礼仪;熟悉中餐、西餐中餐具的使用方法以及各种餐饮禁忌;熟悉宴请的饮酒礼仪和饮茶礼仪;掌握正式宴请的基本程序,能够利用所学相关知识策划组织大型宴请活动。

自古以来,无论是交朋会友,还是会谈庆功,设宴款待都是常用的方法。对于商务人员来讲,宴会可以营造亲切友好的气氛,增进彼此的了解和友谊,密切商业合作关系,是商务活动中最常见的聚会形式。但是,在商务宴请过程中,一动一静关乎礼仪,能否表现出良好的礼仪、礼貌不仅仅是个人的事情,也关系到公司的形象。如果商务人员不懂得礼仪,其危害性是巨大的,不仅令人耻笑,也会使公司形象大打折扣。

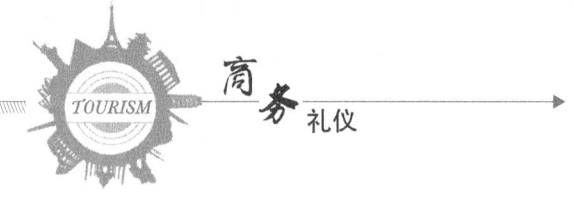

第一节　商务宴请基本礼仪

"一带一路"国宴菜单曝光

2017年的"一带一路"国际合作高峰论坛,我国用国宴标准招待了28个国家领导人及众多外宾。神秘的国宴标准是什么样的呢?

除了冷盘、点心、水果拼盘,还有四道热菜,分别是富贵龙虾、菌香牛肉、香草鳕鱼和花好月圆(根据英文的翻译应该是鸽子蛋和扇贝汤)。酒是中国河北产的干红和干白。

国宴并不像大多数人想象的那样,一桌子山珍海味,领导人的餐桌也是讲究荤素搭配的。一般的国宴规格是菜不得少于3道,一般是四菜一汤或者五菜一汤。

菜品也讲究荤素搭配。事实上,大部分国宴菜品都比较简单朴素,但是会精心搭配、装盘,是一种由简约反见华丽的风格。

但是要注意有些菜在国宴上是不能上的,如在菜品中不能出现来访国家的国旗、标志;外国人不吃动物内脏,国宴餐桌上不能出现鸡爪、内脏等。食材不能有违背来访国宗教信仰的禁忌食物,如印度人把牛奉为神圣,餐桌上就不能出现牛排;英国人视山羊与孔雀为不祥之物,在食雕造型中就不能出现这两种动物。另外,还要照顾到外宾的个人需求,比如有些人是不吃花生酱的。

(资料来源:http://www.sohu.com/a/142061061_349204.)

一、商务宴请的种类与现场布置

(一)商务宴请的种类

商务宴请是一种以宴请为主要形式的商务交往活动,是商务交往中非常普遍的商务活动形式之一。这种活动要考虑具体交往的需要,因此宴请类型繁多,程序复杂,商务人员了解和掌握各种宴请的特征和要求是很有必要的。在各类商务活动中宴请可以依据不同的标准划分为不同的形式,每种形式的商务宴请在组织程序、餐饮内容、人数时间和座次等方面会有不同的要求。目前,国际国内通用的宴请形式主要有宴会、招待会、茶会和商务聚餐等。

1.宴会

宴会是相对正式和隆重的宴请,该场合会有一定数量的服务员提供服务。宴会的席次、餐饮等往往经过了主人的精心准备。宴会本身类型繁多,按其隆重程度和出席规格,可划分为国宴、正式宴会、便宴、家宴等。

(1)国宴。国宴是国家元首或政府首脑为国家庆典,或欢迎外国元首、政府首脑而举行的规格最高的正式宴会,因而它对礼仪的要求也最严格。国宴的宴会厅内必须悬挂国旗。国宴由国家元首或政府首脑主持,宾主入席后乐队奏国歌,主人和主宾先后发表讲话或致祝酒辞,乐队要在席间奏乐。参加国宴者必须穿正装,座次必须严格按礼宾次序排列。国宴的请柬、席卡、菜单上都印有国徽。菜肴、餐具要求精美有特色,服务则要求周到、细致、规范、有礼。

知识链接 中国国宴之最——满汉全席

满汉全席,清朝时期宫廷盛宴。既有宫廷菜肴之特色,又有地方风味之精华;突出满族与汉族菜点特殊风味,烧烤、火锅、涮涮锅几乎是不可缺少的菜点,同时又展示了汉族烹调的特色,扒、炸、炒、熘、烧等兼备,实乃中华菜系文化的瑰宝和最高境界。满汉全席原是清代宫廷中举办宴会时满人和汉人合作的一种全席。满汉全席上菜一般至少一百零八种(南菜54道和北菜54道),分三天吃完。满汉全席菜式有咸有甜,有荤有素,取材广泛,用料精细,山珍海味无所不包。

满汉全席菜点精美,礼仪讲究,形成了引人注目的独特风格。入席前,先上二对香、茶水和手碟;台面上有四鲜果、四干果、四看果和四蜜饯;入席后先上冷盘,然后热炒菜、大菜、甜菜依次上桌。满汉全席,分为六宴,均以清宫著名大宴命名。汇集满汉众多名馔,择取时鲜海味,搜寻山珍异兽。全席计有冷荤热肴一百九十六品,点心茶食一百二十四品,计肴馔三百二十品。合用全套粉彩万寿餐具,配以银器,富贵华丽,用餐环境古雅庄重。席间专请名师奏古乐伴宴,沿典雅遗风,礼仪严谨庄重,承传统美德,侍膳奉敬校宫廷之周,令客人流连忘返。全席食毕,可使您领略中华烹饪之博精,饮食文化之渊源,尽享万物之灵之至尊。

(资料来源:Lavender.满汉全席,一餐吃尽中国文化[J].旅游世界,2012(8).)

(2)正式宴会。正式宴会是官方政府、团体为了迎送宾朋答谢主人而隆重举行的宴会。其规格仅次于国宴,除了不挂国旗、不奏国歌,以及出席人员的规格不同外,其余的安排大体

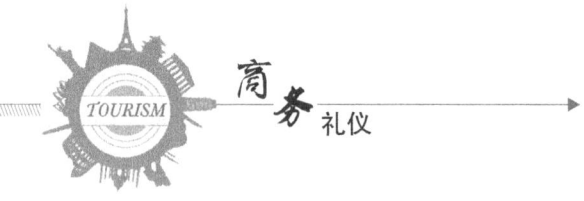

上与国宴相同,也需要排座次,有时也安排席间奏乐。许多国家对正式宴会十分讲究。所以,往往在请柬上注明着装要求。正式宴会对菜肴、酒水、餐具均有一定的要求。服务也要求规范,讲究服务质量和特色。

(3)便宴。便宴是一种非正式的宴请,其气氛热烈、随和而又亲切,常用于招待亲朋好友,也是商务活动中较普遍使用的宴请形式。便宴的规模一般不大,常见的有午宴、晚宴,有时候也举行早宴。便宴比较简便、灵活,可以不排席位,不作正式讲话,对菜肴的数量、质量、上菜程序、餐具及服务均没有严格的礼仪要求。

(4)家宴。家宴是生活中常见的类型,就是在自己家中设宴招待客人,以示亲切、友好,西方人也是如此。家宴常由家庭主妇亲自下厨烹饪,家人共同招待客人,显得亲切、自然、让客人有"宾至如归"的感觉。席间宾主会随意交谈,气氛比较轻松、愉快、悠闲、自在,不讲究严格的礼仪。这种形式的宴请,不仅适用于民间,也是商务人士用来联络感情,增进友谊,促进交易的有效形式。

2.招待会

招待会是指不备正餐的宴请形式,一般备有食品和酒水,通常不排固定的席位,由客人自行挑选、自取自食,规模可大可小,经济实惠,形式多样。常见的形式有冷餐会、酒会等,多围绕某一主题而举办。如国庆招待会、文体演出前后的招待会、新闻发布招待会等。

(1)冷餐会。冷餐会的特点是不排席位,菜肴以冷食为主,故称冷餐会。但也可辅之以热菜,连同餐具陈设在菜桌上,供客人自取。冷餐会上客人可以自由走动,也可多次取食,酒水也可陈放在桌上。冷餐会一般不提供烈性酒,而提供啤酒、葡萄酒和饮料。由于冷餐会活动自由、卫生,不拘于传统就餐形式,所以,被越来越多的人所接受。

(2)酒会。酒会又称鸡尾酒会,这是以酒水为主招待客人的一种宴请形式。这种招待形式较为活泼,便于广泛接触交谈。招待品以酒水为主,略备小吃、菜点,不用或少用烈性酒。食品多为三明治、面包、小香肠、炸薯片、炸春卷等;不设刀叉,以牙签取食,不设座位,仅置小桌或茶几,便于出席者走动;酒会规格可高可低,适用于各种节日、庆典、仪式及招待性演出前后。酒会的举行时间在中午、下午和晚上均可。

3.茶会

茶会是一种以茶会友的简便的招待形式,通常安排在上午 10 时左右或下午 4 时左右,在客厅举行,客厅内设茶几、座椅,不排席位。但是,如果是为贵宾举行的茶会,在入座时,主人要有意识地和主宾坐在一起,其他人员可以相对随意就座。茶会,顾名思义就是请客人品茶。因此,对茶叶、茶具,以及沏茶的用水和水温的选择都十分讲究。茶叶的选择要照顾到客人的口味和习惯。欧洲人一般用红茶,日本人喜欢乌龙茶,美国人喜欢袋茶。有外国人参加的茶会,最好再备些咖啡和冷饮。茶会的茶具一般用陶瓷器皿,不用玻璃杯,更不能用热水瓶代替茶壶。茶会上还可以准备一些点心和地方风味小吃。

4.商务聚餐

商务聚餐是国际交往中常用的一种非正式宴请形式,主客双方利用共同的进餐时间,围绕工作中的问题边吃边谈。这种宴请形式既简便又卫生,就餐气氛融洽,彼此都无拘无束,可拉近宾主之间的工作距离,往往能收到正式宴会所难以达到的效果。这类宴请一般不请配偶和其他与工作无关的人员参加。商务聚餐一般不排座次、无需致辞。菜肴以方便、快捷、简单、营养、卫生为好，一般也不喝烈性酒。多在小餐厅或招待所食堂举行，如采用分食制，还可以送到工作现场。双边工作餐通常使用长桌，其座位与会谈桌座位安排相仿。

（二）商务宴请的现场布置

1.宴会厅室布置

宴会厅室布置主要是根据宴请的性质、人数、主办单位的要求，厅室形状和面积来决定，设计出初步的布置方案。活动现场布置的基本要求是布置要庄重、适用、美观、大方。桌椅、茶几均要摆正，对齐安放平稳。桌子之间的距离要一致，最宽不应超过 3.5 米，最窄不应窄于 1.6 米。距离过宽，场面会显得松散，过窄会显得拥挤，而且宾客用餐会感到不方便，服务过程中容易出事故。如果厅室较大，为避免空荡感，可将桌子的间距拉得大一些或在厅室空余的地方布置一些沙发、花草树木。

国宴活动要在宴会厅的正南并列悬挂两国国旗。悬挂前要对旗子的图案标记认真地鉴别核对，防止倒挂或错挂，旗子一定要挂正挂稳，高度一致。由我国政府宴请来宾时，外国的国旗挂右方，我国国旗挂左方。来访国举行答谢宴会时则互相调换位置。但有的宴会需要挂会标、会徽，应按主办单位的要求布置。如宴会前有酒会或需要休息厅，应同时按要求布置好。如席间有文艺演出，厅内舞台则应布置桌椅时，空出适当的位置，并铺上地毯，作为演出场地。

2.中式宴会现场布置

宴会，尤其是国宴和正式宴会，布置应该严肃、庄重、大方。不要张灯结彩做过多的装饰。中餐宴会的台面，一般使用圆桌，主宾要突出醒目，桌面要大于其他桌面。中餐摆台形式千变万化，需结合场地、客人要求因地制宜。

3.西式宴会现场布置

西餐台是可以拼接的，西餐宴会通常用长桌。如果主宾席的人数较多，厅室的面积和形状也适应，也可用长桌布置成"一"字形。可根据厅室的形状和出席的人数摆成"T"字形、"I"字形、"U"字形或"山"字形等。摆桌的时候，桌脚要垫平，桌布要铺好，椅子和椅子之间要有适当的距离，两头的椅子要互相对正。宴会通常设专门的休息厅，厅内布置圆桌或茶几，周围适当摆些椅子，如果主宾需要进行简单的交谈，可单独设一个厅室，厅内按会见的形式用沙发和茶几布置成马蹄形。

二、组织商务宴请的基本程序

商务宴请对宾客来说是一种礼遇，需要根据有关礼仪和商务活动的需要进行组织。

（一）确定宴请的目的、名义、范围和形式

（1）宴请的目的。商务宴请的目的是多种多样的，可以为整个企业，也可以为某一项商务活动如为庆祝公司、工厂建立纪念日，为展览等活动开幕、闭幕，为某工程或建设项目的动工、竣工等。

（2）宴请的名义。商务宴请的名义主要依据主客双方的职位和身份来确定，也就是说主客双方身份应该对应。规格过低使人感到不受重视，规格过高亦无必要。

（3）宴请的范围。商务宴请的范围指邀请什么方面、什么级别的人士以及邀请多少人。确定商务宴请范围时要考虑多方面的因素。如宴请的目的和性质、主宾的职位和身份、商务惯例、经济形势、文化习俗等。在宴请范围确定之后，可以拟定具体邀请名单，应该包括被邀请者的姓名、职务以及对方是否有配偶等准确信息。

（4）宴请的形式。商务宴请的形式在相当大的程度上取决于当地的商务惯例。一般来说，正式的、规格高的、人数少的、时间充裕的商务活动以正式的商务宴会为宜。当今，各地商务活动礼宾工作都在简化，宴请规格趋向多元化，形式也更为灵活简便。工作餐、自助餐被广泛应用于各种商务活动中。

（二）确定宴请时间、地点

1.宴请的时间

依照商务礼仪的惯例，安排商务宴请活动，主要考虑下面三个注意事项。

第一，各地民俗。根据商务活动参与者的用餐习惯，选择用餐的具体时间，如早餐、午餐或晚餐等。至于在商务宴请活动时，究竟应当选择早餐、午餐还是晚餐等形式，需要具体问题具体分析。在绝大多数商务活动中，确定宴请的具体时间，主要根据各地的民俗惯例。例如，在岭南地区，亲朋好友聚餐，多爱选择"饮早茶"；经济发达且夜生活丰富的地区则喜爱宴请夜宵。

第二，客人需要。确定商务宴请的时间时，应对商务活动参与者都合适，主人不仅要考虑自己的经济承担能力，更要了解客人的需要，也就是要优先考虑被邀请者的情况。一般重大商务宴请活动时间要由主宾单位商定，小型宴请要征询多方意见，可口头约定，也可用电话等联系。双方达成一致后，宴请时间即可确定。

第三，安排适当。商务用餐时间有必要加以适当控制。一般认为，正式商务宴会的时间应为一到两个小时，非正式商务宴会的时间应为一个小时左右，而商务便餐的时间大致为半个小时左右。

2.宴请的地点

商务用餐地点的选择也是非常重要的，要使宾客感到自在、舒服，一定要选择环境优雅、卫生良好、设施完备、交通便利的地方。总之，宴请活动的地点，要根据宴请活动本身的目的、性质、规格、形式以及主人意愿和实际可能进行恰当选择，既不能显寒酸，也不可太奢侈。

（三）请柬

请柬，也叫请帖，是为请客而发出的通知书，一般是在举办较为隆重的宴请，被邀请者也比较多的情况下采用。即使近在咫尺，也可送请柬。它既表示对客人的尊敬，也表明邀请者对此事的心意和态度。

请柬一般要提前发出：正式宴会通常在两到三周前，甚至一个月前就应发出；普通聚餐也应至少在一周前通知；工作餐或便餐则可临时决定或提前一两日才告知，以便被邀请者及时安排日程。即使已经口头约定的宴请活动，仍要补送正式请柬，在请柬的右上方或左下方注明"备忘"。在商务宴请的请柬信封上，被邀请者的姓名、职务要书写清楚并且准确。在西方礼仪中，请柬上一般标注"R.S.V.P."（敬请赐复）字样。如果只需不能出席者回复，则可以标注"Regrets only"（因故不能出席，敬请告知）字样。为准确掌握出席人数情况，组织者往往要求被邀请者回复是否出席。请柬发出后要及时落实出席人数情况，以准确安排并调整宴请活动座位。即使是不安排席位的商务宴请活动，也要对出席率有一定的估计。

知识链接　　　　宴请请柬的格式

请柬内容应包括活动的主题、形式、时间、地点、主人姓名。请柬要书写清晰美观。请柬样式如下。

×××先生：

为××××××，兹定于××××年×月×日（星期×）晚×时在××××大厅举行宴请。

敬请

光临

×× （盖章）

×年×月×日

（资料来源：付秀彬.商务礼仪[M].成都：西南财经大学出版社，2010.）

（四）预订饭菜

商务宴请的饭菜应根据商务活动的目的、形式和性质，在商务活动的预算标准内安排。订餐应主要考虑主宾双方的喜好与禁忌。对于个人的喜好和禁忌，也要给予充分体谅和宽容，不要强人所难。商务宴请的菜肴道数和分量都要适宜、得当。在宴请外地客人之时，东道主宜用具有地方特色的饮食招待客人。任何一种宴请，事先均应开列菜单，并征求主管负责人的同意。获准后，如果是宴会，即可印制菜单，菜单一桌至少一份。讲究的也可以每人一份，使用餐者在餐前心中有数，在餐后也可留作纪念。值得注意的是，发给赴宴者的菜单必须名副其实，而绝不可有名无实使之沦为笑柄。

（五）席次安排

商务宴请一般都排席次，有的只需安排部分宾客的席次，其他宾客可以自由入座。无论何种做法都要在宴前通知到每位宾客准确的地点，宴请现场还要有专人负责引导或陪同。商务宴请的礼宾次序是安排席次的重要根据。在排席次之前，要把确定出席的主宾双方名单分别依据礼宾次序列出来。另外，还需要考虑其他相关因素，如国际上的惯例，座次以离主桌远近而定，右高左低。同一桌上，席位以离主人的座位远近而定。

三、商务宴请迎宾礼仪

宴会接待程序大致可分为迎宾、开宴、席间敬酒、席间上菜、陪客交谈、宴会结束六个阶段，宴请礼仪贯穿于宴会的全过程。

（一）迎宾礼仪

主人一般在门口迎接客人。正式商务活动中，除主人外，还可以由少数主要相关人员陪同主人排列成行迎接宾客，通常称为"迎宾线"。与宾客致意后，由接待人员陪同宾客进入休息厅。当主宾到达之后，主人陪同主宾进休息厅，同时由服务人员奉上热毛巾、饮料等。

（二）宴请致词礼仪

（1）主人陪主宾步入宴会厅，所有客人就座，宴请便正式开始。

（2）宴请开始，主人先致词，接着由主宾致答谢词。

（3）致词时手持酒杯，在主桌旁起立讲话，或者到布置好的讲台上讲话。

（4）致词可事先写好按稿宣读，也可即兴发挥。

（5）致词内容一定要简练，时间要短，表达要生动，表明设宴的目的和要求，并对来宾表示欢迎和敬意。

（三）席间敬酒礼仪

（1）宴请上主人都有向客人敬酒的习惯，宾客之间往往也互相敬酒。

（2）敬酒时，要上身挺直，双脚站稳，以双手举起酒杯，并向对方微微点头示礼，对方饮酒时再跟着饮。

（3）敬酒的态度要稳重、热情、大方。

（4）在规模较大的宴请上，主人应依次去往各桌敬酒，而每一桌派一位代表到主桌回敬即可。

（5）宴请上互相敬酒，宾主都应量力而行、适可而止，切忌硬性劝酒、逼酒，甚至拼酒。

（四）席间上菜次序礼仪

不同的宴请形式上菜次序不同。一般来说，中餐正式宴会的标准上菜次序是冷盘、热炒、主菜、点心、汤类和水果拼盘等。西餐正式宴会的标准上菜次序是开胃菜、汤类、副菜、主菜、蔬菜色拉、甜品和热饮等。

（五）席间交谈礼仪

主宾双方致词、敬酒完毕，宴请即进入比较轻松、自由的阶段。大家此时可以毫不拘束地互相交谈，但仍要注意不失礼仪。

（1）在整个宴会上，主办者不要一味同自己熟识的一两个人交谈。

（2）不能在整个宴会上坐着一声不吭。如果自己性格内向，确实不善言谈，可事前稍微准备，选备一些话题，以便在他人交谈之际，见机插话。

（3）宴请上交谈话题很多，在选择时应注意话题的大众性、趣味性和愉悦性，对那些过于专业、晦涩难懂的话题应予以回避。

（六）宴请结束礼仪

（1）商务宴请时间长度一般控制在一到两小时左右。结束太早，可能会使客人感到尚未尽兴，不能充分体会主人的诚意和热情；结束太晚，又可能使宾主双方倍感疲倦，使得宴会虎头蛇尾。

（2）结束宴请的较好时机是：从服务来说，是服务人员端上水果时；从气氛来说，是宴请达到新的高潮时。适时结束，可以给大家留下难忘的记忆。

（3）主人宣布宴请到此结束，对宾客莅临宴请，表示衷心感谢。如要安排余兴活动，如打牌、卡拉 OK 或舞会，可挽留有兴致来客自由参加，主随客便。

（4）主人、副主人和陪客，都应把宾客送到门口，热情握手告别，目送客人离去。对于乘车离去的客人，主人应送客上车。待车开动后，再向客人挥手致意。对于年长的客人和路程较远的女士，可考虑护送。

接待好前来赴宴的客人，才能达到商务宴请的真正目的。而这一工作的完成，需要把礼仪工作做到细致入微。否则，得罪了客人，商务宴请也就失去了意义。

四、商务宴请参加礼仪

在商务宴请活动中，对于赴宴人来说，从入席到离席的礼仪，既是个人修养、形象的表现，也是个人所在企业管理水平和形象的体现。

（一）赴宴礼仪

商务宴请是比较重要的商务活动。接到邀请后，无论是否接受邀请，都应及时、礼貌地给予回复。若遇临时情况而不能出席，要婉言解释原因，并适当表示自己的歉意。一旦接受邀请，则尽量不要改变。赴宴之前，要适当梳洗打扮，修饰仪表，并选择恰当的服饰。一般男士穿深色西装，女士穿旗袍或礼服，做到外表整洁、优雅。

（二）抵达礼仪

按时出席商务宴会是最基本的礼仪。赴宴者应根据商务活动的目的、性质掌握好时间。在商务宴请中迟到、早退都会被视为失礼。抵达商务宴请地点后，要前往主人迎宾处，主动向主人问候、寒暄。

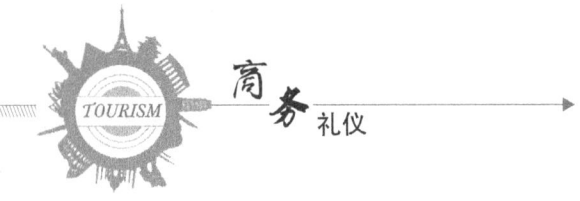

（三）入座礼仪

商务宴请如未设座席卡，恰当的做法是等待主人请入座的时候，方能入座。落座之时，要从座位的左侧入座。若同桌中有年长者、女士、职位高者、外地客人，应等待其入座后自己再落座，而且应主动为其拉开座椅，助其入座。就座后，坐姿要端正，神态要泰然，要将座椅调整到离餐桌 20 厘米左右。

（四）道别礼仪

商务宴请中，客人一旦赴宴，就要尽量避免中途退场。如果确有事由而需要中途离席，应注意以下事项。

（1）入席前就已预计中途离开，最好在宴请之前就向主人说明事由。宴请中临时因事需要提前道别，同样应向主人说明事由，而且不要忘记向主人表达歉意。

（2）离席不要选在席间有人致词或敬酒的时候，这容易使人产生误会。最好是在宴请告一段落之时，再准备离席。

（3）离席只需和主人致意、打招呼并向左右宾客点头示意即可，以免影响其他人用餐或其他活动，甚至影响整个商务宴请。

第二节　中餐礼仪

案例引导

李嘉诚的待客之道

万通董事局主席冯仑的一篇文章，写的是他到香港和李嘉诚先生一起吃饭的事。按他的想象，等他们到齐了李先生才会缓缓走来，然后坐在主席的位置上讲话，他们则按名气大小、地位高低依次坐下。饭未吃完，李先生就该告辞了。果真这样，他们也不会有什么意见，因为李先生是个大人物。但让冯仑先生感动的是，当他们走到电梯前时，李先生已等候在那里。见他们过去，李先生便如做小买卖的一样给他们发名片。冯仑先生很吃惊，以李先生的身价和地位，早已用不着名片了。到大厅后，每人抽一个签，签上的号码是照相的位置。照完相后，每人又各抽一个签，上面是吃饭的位置。李先生说，这样做是为了大家都舒服。坐下后，大家让李先生讲话。他见有几个老外在场，就分别用普通话、英语和粤语讲了几句同样的话。吃饭的人共坐 4 桌，李先生每个桌都坐了一会儿。吃完饭后，他又与大家一一握手道别。

冯仑先生说他很感动。李先生是世界华人首富,他这样做绝不是做作,他也没有做作的必要。李先生向来是受人尊重的,从他陪客这件事上我们可以看到一些原因——"尊重别人就是尊重自己"。

(资料来源:唐付强.王永庆:一个时代的符号[J].财富,2008(2).)

一、中餐八大菜系

中国菜肴在烹饪中有许多流派,其中最有影响和代表性的且为社会所公认的有四川菜、山东菜、广东菜、江苏菜、福建菜、浙江菜、湖南菜和安徽菜,即人们常说的"八大菜系"——川、鲁、粤、苏、闽、浙、湘、徽。一个菜系的形成受到当地的气候条件、资源特产、饮食习惯等影响。

(一)四川菜

四川菜,简称川菜。川菜在秦末汉初就初具规模,唐宋时发展迅速,明清已负有盛名。川菜是中国著名四大菜系之一,如今遍及世界许多国家、地区。近年来,四川菜已走出国门,在世界上享有"吃在中国,味在四川"的美名。四川菜主要由成都地方风味菜和重庆地方风味菜构成。

四川菜享有"一菜一格""百菜百味"的称誉,其基本味有麻、辣、甜、咸、酸五味。四川菜很重视味的变化,既有浓淡之分,又有轻重之别。四川菜离不开辣椒、花椒和胡椒这三椒。就以辣椒来说,对辣椒的使用方法多,用得灵活,有时用作主料,有时用作配料,而大多数用作调料。常用的原料有油辣椒、泡辣椒、干辣椒等,据此调出的辣味就有香辣、微辣、糊辣、鲜辣等十多种辣型。鱼香味、家常味、怪味是四川厨师独创的三大味。鱼香味要选用泡过的红辣椒,味中咸、甜、酸、辣兼而有之;家常味要选用郫县豆瓣酱与辣椒粉,基本味型是咸、鲜、微辣,浓淡不一;怪味是用姜米、蒜、葱、花椒面、红油、醋、糖等十余种调味品调制而成的,其味集甜、麻、辣、香、鲜于一体,不能只突出某一种味,要求味中有味、重叠和谐。

四川菜的主要味别有麻辣、鱼香、家常、怪味、酸辣、糖醋、糊辣、椒麻、荔枝、甜香等。

其著名的菜肴有宫保鸡丁、麻婆豆腐、夫妻肺片、毛肚火锅、灯影牛肉、樟茶鸭子、怪味鸡快、回锅肉、鱼香肉丝、四川泡菜等。

(二)山东菜

山东菜,简称鲁菜,泛指我国黄河中下游地区以山东省为代表的地方风味菜,是中国著名四大菜系之一,也是我国影响较大、流传较广的菜系之一。山东菜历史悠久,技法讲究,滋味鲜美。山东菜主要由济南菜、胶东菜和济宁菜构成。济南菜泛指山东省会济南为代表的东部地区的地方风味菜;胶东菜又称福山菜,是指胶东半岛沿海地区,以青岛、烟台为代表的地方风味菜;济宁菜又称曲阜菜,是以"孔府菜"著称的地方菜。

山东菜风味多以咸鲜为主，善于保持原料纯正的风味，多以原料自有风味为调味基础。不论是爆、炒、烧、溜，还是炸、烤、蒸、扒都用葱来调味和佐食，葱之香味已成为山东菜的最好风味。除此之外，山东菜也善于运用各种汤汁来调味。以汤之味来辅佐原料，也运用海产原料的原味，突出本味。随着烹饪的发展，山东菜逐步使用和形成了五香、酸辣、椒盐、糖醋、麻酱等其他复合味味型，使山东菜口味更有变化，个性特征更好。山东民间生食葱蒜、大葱蘸酱的民俗也在部分菜品中得到很好表现，形成山东菜的一大特色。

其著名的菜肴有九转大肠、德州扒鸡、泰安"三美"、油焖大虾、糖醋黄河鲤鱼、清卤赤鳞鱼、锅烧肘子、清汤燕窝、奶汤鸡脯等。

（三）广东菜

广东菜，简称粤菜，泛指广东省及其附近地区的地方风味菜，是中国著名四大菜系之一，在国内外享有盛誉。在中国当今餐饮市场中，广东菜对中国各地地方风味菜影响较大，领导了整个餐饮市场的新潮流。

广东菜有浓厚的南国风味，菜肴讲究鲜、爽、嫩、滑，夏秋清淡，冬春浓郁，善于保持原料固有的本味。广东特殊的地理及气候特征，决定了广东菜的口味要求清淡、爽滑。对肉食向来追求其鲜，讲究即宰即烹；火候要求也甚为严格，以刚熟为度。

广东菜最大的一个特点就是选料精细，花色繁多，新颖奇异。它取料之广泛，为全国其他任何地方菜所不及。在动物原料方面，除了用鸡、鸭、鱼、虾以外，还善于用蛇、狸、猴等野生动物制成佳肴。早在南宋时，就有广东人"不问鸟兽虫蛇，无不食之"一说。

广东菜在烹调过程中所有调味料基础为油、盐、酱油、味精、白糖、料酒、姜、葱、蒜、鲜椒之类，以保持原料本味突出。随着广东菜的发展，广东菜引用了世界各地很多新的调味料，并高度复制成各种酱汁，使广东菜风味迅速增多，味的变化更为广泛。广东菜虽然没有味型一说，但风味的复杂及变化众多是引起菜品风味众多的原因，广东菜的风味也因此变得更为复杂，其调味的技法也影响了中国其他地方风味菜，各种新潮酱汁不断涌出。

广东菜夏秋清淡，冬春浓郁。夏秋季菜式均具有清、爽、滑的特色。在寒冷的冬春季节，是滋补身体的好时令，此时的广东菜崇尚滋补，经较长时间煲、炖的菜式众多。广东菜特点：烹调方法突出煎、炸、烩、炖等，口味特点是爽、淡、脆、鲜。

其著名的菜肴有龙虎凤大烩、白云猪手、片皮乳猪、潮州冻肉、东江盐焗鸡、大良炒酸奶、蚝油牛肉、冬瓜盅等。

（四）江苏菜

江苏菜，又称淮扬菜，简称苏菜，泛指长江中下游地区，以江苏省为代表的地方风味菜，是中国四大著名菜系之一。江苏菜烹饪文化历史悠久，做工精细完善，菜品细腻精美，是全国最为雅致的地方菜。江苏菜按自身风味体系可大致分为淮扬风味、金陵风味、苏锡风味和徐海风味四大流派。

清鲜平和是江苏菜最根本的基调。江鲜、河鲜、海鲜、湖鲜、鲜蔬、鲜瓜果、鲜畜禽肉，都突出主料本味，特别注重原料固有的新鲜及鲜味。动物性原料多用活料，以求突出鲜活的本味。调味时主要用盐，以促使原料中的鲜味物质表现出来，但不能以盐之咸味而压原料本味,部分菜肴加入少量白糖调味,以求甘鲜滋味,显得更为平和醇正,也常用香醋、芝麻油、糟油、红曲、椒盐、糖醋、醇酒、姜、葱等特色调料,使成菜在清鲜之中显得醇香多变。对于味薄的原料,多用特制调料或虾等鲜香味重的调料来赋味,增强原料鲜香风味。

江苏菜也注重原料的荤素组合,合理配料,通过原料间的组配表现原料固有的醇正风味,突出原料清鲜之特色。尤其值得一提的是,江苏食雕是中国菜食品雕刻的典范,玲珑别透,精美一世。江苏厨师广布全国,使江苏菜名扬万里,影响深远。

其著名的菜肴有水晶肴蹄、扬州狮子头、叫花童鸡、扬州三套鸭、无锡肉骨头、大烫干丝、双皮刀鱼、拆烩鲢鱼头、野鸭菜饭、百花酒焖肉、银芽鸡丝、清蒸鲥鱼等。

(五)福建菜

福建菜,简称闽菜,是中国八大菜系之一。福建菜发源于福州,是以福州菜为基础,后又融合闽东、闽南、闽西、闽北、莆仙五地风味菜形成的菜系。

福建位于我国东南沿海,盛产多种海产品,常用的原料有海鳗、蛏子、海参、鱿鱼、黄鱼、燕皮(燕皮为福建的特产,用猪肉制成)、香菇等。因此福建菜以烹制山珍海味而著称,在色香味形俱佳的基础上,尤以"香""味"见长,其清鲜、浓醇、荤香、不腻的风格特色,在八大菜系中独具一席。福建菜中的"佛跳墙"的制作方法和风味特色尤其别致。

福建菜的烹调细腻表现在选料精细、泡发恰当、调味精确、制汤考究、火候适当等方面。调味则表现在力求保持原汁原味上。善用糖,甜去腥膻;巧用醋,酸能爽口,味清淡则可保持鲜爽原味。因而有甜而不腻、淡而不薄的盛名。

福建菜重视汤菜,与多烹制海鲜和传统食俗有关。福建厨师长期以来把烹饪和确保原料质鲜、味纯、滋补联系起来,从长期积累的经验认为,最能保持原料本质和原味的当属汤菜,故汤菜多而考究。有的白如奶汁,甜润爽口;有的汤清如水,色鲜味美;有的金黄澄透,馥郁芳香;有的汤稠色酽,味厚香浓。

其著名的菜肴有佛跳墙、盐水虾、醉排骨、荔枝肉、扳指干贝、煎糟鳗鱼、炸蛎黄、烧片糟鸭、清汤鱼丸等。

(六)浙江菜

浙江菜,简称浙菜。浙江山清水秀,物产丰富佳肴美,故有谚语曰:"上有天堂,下有苏杭。"浙江省位于我国东海之滨,北部水道成网,素有鱼米之乡之称。丰富的烹饪资源、众多的名优特产,与卓越的烹饪技艺相结合,使浙江菜出类拔萃地独成体系。浙江菜主要由杭州、宁波、绍兴等地的地方菜发展而成,其中最负盛名的是杭州菜。

浙江菜以烹调技法丰富多彩闻名于国内外,其中以炒、炸、烩、熘、蒸、烧 6 类为擅长。"熟物之法,最重火候",浙江菜常用的烹调方法有三十余类,因料施技,注重主配料味的配合,口味富有变化。浙江菜名厨高手烹制海鲜河鲜有其独到之处,适应了江南人民喜食清淡鲜嫩之饮食习惯。烹制鱼时,多以过水处理,约有三分之二的鱼菜是以水传热介质烹制而成,突出了鱼的鲜嫩味美之特点,传统菜当首推杭州的西湖醋鱼,是活鱼现杀,经沸水氽熟,不加任何油腥,滑嫩鲜美。

119

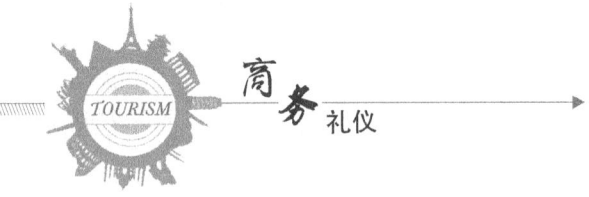
另外,浙江菜菜品形态讲究,精巧细腻,清秀雅丽。很多浙江菜都需要刀法娴熟,配菜巧妙,烹调细腻,装盘讲究,其所独有的细腻多变幻刀法和淡雅的配色,均体现了浙江菜把烹饪技艺与美学有机结合的特点。

其著名的菜肴有西湖醋鱼、东坡肉、西湖莼菜汤、油焖春笋、冰糖甲鱼、宋嫂鱼羹、龙井虾仁、干炸响铃、清汤越鸡、蜜汁火方等。

(七)湖南菜

湖南菜,简称湘菜,是泛指我国中南地区以湖南省为中心的地方风味菜。湖南菜是以辣味著称的地方菜,有内陆烹饪的风格,近几年发展很快,突出菜品的乡土和家常风味。

品种繁多、口味复杂的众多调味品,经烹饪大师在烹调过程中的变化组合,形成了以味浓色重、清鲜兼备、酸辣、咸鲜为主体风格,众多的麻辣味、椒盐味、胡椒味、陈皮味、咸辣味、咸酸味、五香味、咸鲜味等味型。特别是酸辣味别具风味特色。辣椒所具备的提热、开胃、祛湿、祛风之效,正为地处温暖潮湿之地的湖南人所喜爱,形成了地区性的、有鲜明味感的饮食民俗,可与川菜之辣相提并论,是中国菜系中又一以辣为风格的地方风味菜。

另外,湖南菜常用熏腊原料,熏腊的方法来自民间,现已为当地人民普遍接受。

湖南菜可以分为湘江流域、洞庭湖区和湘西山区三种地方风味,它们各自相对独立,有很大的风味差异。其著名的菜肴有麻辣仔鸡、辣椒炒肉、剁椒鱼头、毛氏红烧肉、君山银针鸡片、腊味合蒸、红煨鱼翅、冰糖湘莲等。

(八)安徽菜

安徽菜,简称徽菜,泛指安徽省及其附近地区的地方风味菜,是我国著名的地方菜之一。安徽菜历史悠久,善烹山珍野味,讲究食补,技艺多样,兼有南北方口味,适宜面广,是中国烹饪文化宝库中的一颗明珠。

安徽菜的主体风味基本上以咸鲜为主,味咸中微有甜味,整体风味比较醇和浓厚,善于表现原料的自然风味。徽州地方菜肴喜爱用火腿佐味,以冰糖和味提鲜,以突出原料原味和咸鲜风味,放糖基本不表现甜味。沿江地区善用糖调味,形成以甜为主的各式风味特色,有咸鲜微甜、浓甜微咸、糖醋、咸鲜酸甜、辣味酸甜等多种风格。淮北则很少以糖调味,突出咸、鲜、辣的风格,善用芫荽、辣椒、生姜等辛香料调味。

安徽省位于华东的西北部,长江、淮河横贯全省,土地肥沃,物产富饶,特产很多,有马蹄鳖、斑鸠、山鸡、野鸡、鞭笋、雁来笋、肥王鱼等。一般的原料也较丰富,有时鱼、鳜鱼、青鱼、虾、蟹以及家禽等,为烹制菜肴提供了有利的条件。安徽菜选料朴实,擅长烧、炖、蒸等烹调方法,菜肴具有"三重"的特点,即"重油""重酱色""重火工"。

徽菜主要由皖南、沿江、沿淮三种地方风味构成。其著名的菜肴有清炖马蹄鳖、奶汁肥王鱼、臭鳜鱼、李鸿章杂烩、无为熏鸭、火腿炖鞭笋、符离集烧鸡、毛峰熏鲥鱼等。

知识链接　外国人最喜欢的十道中国菜

据美国问答网上的一份统计调查数据显示，外国人最喜欢的十道中国菜分别如下。

(1)北京烤鸭。说起北京的美食，就会想起闻名世界中外的北京烤鸭，这道菜在当时是宫廷食品。用料为优质肉食鸭北京鸭，果木炭火烤制，色泽红润，肉质肥而不腻，外脆里嫩。它以色泽红艳，肉质细嫩，味道醇厚，肥而不腻的特色，被誉为"天下美味"。

(2)宫保鸡丁。说起这道菜，老外首先会被它的名字所吸引。宫保鸡丁是一道闻名中外的特色传统名菜，这道菜也被纳为北京宫廷菜，之后流传到国外，受到许多外国厨师的青睐。

(3)酸菜鱼。酸菜鱼是一道来自重庆的经典菜品，以其特有的调味和独特的烹调技法而著称。

(4)炒面。炒面是流行于我国大江南北的传统小吃，在中国，好吃的炒面有很多，但较受外国人欢迎的是广州的豉油皇炒面。

(5)馄饨。在中国北方等地常常称其为馄饨，四川、重庆等地又称它为抄手。据说老外最喜欢在吃馄饨的时候滴入香油或者酱油，别有一番风味。

(6)糖醋里脊。它是嗜甜的外国人最喜欢的一道菜，菜色金黄，甜酸可口，外焦脆，里嫩香。

(7)饺子。在东北有句民谚："舒服不如倒着，好吃不如饺子。"饺子深受中国广大人民的喜爱，在外国也很受欢迎。

(8)火锅。火锅几乎是每一个外国人来到中国必尝的美食，其特色就是边煮边吃，现吃现烫，经常吃得他们大汗淋漓、酣畅之极。

(9)麻婆豆腐。麻婆豆腐是四川省传统菜系之一，这道菜也是让外国人又爱又恨，爱是因为味道好，恨是因为它十分"麻辣"。

(10)西红柿炒蛋。西红柿炒蛋不仅是中国人爱吃的菜，老外吃了以后对它也产生了很大兴趣。没想到在中国这么普通的菜，到了外国人眼中就变得非常"高大上"。

(资料来源：http://www.sohu.com/a/199318375_799039.)

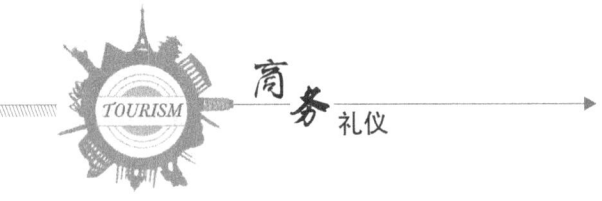

二、中餐宴会邀请及组织礼仪

(一)发出邀请

举办宴会前宴会组织者要先拟订客人名单，然后逐一发出邀请。邀请的方式很多，简单的方法是发信息、打电话、发传真、发 E-mail、手写短笺或自制卡片等，正式邀请则应印制请柬或请帖，寄发或直接送达客人。请柬要写得简洁明白，请柬上要注明宴会日期、时间、形式、主题、主(办)人名称、宴会地点、服装要求等。当然也可以向客人发出口头邀请。发出邀请后，主人还要叮嘱客人给予回复，并再次表达自己的诚意。

(二)组织

1.常见的中餐宴会形式

(1)中餐正式宴会。这是一种隆重而正规的宴请，它往往是为宴请专人而精心安排的，是讲究排场、气氛的大型聚餐活动。对于出席人数、穿着打扮、菜肴选择、席次安排、宾主致辞、音乐演奏等各方面，都十分讲究，有严谨的要求；对于用餐环境、餐桌布置、活动主题、进行程序、上菜节奏等方面，也同样非常注重，讲求合乎礼仪。商务宴会如果举办成功，可能带来意想不到的经济效益，因此必须注意到每个小细节，宴会过程中，一定不能有任何差错发生。

(2)中餐非正式宴会。私人宴会是一种交谊性的宴请，以联络感情、表示友好、发展友谊、沟通信息为目的，如生日宴、婚宴、迎送宴、节日宴、纪念宴、亲朋相聚、乔迁之喜等。私人宴通常没有太多的讲究与礼仪限制，主办者与被宴请者都以私人身份出席。

(3)中餐家宴。相对于正式宴会而言，家宴最重要的是要制造亲切、友好、自然的气氛，使赴宴的宾主双方轻松、自然、随意。在这种轻松愉悦的氛围中，彼此增进交流，加深了解，促进信任。通常，家宴在礼仪上往往不做特殊要求，为了使来宾感受到主人的重视和友好，基本上要由男、女主人亲自下厨烹饪，亲自招待客人，使客人产生宾至如归的感觉。

2.用餐时间和地点的选择

中餐特别是中餐宴会具体时间的安排，根据人们的用餐习惯，依照用餐时间的不同，一般而言工作餐常选择在午餐时间，用餐时间控制在一个小时左右；正式宴会则多为晚宴，所需时间为一个半小时至两个小时。

另外，在社交聚餐的时候，用餐地点的选择也非常重要。首先要环境优雅。宴请不仅仅是为了"吃东西"，也要"吃文化"。要是用餐地点档次过低，环境不好，即使菜肴再有特色，也会使宴请大打折扣。在可能的情况下，一定要争取选择清静、优雅的地点用餐。其次是卫生条件良好。在确定社交聚餐的地点时，一定要看卫生状况怎么样。还要充分考虑到聚餐者来去交通是不是方便(距离应以越接近主要客人越好为原则)，并考虑有没有公共交通线路通过、有没有停车场、是否需要为聚餐者预备交通工具，以及该聚餐地点设施是否完备等一系列的具体问题。

3.安排菜单

根据我们的饮食习惯,与其说是"请吃饭"还不如说是"请吃菜",所以对菜单的安排马虎不得。无论何种形式的中餐宴请,无论宴请何人,唱主角的都是菜肴。而宴请宾客尤其是外国人士时,最重要的是对其爱吃什么、不吃什么做到心中有数。

(1)宜选的菜肴。

一般来说,主人在准备菜单时应优先考虑以下四类菜肴。

第一,具有民族特色的菜肴。一般在国内所进行的涉外宴请大多安排外宾吃中餐。安排中餐菜单时,可根据实际情况选择一些具有中华民族特色的菜肴与主食。通常,春卷、元宵、水饺、锅贴、龙须面、扬州炒饭、北京烤鸭、松鼠鳜鱼、鱼香肉丝、宫保鸡丁、麻婆豆腐、咕咾肉、酸辣汤等既简单又具民族特色的菜肴往往最受外国朋友的欢迎。

第二,具有本地风味的菜肴。中国不同地区的饮食文化,既有共性,又各具鲜明的地方特色。名扬天下的八大菜系便是中餐在各地分支的主要代表。我们在饮食方面有"南甜、北咸、东辣、西酸"之说。当宴请他人,尤其是外地人士时,上一些具有本地特色的菜,比那些千篇一律的生猛海鲜更好一些。各地的菜肴往往有不同的风味。北京的烤鸭、上海的三黄鸡、天津的狗不理包子、西安的羊肉泡馍、成都的龙抄手、开封的灌汤包、云南的过桥米线、扬州的大煮干丝、杭州的龙井虾仁等,都在国内久负盛名。它们都可以用来款待宾客。

第三,自己比较拿手的菜肴。餐馆有其"特色菜",而各家也有"拿手菜"。举办家宴时,主人可亲自下厨做几款菜肴。即使制作的并非是十足的美味佳肴,仅仅主人亲自动手为来客烧菜这一点就足以让对方倍感尊重和友好之意。在宾馆宴请外宾时,如果条件允许,应以特色菜肴作为菜单上的"主角"。此类菜肴上桌时,主人还需细说与其有关的典故,并且郑重其事地向客人推荐。这样做可以更好地向对方表达尊重与敬意。

第四,外宾本人所喜欢的菜肴。宴请外宾时应尽量多安排一些对方喜欢吃的菜肴。但有的外国人不爱吃中国菜,有的吃多了中国菜又想吃其家乡菜了。因此,宴请外宾时,在条件允许的情况下可考虑在以中国菜为主的同时,上一些对方所喜欢的家乡菜。

(2)忌选的菜肴。

安排菜单时,还必须兼顾来宾,尤其是主宾的饮食禁忌,主人在为来宾安排菜肴时,首先需要了解对方"不吃什么",而不是对方"想吃什么"。一般而言,饮食方面的禁忌主要有四条。

其一,宗教的饮食禁忌。在所有的饮食禁忌之中,宗教方面的饮食禁忌最为严格,涉外交往中尤其要高度重视这一点,绝对不容许丝毫违反。例如,穆斯林不吃猪肉,并且不喝酒。佛教徒不吃荤腥食品,不仅指不吃肉食,而且包括不吃葱、韭菜、芥末等带有刺激气味的食物。

其二,出于健康的原因,对于某些食品,也有所禁忌。比如,心脏病、脑血栓、动脉硬化、高血压和中风后遗症的人不适合吃狗肉;肝炎病人忌吃羊肉和甲鱼;患胃肠炎、胃溃疡等消化系统疾病的人也不适合吃甲鱼;高血压、高胆固醇患者要少喝鸡汤等。

其三,触犯个人禁忌的菜肴。不同的人在饮食上往往会有一些不同的特殊要求。如有的不吃葱,有的不吃蒜,有的不吃辣椒,有的不吃鱼,有的不吃蛋等;英美国家的人通常不吃宠物、稀有动物、动物内脏、动物的头部和脚爪等。

其四,有些职业,出于某种原因,在餐饮方面往往也有各自不同的特殊禁忌。例如,国家公务员在执行公务时不准吃请,在公务宴请时不准大吃大喝,不准超过国家规定的用餐标准,不准喝烈性酒。再如,驾驶员工作期间不得喝酒等。

三、中餐的座次礼仪

中餐的席位排列,关系到来宾的身份和主人给予对方的礼遇,所以是一项重要的内容。在不同情况下,有一定的差异。在中餐宴会活动中,往往采用圆桌布置菜肴酒水。同时,每张餐桌上所安排的用餐人数应控制在10人以内,最好是双数。为了确保在宴请时赴宴者及时、准确地找到自己所在的桌次,可以在请柬上注明对方所在的桌次,并安排引位员引导来宾按位就座,或者在每张餐桌上摆放桌次牌。

(一)桌次礼仪

1.桌次排列的原则

(1)按照以右为尊(以从室内面向宴会厅正门的视角为基准)、以远为尊(即以远离宴会厅正门为尊)或居中为尊的原则确定主桌的位置。

(2)按照中桌尊于两侧桌、右桌尊于左桌(以从室内面向宴会厅正门的视角为基准)、近桌尊于远桌(靠近主桌为近,反之为远)的原则排定其余餐桌的顺序。

2.桌次排列的具体情况

(1)有两张餐桌时的桌次排列。

当宴请现场只有两张餐桌时,则两张桌既可以横排,也可以竖排,如图4-1所示。

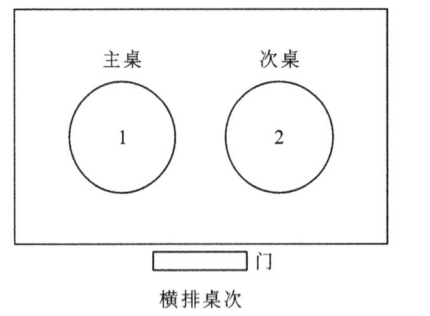 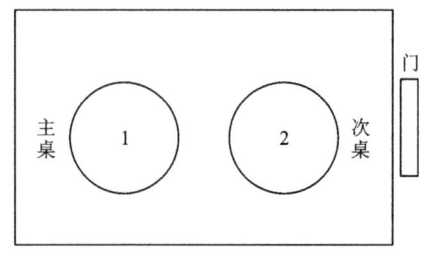

图 4-1　两张餐桌时的桌次排列

(2)有多张餐桌时的桌次排列。

当宴请现场有三张或三张以上的餐桌时,则可按照上述排列步骤灵活安排桌次。通常,距离主桌越近,桌次越高;距离主桌越远,桌次越低。在安排桌次时,所用餐桌的大小、形状要基本一致。除主桌可以略大外,其他餐桌都不要过大或过小。常见的桌次排列方式如图4-2所示。

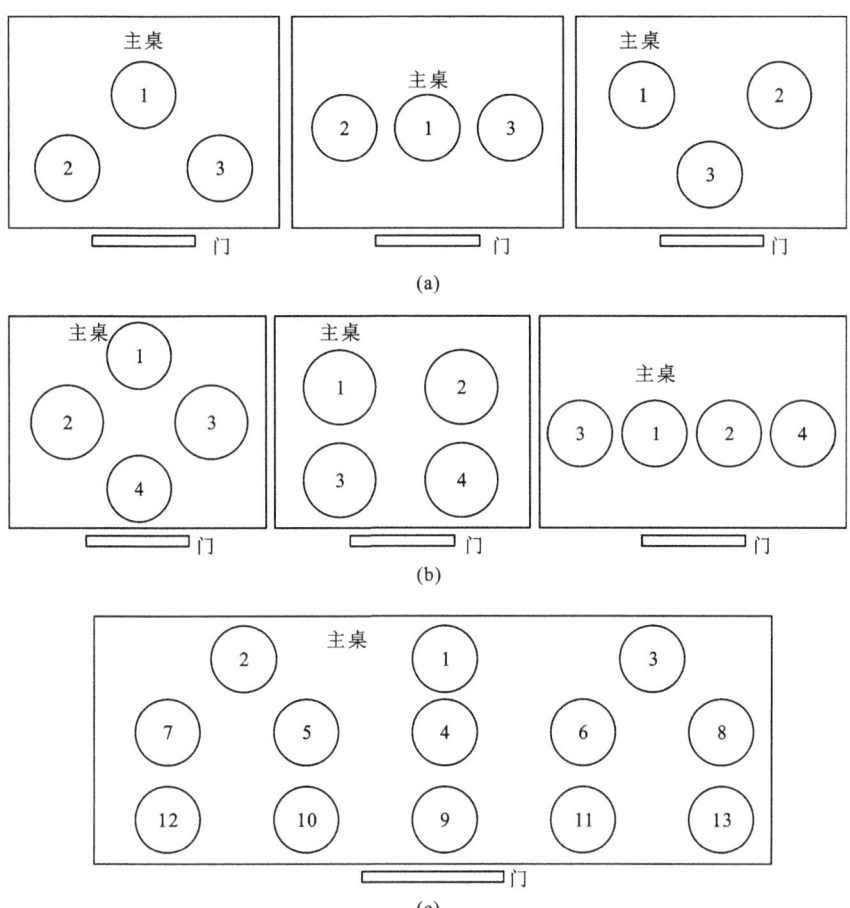

图 4-2　多张餐桌时的桌次排列

（二）座次礼仪

1.座次排列的原则

（1）面门为尊，即在每一张餐桌上，以面对宴会厅正门的中间座位为尊位。

（2）以右为尊，即在每一张餐桌上，以面向宴会厅正门的视角或该桌主人座位的朝向为基准，右侧的座位尊于左侧的座位。

（3）以远为尊，即在每张餐桌上，距离该桌主人较近的座位尊于较远的座位。

2.座次的排列方式

（1）单主人情况下的座次排列。

① 将主人的位置确定在面门居中的主位上。

② 按照以右为尊的原则，将第一主人右侧的第一个位置确定为第一主宾位，左侧的第一个位置确定为第二主宾位，然后按先右后左的顺序依次排列其他座位。

③ 按照右座尊于左座的原则，在宾位之间依次排列主方其他陪同人员的位置，并做到主客相间。单主人情况下的座次排列如图 4-3 所示。

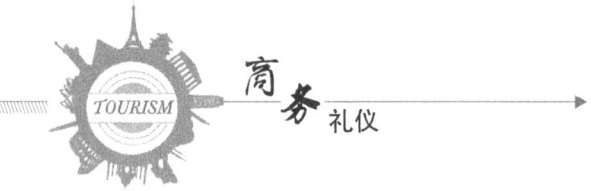

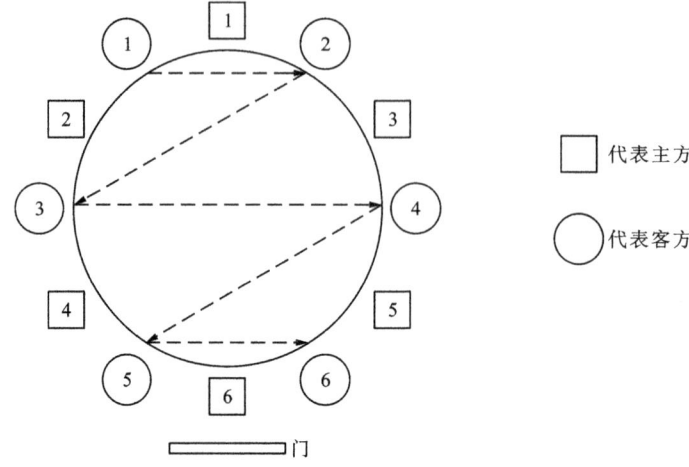

图 4-3 单主人情况下的座次排列

（2）同性双主人情况下的座次排列。

① 将第一主人的位置确定在面门居中的主位上，第二主人的位置确定在第一主人的正对面。

② 按照右座尊于左座的原则，将第一主人右侧的第一个位置确定为第一主宾位，左侧的第一个位置确定为第二主宾位，同时，将第二主人右侧的第一个位置确定为第三宾位，左侧的第一个位置确定为第四宾位。

③ 按照右座尊于左座的原则，在宾位之间依顺时针顺序排列主方其他陪同人员的位置，并做到主客相间。同性双主人情况下的座次排列如图 4-4 所示。

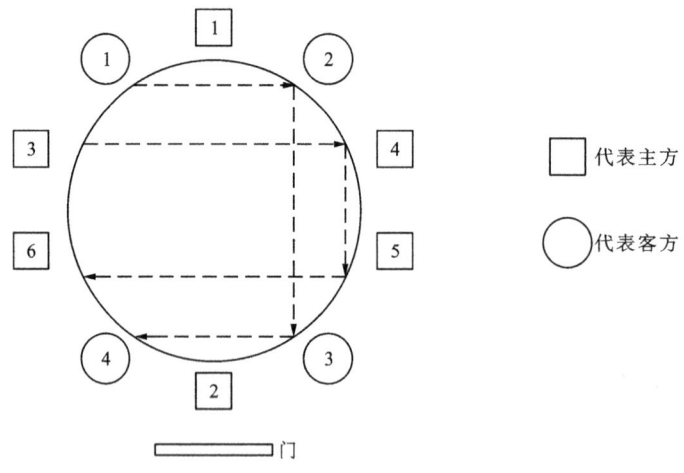

图 4-4 同性双主人情况下的座次排列

（3）异性双主人情况下的座次排列。

① 将第一主人（男主人）的位置确定在面门居中的主位上，第二主人（女主人）的位置确定在第一主人的正对面。

② 按照右座尊于左座的原则，将第一主人（男主人）右侧和左侧的第一个位置分别确定

为第一主宾位和第三主宾位,第二主人右侧和左侧的第一个位置分别确定为第二主宾位和第四主宾位。

③ 按照右座尊于左座的原则,在宾位之间依对角线顺序安排主方其他陪同人员的位置,并做到主客相间。异性双主人情况下的座次排列如图 4-5 所示。

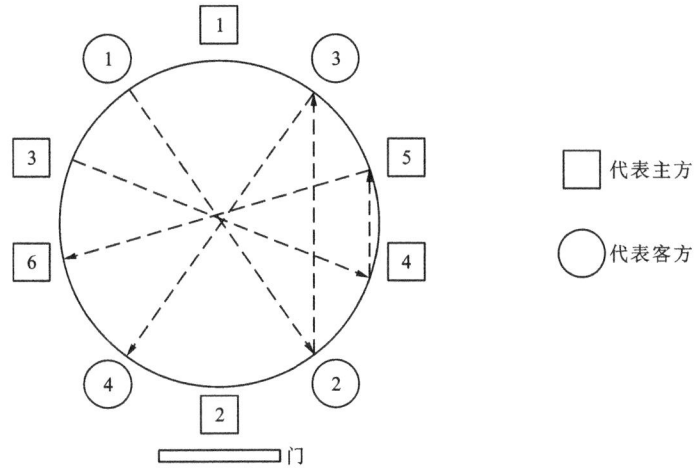

图 4-5　异性双主人情况下的座次排列

四、中餐用餐礼仪

(一)入座礼仪

参加中餐商务宴会,衣着应整齐大方,并按主人邀请的时间准时赴宴。一般宴会,请客人应提前半小时到达,迟到会显得失礼。入席时,如果座位已经安排好,应听从主人或招待人员的安排。如果没安排好座位,应知道正对门口的座位是上座,而背对门口的是下座。

入座时要从椅子左边进入,入座后要坐姿端正,脚放在本人座位下,不要随意伸出或两腿不停摇晃,手肘不要靠桌沿,也不要将手放在邻座椅背上。无论男女,用餐时都不能跷起二郎腿,既失礼也不美观;不可玩弄酒杯、碗碟、筷子等餐具,更不要弄出声响;不要用餐巾擦餐具,以免使人认为餐具不洁。入座后,不要旁若无人,而应和同席客人简单交谈;尽量不要起身走动,如遇紧急情况要向主人说明。

(二)上菜顺序

中餐不只讲究美味和营养,还讲究宴席的合理布局。一顿标准的中式大餐,其上菜的次序很有讲究。

(1)冷盘。又称为冷拼、冷碟、凉菜或开胃菜,具有开胃佐酒之功用,须在开席前放置于餐桌上。一般而言,冷盘的形式有单盘、双拼、三拼、什锦拼盘或花色拼盘带围碟等。

(2)热炒。亦称为热菜,一般排在冷菜后、大菜前,起承上启下的过渡作用。它多是速成菜,以色艳、味美、爽口为特点,一般是 2～4 道,口味变化多端,造型引人入胜,可以用于下饭或佐酒,多以煎、炒、烹、炸、爆等快速烹调方法制成。

（3）主菜。又称大菜，是宴席中最重要的组成部分。主菜通常由头菜（整席菜点中原料最好、质量最精、名气最大的菜肴）、热荤大菜（包括山珍菜、海味菜、肉畜菜、禽蛋菜等）组成，数量根据宴席的档次和需要而定。

（4）甜菜。甜菜泛指宴席中一切纯甜味的菜品，品种较多，包括甜汤、甜羹，有干稀、冷热、荤素之不同，视季节和席面而定。甜菜在宴席中所占的比重虽然不大，但也不可缺少。一般常利用冻晶、挂霜、蜜汁、拔丝等方法制成。

（5）点心。点心是主菜的配角，随主菜上桌，可分为甜、咸两种，通常是一些糕、粉团、面、饺子、包子等制品。一般而言，一桌宴席可配两道甚至更多的点心。

（6）汤类。汤在宴席中占有相当重要的地位。宴席上所准备的汤品强调清淡鲜美、香醇爽口，尤以清汤为佳。

（7）水果。一般宴席最后上水果拼盘。水果具有解腻、清肠、利口、润喉及解酒等作用。

需要注意的是，中餐宴席上菜的顺序并非一成不变，如水果有时可以算在冷盘里上，点心可以算在热菜里上。而中餐上菜的基本原则是拼盘先上，鲜嫩清淡的先上，名贵的食品先上，本店的名菜先上，容易变形、走味的菜先上，时令季节性强的菜先上。

（三）用餐的得体表现

主人宣布宴席开始后方可用餐，用餐时的礼仪表现一个人的教养。参加宴会要做到餐饮适量、举止文雅。

（1）取菜的时候，不要在公用的菜盘内挑挑拣拣。要是夹起来又放回去，就显得缺乏教养。多人桌用餐，取菜要注意相互礼让，依次而行，取用适量，绝不能狼吞虎咽。够不到的菜，可以请人帮忙，不要起身甚至离座去取。

（2）用餐时嘴里不要发出咀嚼的声音，喝汤、饮酒时也尽可能不要发出刺耳的声响，以免破坏他人的食欲，同时也影响自己的形象。不要把食物含在嘴里说话。

（3）可以劝人多吃一些，或是品尝一下菜肴。但切勿越俎代庖擅自为他人夹菜、添饭。这样做既不够卫生，也可能让人为难。

（4）用餐的时候，不要当众梳理头发、补妆、宽衣解带或脱袜脱鞋等。如有必要，可以去化妆间或洗手间。

（5）用餐的时候不要离开座位，四处走动。如果有事要离开，要先和旁边的人打个招呼，说声"失陪了""我有事先行一步"等。

五、中餐餐具的使用礼仪

和西餐相比较，中餐的一大特色就是就餐餐具有所不同。下面主要介绍平时易出现问题的餐具的使用。

（一）筷子

作为中餐最主要的餐具，总的来说，使用筷子有以下忌讳和讲究。

（1）忌舔筷，不论筷子上是否残留着食物，都不要去舔。用自己舔过的筷子去夹菜，会让别人倒胃口。

（2）忌迷筷，下筷之前要弄清楚自己想吃什么，不能手拿筷子，在餐桌上四处游寻，拿不定主意。

（3）忌敲筷，用筷子敲打碗筷或桌子是很失礼的，因为只有乞丐乞食的时候才会敲打碗筷。

（4）忌挥筷，交谈时，要暂时放下筷子，不能一边说话，一边挥舞筷子。

（5）忌插筷，不要把筷子直插在食物上面。因为这种插法只有在祭奠死者的时候才会使用。

（6）忌掏筷，不能将菜从中间掏开，扒弄着吃，这样显得会很没有教养，也不卫生。

（7）忌跨筷，停止用餐时，要将筷子放在桌面上，不能把筷子放在碗碟之上。

（8）忌剔筷，筷子是用来夹取食物的，用筷子剔牙、挠痒或是夹取食物之外的东西都是失礼的。

（二）勺子

勺子的主要作用是舀取菜肴、食物。有时，用筷子取食时，也可以用勺子来辅助。尽量不要单用筷子去取菜。用勺子取食物时，不要过满，免得溢出来弄脏餐桌或自己的衣服。暂时不用勺子时，应放在自己的碟子上，不要把它直接放在餐桌上，或是让它在食物中"立正"。用勺子舀取食物后，要立即食用或放在自己的碟子里，不要再把它倒回原处。而如果取用的食物太烫，可以先放到自己的碗里，等晾凉了再吃。不要把勺子塞到嘴里，或者反复吮吸、舔食。

（三）食碟

食碟的主要作用是用来暂放从公用的菜盘里取来享用的菜肴。用食碟时，一次不要取放过多的菜肴，不吃的食物残渣、骨头、鱼刺等不要吐在地上和桌上，也不能直接从嘴里吐在食碟上，而要用筷子夹放到碟子旁边。

（四）水杯

水杯主要用来盛放清水或是果汁、牛奶等软饮料，不要用它来盛酒。另外，喝进嘴里的东西不能再吐回水杯。

（五）湿毛巾

在正式宴会用餐前，服务员一般会为每位用餐者送上一块湿毛巾。它只能用来擦手。擦手后，应该放回盘子里，由服务员拿走。有时候，在正式宴会结束前，会再上一块湿毛巾。和前者不同的是，它只能用来擦嘴，却不能擦脸、抹汗。

（六）牙签

尽量不要当众剔牙。非剔不可时，用另一只手掩住口部，剔出来的东西，不要当众观赏或再次入口，也不要随手乱弹、随口乱吐。剔牙后，不要长时间叼着牙签，更不能用来扎取食物。

第三节　西　餐　礼　仪

案例引导

特朗普招待习近平国宴菜单

2017年4月7日,国家主席习近平抵达美国佛罗里达州,在这里与美国总统特朗普举行会谈。特朗普总统策划了一场热情的欢迎仪式——先从海湖庄园的晚宴开始。媒体报道共有32人受邀出席宴会。宾客们享用的晚餐菜单如下:开胃菜是配有佛卡夏油炸面包丁和帕尔玛干酪的凯撒沙拉;主菜是香煎多佛比目鱼配香槟汁、香草烤土豆、四季豆和迷你胡萝卜,或者纽约客特选牛排配马铃薯蓉和烤菜根;甜点是香草酱黑巧克力蛋糕,或柠檬、芒果和树莓三味冰沙。总之,这是一顿非常标准的国宴。

饭菜简单,不代表"礼轻情不重"。其实在西方文明发达的国家,招待贵宾,特别注重的是礼仪,功夫往往在饭菜之外。应该说,吃饭崇尚简约,是西方发达国家的一种习惯,也是一种文明。

(资料来源:http://www.cankaoxiaoxi.com/china/20170408/1861637.shtml.)

一、西餐六大菜系

西餐大致可分为法式、英式、意式、俄式、美式、德式等几种。不同西方国家的人有着不同的饮食风俗习惯,有人说:"美国人是走着路吃,法国人是拿着玫瑰吃,英国人是注意着礼节吃,德国人是分析着营养吃,俄罗斯人是喝着烈酒吃,意大利人是回想着历史吃……"下面我们就来看看各类西餐的基本情况。

(一)法式西餐

法国人一向以精于吃而著称,法式西餐至今仍名列世界西餐之首。

法式菜肴的特点是选料广泛,加工精细,烹调考究,滋味有浓有淡,花色品种多;法式菜还比较讲究吃半熟或生食,如牛排、羊腿以半熟鲜嫩为特点等;法式菜肴重视调味,调味品种类多样;法国菜和奶酪也有很多品种。

著名的法国菜有牡蛎杯、鹅肝酱、焗蜗牛、马赛鱼羹、西冷牛排、洋葱汤、麦西尼鸡、巴黎龙虾等。

（二）英式西餐

英国的饮食烹饪，有"家庭美肴"之称。英式菜肴口味清淡，选料注重海鲜及各式蔬菜，菜量要求少而精。部分英国菜制作简单，其方式主要是两种：放入烤箱烤，或者放入锅里煮。做菜时什么调味品都不放，吃的时候再依个人的爱好放些盐、胡椒或芥末、辣酱油等。

著名的英国菜有土豆烩羊肉、烤鹅填栗子馅、牛尾浓汤、炸马铃薯条、英式布丁、明治牛排等。

（三）意式西餐

源远流长的意大利餐，对欧美国家的餐饮产生了深厚影响，并发展出包括法餐、美国餐在内的多种派系，故有"西餐之母"之美称。

意式菜肴的特点是原汁原味，以味浓著称。烹调注重炸、熏等，以炒、煎、炸、烩等方法见长。意大利人喜爱面食，做法及吃法甚多。其制作面条有独到之处，各种形状、颜色、味道的面条至少有几十种，如字母形、贝壳形面条，实心面条，通心面条等。意大利年产各种面条多达 200 万吨，每年人均食用 30 公斤。

著名的意大利菜有奶酪焗通心粉、比萨饼、意大利菜汤、意大利馄饨、佛罗伦萨牛排、白豆牛肚、蔬菜烤鹌鹑、香料烤羊排、茄汁鲈鱼、提拉米苏等。

（四）美式西餐

美国菜是在英国菜的基础上发展起来的，继承了英式菜简单、清淡的特点，口味咸中带甜。美国人一般对辣味不感兴趣，常用水果作为配料与菜肴一起烹制，喜欢吃各种新鲜蔬菜和各式水果。美国人对饮食的要求并不高，只要求营养、快捷。美式快餐麦当劳和肯德基风靡全世界。

著名的美国菜有菠萝焗火腿、水果烤鸭、苹果烤火鸡、美式牛排、水果沙拉等。

（五）俄式西餐

俄罗斯菜肴特点为选料广泛、讲究制作、加工精细、讲究色泽、味道多样、适应性强、油大、味重。由于俄罗斯气候寒冷，人们需要补充较多的热量，俄式菜一般用油比较多，多数汤菜上都有浮油。俄罗斯人喜欢酸、甜、辣、咸的菜，因此，在烹调中多用酸奶油、奶渣、柠檬、辣椒、酸黄瓜、洋葱、白塔油、小茴香、香叶作为调味料。另外，俄罗斯人还特别喜欢喝烈性酒，尤其是伏特加。

著名的俄国菜有鱼子酱、罗宋汤、冷湟鱼、酸黄瓜汤、串烤羊肉、红烩牛肉、黄油鸡卷等。

（六）德式西餐

德国菜在口味上较重，材料上则较偏好猪肉、牛肉、肝脏类、香料、鱼类、家禽及蔬菜等；调味品方面使用大量芥末、白酒、牛油等；而在烹调上较常使用煮、炖或烩的方式。德国人喜

欢肉食,尤其喜欢吃香肠。他们制作的香肠有 1500 种以上,许多种类风靡全世界,如"黑森林火腿"。德国人喜喝啤酒,每年的慕尼黑啤酒节大约要消耗掉 100 万升啤酒。

著名的德国菜有德式肉肠、德式烤猪肘加酸菜、红烩牛肉卷、鞑靼牛排、德式清豆汤、德式生鱼片、德式苹果酥等。

知识链接　　中西方饮食文化的差异

其一,饮食观念上的不同。中国人更加注重食物的味道。味道是人在品尝完美食之后所给予的评价和结论,也是中国人对饮食追求的最高境界,因此,中国人会为了追求美味不断地变换食物。而西方人则更加注重饮食营养的科学和合理搭配,较少考虑食物的味道,他们考虑更多的是食物所含热量、维生素、蛋白质和维他命等营养物质的多少,以及每天这些营养物质摄入量的多少,所以西方人可能会长期地吃同一种或几种食物。

其二,饮食结构和素材选用上的不同。在中国人的饮食结构中,以各种植物果实、根茎和枝叶为主的"素食"占据了更大的比例,同时还配以各种肉食,可以说是荤素搭配,营养丰富而均衡。相比较而言,在西方人的饮食结构中,肉食占据了更大的比例,主要以牛肉、猪肉、羊肉和各种鱼类为主,以各种蔬菜为主的素食只占很少的部分。

其三,烹饪方法的不同。中国饮食的制作方法和手段极为多样和讲究,常见的方法有煎、炒、炸、烧、蒸、烩、溜、焖、烤、氽、拌、爆、炖等。西方饮食在烹饪方法和手段上则相对单一和固定,主要表现为煎、烤、炸、煮等有限的几种方法。

最后,用餐方式和礼仪上的不同。中国人在用餐的时候,大都会围坐在一起,而且喜欢用圆形的餐桌,因为象征着"团团圆圆"。把各种各样的菜品都摆放在桌上,大家都从相同的盘子里夹菜,这些在西方人看来是不卫生的,但中国人觉得特别热闹开心。而西方人在用餐的时候,会根据自己的口味和需要选取适量的食物,用餐过程中独自享受自己的美食,不会和别人分享自己的食物,他们也会交流,但声音通常比较小。

(资料来源:https://zhidao.baidu.com/question/122163541.html.)

二、西餐的座次礼仪

在商务活动的西餐礼仪中，人们对于座次十分关注。越是正式的西餐场合，座次就显得越重要。和中餐座次相比，西餐的座次既有不少相同之处，也有许多差异。下面对西餐座次进行介绍。

（一）座次排列的原则

在多数商务活动中，西餐的座次礼仪主要表现为位次问题。而桌次问题，除非是极其隆重的较大规模的盛宴，一般涉及较少。下面主要谈一下西餐礼仪的位次问题。

西餐礼仪中的位次排列一般应依照以下一些约定俗成的原则进行。

1.女士优先原则

在西餐礼仪里，女士极受尊重，享受各种礼遇。在西餐礼仪中安排用餐位次时，尊位一般应由女主人就座，而男主人则要退居第二尊位。

2.尊敬主宾原则

在西餐礼仪之中，主宾备受尊重和礼遇。在西餐礼仪中定排位次时，要请男、女主宾分别挨着女主人和男主人落座，以示尊敬。

3.以右为尊原则

在西餐礼仪之中，以右为尊是一个基本原则。相对于某一具体座位而言，右侧座位的尊重程度高于左侧座位的。

4.空间距离原则

一般来说，西餐桌上位次的尊卑和空间距离密切相关，座位的尊卑往往与其距离主位的空间远近有关。在西餐礼仪中，距主位近的座位的尊重程度高于距主位远的座位。

5."面门为上"原则

"面门为上"指的是面对餐厅正门的座位，通常在序列上要高于背对餐厅正门的座位。

6.交叉排列原则

在中餐礼仪中，商务活动的参与者用餐时经常有可能与熟人、恋人、配偶挨着就座，但在西餐礼仪中，与此相反。所以在排列座次时，西餐要遵守座次交叉排列的原则。因此男女应当按交叉座次排列，生人与熟人也应当按交叉座次排列。这样做的最大好处是可以广交朋友，有助于扩大交际面。

（二）座次排列的方式

在西餐中，人们所用的西餐桌有圆桌、方桌和长桌等。但是最普通、最正规的西餐桌应该是长桌。在西式宴请中，座次的排列情况主要有以下两种。

第一种：男女主人分别居中坐于餐桌的两边，然后按照以右为尊的原则将第一女主宾和第一男主宾分别排列在男主人和女主人的右侧第一个位置，再按照右座尊于左座、近座尊于远座的原则依次排列其他宾客的位置，并保证男女座位相间。如图4-6所示。

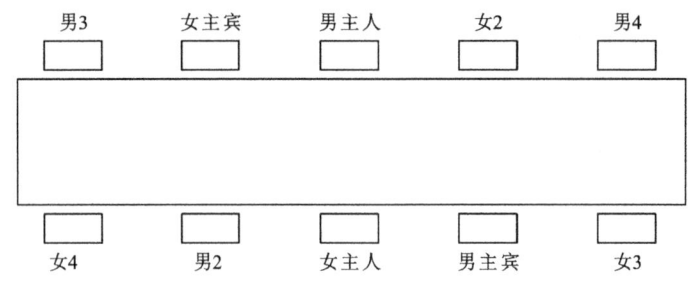

图 4-6　第一种座次排列

第二种：男女主人分别坐于餐桌的两端，宾客坐于餐桌的两边，并按照以右为尊的原则将第一女主宾和第一男主宾分别排列在男主人和女主人的右边的第一个位置，然后按照右座尊于左座、近座尊于远座的原则依次排列其他宾客的位置，并保证男女座位相间。如图 4-7 所示。

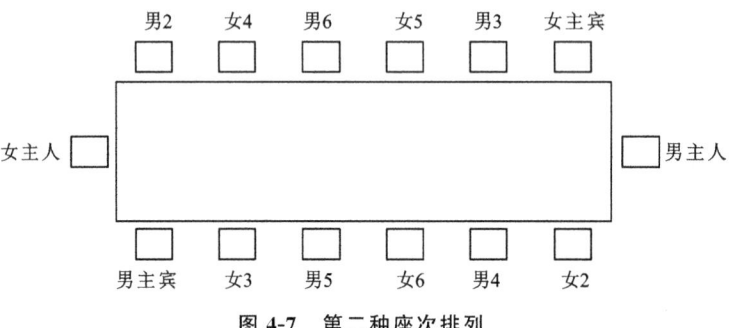

图 4-7　第二种座次排列

三、西餐用餐礼仪

（一）上菜顺序

1.开胃菜

开胃菜也可称为头盘、头道，一般有冷盘和热头盘之分，常见的品种有鱼子酱、鹅肝酱、熏鲑鱼、鸡尾杯、奶油鸡酥盒、焗蜗牛等。

2.汤

汤大致可分为清汤、奶油汤、蔬菜汤和菜泥汤四个种类。各国著名的代表性的汤有法国洋葱汤、法国海鲜汤、美国蛤肉汤、意大利蔬菜汤、俄国罗宋汤等。

3.副菜

通常水产类菜肴与蛋类、面包类、酥盒菜肴均称为副菜。西餐吃鱼类菜肴讲究使用专用的调味汁，品种有鞑靼汁、荷兰汁、大主教汁、美国汁和水手鱼汁等。

4.主菜

主菜主要包括畜肉类菜肴、禽肉类菜肴。其中最受欧美人欢迎、最有代表性的是牛肉或牛排，搭配用的调味汁主要有黑椒汁、红酒汁、蘑菇汁、白尼丝汁等。禽肉类菜肴的原料取自鸡、鸭、鹅;禽肉类菜肴最有代表性的当推鸡肉,花样繁多。适用于禽类的烹调方法较多,主要调味汁有咖喱汁、奶油汁等。

5.蔬菜类菜肴(蔬菜沙拉)

蔬菜类菜肴可以安排在肉类菜肴之后,也可以与肉类菜肴同时上桌,蔬菜类菜肴在西餐中称为沙拉。与主菜同时搭配的沙拉,称为生蔬菜沙拉,一般用生菜、番茄、黄瓜、芦笋、卷心菜、洋葱、玉米粒、球形甘蓝等新鲜蔬菜制作。沙拉配用的调味汁有酸性和油性两种。酸味来自柠檬汁、酸黄瓜、果醋等。油性来自橄榄油和色拉油。主要的调味汁有法国汁、千岛汁和沙拉酱等。

6.甜品

西餐的甜品是主菜后食用的,可以算作第六道菜。从真正意义上来讲,它包括所有主菜后的食物,如各种甜点心、冰淇淋、奶酪和水果点心等。

7.咖啡

饮咖啡一般要加糖和淡奶油。

(二)用餐方法

1.仪态端庄

西餐用餐时,要挺直身体坐正,上臂和背部要靠到椅背,腹部和桌子保持约一个拳头的距离,两脚交叉的坐姿最好避免。西餐进餐过程中,不要解开纽扣、拉松领带,如主人请客人宽衣,男宾客可脱下外套搭在椅背上。西餐餐桌上不可化妆,不要擤鼻涕。用餐时打嗝是不礼貌的行为,万一发生此类事件,应立即向周围的人道歉。

2.优雅就餐

要优雅用餐,每次进食不宜过多,应细细品尝。取菜时,最好每道菜都吃一点。取食物的时候,不要站起来,可请别人帮助传递食物。当侍者依次为客人上菜时,走到你的左边,才轮到你取菜。如果侍者站在你右边,就不要取,那是轮到你右边的客人取菜。当女主人要为你添菜时,你可以将盘子连同放在上面的刀叉一起传递给她或者交给服务员。如果她不问你,你就不能主动要求添菜,那样做很不礼貌。用餐完毕,客人应等女主人从座位上站起后再一起随着离席。在进餐中或宴会结束前离席都不礼貌。起立后,男宾应帮助女宾把椅子归回原处。餐巾放在桌上,不要照原来的样子折好,除非主人请你留下吃下顿饭。

3.礼貌言谈

进餐时,始终保持沉默是不礼貌的,应该同身旁的人有所交谈,但一味地只同自己熟识的一两个人交谈,或只同一侧的邻座无休止地交谈,或别人说话时插嘴、搭话,都是失礼的行为。在咀嚼食物时不要讲话,即使有人同你讲话也应咽下口中食物后再回答。谈话时可以不放下刀叉,但不可拿着刀叉在空中摇晃。

(三)西餐用餐的其他注意事项

(1)吃鱼、肉等带刺或骨头的菜肴时,不要直接往外吐,可用餐巾捂嘴轻吐在盘内。

（2）吃鸡肉时，应先用刀将骨头去掉，不要用手撕着吃。吃鱼时不要将鱼翻身，要吃完上层后用刀叉将鱼骨剔掉后再吃下层。用刀叉吃带骨头的肉时，先用叉子将整片肉固定（可将叉子朝上，用叉子背部压住肉），再用刀沿骨头插入，把肉切开。

（3）取面包应该用手去拿，然后放在旁边的小碟中或大盘的边沿上，绝不要用叉子去叉面包。取黄油应用黄油刀，而不要用个人用过的刀子。黄油取出要放在旁边的小碟里，不要直接往面包上抹，不要用刀切面包，也不要把整片面包涂上黄油，而应该一次扯下一小块，吃一块涂一块。如盘内剩余少量菜肴时，不要用叉子刮盘底，更不要用手指辅助食用，应以小块面包或叉子辅助食用。吃面条时要用叉子先将面条卷起，然后送入口中。

（4）喝汤不可端起盘子直接用嘴喝，要右手拿汤匙，左手按住盘沿。英式的方法是由内向外舀，而法式方法习惯上则是由外向内舀。

（5）喝咖啡时如添加牛奶或糖，添加后要用小勺搅拌均匀，然后将小勺放在咖啡的垫碟上。喝时应右手拿杯把，左手端垫碟，直接用嘴喝，不要用小勺舀着喝。

（6）要喝水时，应把口中的食物先咽下去。不要用水冲嘴里的食物。

（7）在餐桌上，一般的食物都应用刀叉去取，只有小萝卜、青果、水果、干点心、干果、糖果、炸土豆片和面包等可以用手拿着吃。

（8）吃水果时，不要拿着水果整个去咬，应先用水果刀切成四瓣，再用刀去掉皮、核，用叉子叉着吃。

四、西餐餐具的使用礼仪

西餐餐具一般包括刀、叉、匙、盘、杯和餐巾。

其中，刀分为肉刀、鱼刀、甜点刀、黄油刀等，叉分为肉叉、鱼叉、甜点叉、沙拉叉等，匙分为汤匙、甜品匙、茶匙或咖啡匙等，盘分为垫盘（用于切割或盛放食物的盘）和甜点盘，杯分为红葡萄酒杯、白葡萄酒杯和水杯等。

通常，每套餐具的摆法如下。

垫盘放在餐位的正中间。

垫盘的正中心放叠好的餐巾，其左侧纵向放叉，叉齿向上，右侧纵向放刀和汤匙，刀刃朝向垫盘，匙心向上。

叉的左侧纵向放甜点盘和黄油刀，刀刃朝向垫盘。

垫盘的正前方横向放甜品匙和甜点叉，匙柄朝右，叉柄朝左。

垫盘的右前方斜向放3只杯子，通常，杯子从右到左依次为白葡萄酒杯、红葡萄酒杯和水杯（有时也为香槟酒杯、葡萄酒杯和水杯）。西餐餐具的摆放示意图如图4-8所示。

（一）刀叉

刀叉是餐刀和餐叉两种餐具的合称，二者既可以搭配使用，也可以单独使用。多数情况下，刀叉是同时搭配使用的。

刀叉礼仪主要包括刀叉的区别、刀叉的使用、刀叉的示意三个方面的内容。

图 4-8　西餐餐具的摆放示意图

1.刀叉的区别

一般情况下，商务人员在享用西餐时，出现在每位就餐者面前的刀叉主要有吃黄油所用的餐刀，吃肉所用的刀叉，吃鱼所用的刀叉，吃甜品所用的刀叉，等等。它们不但外形不同，而且其摆放的位置也有差异。

吃黄油所用的餐刀，没有与之相搭配的餐叉。其正确位置是横放在用餐者左手的正前方位置。吃肉所用的刀叉和吃鱼所用的刀叉，摆放位置应当为餐刀在右侧，餐叉在左侧，分别纵向摆放在用餐者面前的餐盘两侧位置。吃肉、鱼所用的餐叉的位置要处于吃黄油所用餐刀的正下方，在餐盘左右两侧分别摆放的刀叉有三副之多的情况下，应当记住分别从两边由外侧向内侧依次取用餐具，以免拿错。吃甜品所用的刀叉最后才会使用，所以它们一般被横向放置在用餐者面前餐盘的正前方。

2.刀叉的使用

餐刀、餐叉的使用一般有两种常规的方法。

(1)英国式。英国式进餐时的具体做法是始终右手持刀、左手持叉，一边用刀切，一边用叉吃。一般认为，此种方式较为文雅规范。

(2)美国式。美国式进餐时的具体做法是先以右手持刀、左手持叉，一次把餐盘里要吃的东西全部切割好，然后把右手里的餐刀斜放在餐盘前方，将左手中的餐叉换到右手里，开始进食，这种吃法的好处是比较省事。在使用餐刀、餐叉用餐时，无论采用哪一种方式，都要注意以下几点。

(1)在用餐刀切割食物时，不可以弄出声响，以免影响他人。

(2)掉到地上的餐刀、餐叉不能再用，应另换一副。

(3)用餐刀切割好的食物，体积应恰好适合直接入口咀嚼，不能叉起后咬着吃。

(4)注意餐刀、餐叉的朝向。将餐刀放下时，不可将餐刀刀口朝外；双手持刀叉之时，叉齿应向下；右手持叉进食时，叉齿则应向上。

(5)在用餐刀切割食物时，就餐者要双肘下沉，少占用空间，以免有碍别人。

3.刀叉的示意

在西餐用餐过程中,餐刀、餐叉的摆放可以表达用餐者的一些意思和需求。其具体摆放方法及含义如下。

(1)与人交流时,应暂时放下餐刀、餐叉。具体做法是将刀口朝内、叉齿朝下,呈中文的"八"字形摆放在餐盘之上。其含义是此菜还未用完。不过不可将餐刀、餐叉交叉摆放成"十"字形,在西方文化中这是令人晦气的象征。

(2)用餐完毕,则可以餐刀刀口向内、餐叉齿向上,餐刀右、餐叉左,然后并排纵放,或者餐刀上、餐叉下,然后并排横放在餐盘里。这种摆放方法表示侍者可以连刀叉带餐盘一块收走。

(二)餐匙

商务宴请的西餐宴会中,餐匙是一种必备的餐具。应掌握餐匙的差异及其不同用法。

1.餐匙的差异

在西餐宴会里,一般至少会用到两把餐匙:汤匙和甜品匙。它们的形状、用途及摆放位置都不相同。一般较大的餐匙叫做汤匙,通常汤匙被摆放在餐碟右侧的最外侧,与餐刀并列摆放。较小的餐匙则叫甜品匙,在一般情况下,甜品匙应当被横向摆放在吃甜品所用刀叉的正上方,并与其并列。如果不吃甜品,有时甜品匙会被个头同样较小的茶匙所取代。一定要牢记,上述两种餐匙都是专用品,不可混用。

2.餐匙的用法

在西餐宴会里,使用餐匙,有以下几个方面必须注意。

(1)餐匙入口时,应将其前端放入口中,而不是将它全部放进嘴里。

(2)就餐中,不可将餐匙插入菜肴,或是令其立于甜品、汤盘或茶杯中。

(3)不能直接用茶匙舀取茶水饮用。

(4)用餐匙取食时,务必适量。而且一旦入口,就要一次用完,不要一匙的东西,反复若干次品尝。

(5)用餐匙取食时,动作应干净利索,切忌在甜品、汤或茶水中搅来搅去。

(6)餐匙除可以饮汤、吃甜品之外,绝对不可直接用于舀取其他任何主食。

(7)使用餐匙时,要尽量保持其周身的干净整洁。

(三)餐巾

1.餐巾的铺放

商务西餐宴请中餐巾非常多样,餐巾通常会有一定的图案或花纹,放置于右前方位置的水杯里,或是直接被平放于用餐者右侧位置的桌面上。它们的面积有大、中、小之分,形状上也有正方形与长方形之别。任何一种餐巾都应被平铺于自己并拢的大腿上。正方形餐巾应被折成等腰三角形,并将直角朝向膝盖方向。若使用长方形的餐巾,则可将长方形餐巾对折,然后将折口朝外平铺。打开餐巾应在桌下静静地进行,不可临空抖动餐巾,发出响声。

2.餐巾的功能

商务西餐宴请中餐巾非常重要,餐巾所发挥的功能主要有以下几个方面。

(1)保持用餐清洁。在用餐巾擦拭嘴时,其部位应基本固定,尽量只用其内侧。尽量不要以餐巾擦脸,擦手最好也避免。而且餐巾平铺于并拢的双腿上,可以防止进餐时掉落、滴溅的食物弄脏自己的衣服。

(2)进行暗示表达。餐巾可以用于表达多种意思,主要有三种:一是示意用餐开始。当女主人铺开餐巾时,就等于是在宣布用餐开始。二是示意用餐结束。当女主人把餐巾放到餐桌上时,就等于是在宣告用餐结束。其他用餐者用餐结束时,也可以这样示意。三是示意暂时离开。若中途暂时离开可将餐巾放置于本人座椅的椅面上,见到这种暗示,侍者就不会马上动手收拾餐具和食物,而会维持现状。

(3)遮挡口部活动。在西餐进餐时,最好不要当众剔牙或随口乱吐东西。如果万一非做不可之时,要以左手拿起餐巾挡住口部,进行相关活动。

同步案例

"世界上最拥挤的奢华晚宴"——2012年诺贝尔晚宴

2012年12月11日凌晨,2012年诺贝尔奖颁奖仪式在瑞典斯德哥尔摩音乐厅隆重举行,随后举行了盛大的"诺贝尔晚宴",晚宴在著名的"蓝厅"举行。中国作家莫言从瑞典国王手中领取了2012年的诺贝尔文学奖。

参加晚宴的1300多位嘉宾济济一堂,晚宴主角是各位"诺奖"得主及其家人,还有瑞典王室成员、政府要员以及其他嘉宾。由于赴宴者众多,还要留出走道供数百位服务员服务穿梭,有些餐桌就被挤到蓝厅外面。据说每个人活动的空间宽度只有60cm,皇族也只有80cm,宴会被称为"世界上最拥挤的奢华晚宴"。

餐桌上摆放为了纪念诺贝尔奖90周年而制作的诺贝尔餐具,会上准备了7000件瓷器、10000件银器和5400个酒杯。全套餐具包括十几把镀金刀叉,十多件镶金边的碟碗,还有全手工制作的十几种酒杯,上面标有色彩图案和"诺贝尔"标志。这些餐具只在一年一度的颁奖宴会上使用,平时被锁在市政厅的保险柜里。

诺贝尔晚宴菜单从4月就开始设计,菜品都是由皇家级别的厨师制作的顶级食品。除蔬菜外,北极虾、三文鱼、鳕鱼、鹿肉等瑞典特产一般每年都会出现。每年诺贝尔晚宴的"神秘菜单",都要等到晚宴开始前才能公开,就连烹制菜肴的厨师也只到宴会前三天才会拿到,并且绝不能透露一个字。

负责宴会顺利进行的工作人员包括餐饮经理、宴会厅经理、厨师长各一人,40名厨师,8名侍者领班,210名男女侍者,5名专司酒水服务的侍者,以及负责清洁和运输工作的约20名清洁人员。

这场千人豪华盛宴进行了 3 个小时,中间安排了"诺奖"得主演讲和杂技表演,形式丰富多彩。瑞典电视台全场直播了诺贝尔晚宴,这场景仿佛穿越到了古代西方,人们聚在城堡里庆祝。

(资料来源：https://wenku. baidu. com/view/37d26cd50066f5335b812101. html? from＝search.)

第四节　商务宴请酒水礼仪

周总理喝酒

亚非会议结束后,周总理乘飞机从万隆回到昆明。云南党政军的领导干部为了庆祝万隆会议圆满成功,举行宴会招待总理和代表团。

那天晚上,领导干部轮番向总理敬酒,这是出于敬爱、欢迎和感到无比荣幸的敬酒。总理不愿扫大家的兴,更不愿让敬酒者尴尬,于是尽量满足每个人,无论熟与不熟,职务高或低,他都满足了每个人的愿望。当他频频与敬酒者碰杯干杯时就像他与群众握手,无论哪方面的干部群众,周恩来都一定满足大家握手的愿望,与前排的握完手,也不忘中排后排,有手伸过来就一定要握。有次他手破了,很痛,加之右臂曾经骨折,活动受限,都劝他不要握手了,但他拿掉手上的药布,站在门口,坚持和被接见的 280 多名代表一一握手告别!

现在,他喝酒就像握手一样热情周到,不拒绝敬酒,还主动向同志们敬酒,越是职务低,越是一般工作人员,他越不忘敬酒。那次喝酒属周总理喝得最多。但是,总理却一点没醉,仍然是红光流溢、神采飞扬。他兴致勃勃地同大家交谈,上下五千年,纵横十万里,那渊博的知识和机敏的思想谈吐,倾倒了所有在场的人。

(资料来源:高振普.周总理卫士回忆录[M].上海:上海人民出版社,2008.)

一、酒水基本知识

所谓酒水就是人们日常生活中常说的饮料，是人们在商务宴请中不可缺少的媒介。酒水按照其是否含有酒精成分可分为两类：一是酒，即酒精饮料；二是水，即无酒精饮料。

（一）酒精饮料

人们日常生活中常说的酒，就是酒精饮料，是指酒精浓度在 $0.5\% \sim 75.5\%$ 的饮料。它是一种比较特殊的饮料，是以含淀粉或糖质的谷物或水果为原料，经过发酵、蒸馏等工艺酿造而成的。酒是多种化学成分的混合物。其中，乙醇是主要成分。酒精饮料因含有酒精成分，所以就带有一定的刺激性，能够使神经兴奋麻醉大脑，是人类日常生活中重要的饮品。

酒精饮料种类繁多，可以通过不同的分类标准来对其进行分类。

(1)根据酿酒用的原料不同，可以将酒划分为粮食酒、果酒和代粮酒等三种类型。

(2)根据酒的酿造工艺不同，可以将酒划分为发酵酒、蒸馏酒和配制酒等三种类型，其中，啤酒、红酒、中国黄酒均属于发酵酒；中国白酒、白兰地、威士忌、朗姆酒、金酒和伏特加均属于蒸馏酒；味美思酒、鸡尾酒和中国药酒均属于配制酒。

(3)按西餐配餐方式的不同，可以将酒划分为餐前酒、佐餐酒和餐后酒等三种类型。

(4)按酒精含量的多少，可以将酒划分为低度酒、中度酒和高度酒等三种类型，其中，啤酒、红酒和低度药酒均属于低度酒；开胃酒、竹叶青和部分黄酒属于中度酒；中国白酒、白兰地、威士忌、朗姆酒、金酒和伏特加均属于高度酒。

141

知识链接　　　　中国十大名酒

中国十大名酒，是指茅台、五粮液、洋河大曲、泸州老窖、汾酒、郎酒、古井贡酒、西凤酒、贵州董酒、剑南春等十大白酒品牌。中国名酒为国家评定的质量最高的酒。国内曾先后五次进行白酒国际级评比，茅台酒、五粮液等酒在历次国家评酒会上都被评为名酒。

（资料来源：https://wenku.baidu.com/view/bab0edad4b73f242326c5f56.html? from＝search.）

（二）无酒精饮料

水是餐饮业的专业术语，指所有不含酒精的饮料或饮品，即无酒精饮料，又称软饮料，是指酒精浓度不超过 0.5% 的提神解渴的饮料。绝大多数无酒精饮料不含任何酒精成分，但也

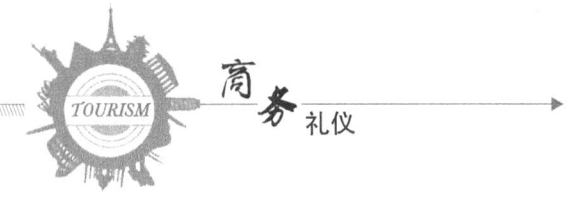

有极少数含有微量酒精成分,不过其作用主要是调剂饮品的口味。无酒精饮料是日常生活中补充人体水分的来源之一,包括碳酸饮料或其他的非碳酸饮料,如茶、咖啡、果汁和矿泉水等。

二、饮酒礼仪

"无酒不成席"。在正式宴请上,无论中餐还是西餐,酒都是美妙的能够促进感情的桥梁。中餐中,有茅台、五粮液、泸州老窖、剑南春等;西餐中,有葡萄酒、香槟酒、威士忌、白兰地、鸡尾酒、甜酒、啤酒等。但不论喝白酒还是洋酒,都有对应的酒文化。白酒的文化是干杯;葡萄酒的文化是品尝,更是享受,品尝其味道和口感,享受其色彩与美感。优雅而正确的饮酒礼仪能很好地体现品位和魅力。

(一)优雅饮酒

1.酒与酒杯的搭配

(1)饮用葡萄酒时,要用高脚郁金香的水晶杯。根据颜色,葡萄酒可分为白、红和桃红三种。白葡萄酒的最佳饮用温度为12度,冰镇饮用最佳;红葡萄酒的最佳饮用温度为18度左右,室温饮用即可。

(2)饮用香槟酒时,应使用笛形或郁金香花形的专用香槟杯。香槟酒的最佳饮用温度为8~10度左右,饮用之前最好置于冷藏箱中。手握香槟酒时只能捏住杯柄,以免手的温度使酒升温,影响口感。

(3)饮用威士忌时,一般用杯壁、杯底都较厚的玻璃杯或水晶杯。倒入杯中约1/4为宜。威士忌度数为43度,可单独饮用,也可加冰饮用或加苏打水饮用。

(4)饮用白兰地时,使用短柄圆肚酒杯或郁金香杯。倒入杯中约1/5,然后用手指夹住短柄,手掌捂在杯外,为其加温。饮用白兰地讲究先看、再闻、后品。白兰地酒的度数为43度,一般单独饮用。

2.斟酒尽显优雅

通常,酒水应在临饮用时再倒入酒杯。斟酒通常在宾客右侧进行,先主宾、后主人;先女宾、后男宾,酒斟八分,不可过满。斟酒时,将酒杯置于桌面即可,如果不想再续酒,可简单地说一声"不,谢谢",或以手稍稍盖住酒杯表示谢绝。在侍者斟酒时,不要忘记道谢,但不必拿起酒杯。可是在男主人亲自来斟酒时,则必须端起酒杯致谢,必要时,还须起身站立,或欠身点头为礼。有时,亦可向其回敬以"叩指礼",即以右手拇指、食指、中指捏在一起,指尖向下,轻叩几下桌面,表示向对方致敬。

3.祝酒亦有讲究

一般在宾主入席后,用餐前,主人会向参加宴会的主宾与各位宾客致祝酒词。参加宴请的主宾应了解对方的祝酒习惯,以便做必要的准备。宴会中大家尽可以开怀畅饮,宾主尽欢,但当主人和主宾致辞、祝酒时,出于礼貌,其他的人应暂停进餐、饮酒、交谈,在自己的座位上面向对方洗耳恭听。

主人和主宾致辞、祝酒结束,与贵宾席人员碰杯后,往往到其他各桌敬酒。响应者应起身站立,右手端起酒杯,或用右手拿起酒杯后,以左手托住杯底,面含微笑,真诚地面对他人,尤其是对自己的祝酒对象,说祝颂之辞。在主人或其他人提议干杯后,宾客应起立举杯,酒不一定要一饮而尽。即使宾客不善于饮酒或不能喝酒,也要起身,将杯口在唇上碰一碰,以示尊敬,或者婉言谢绝。为礼貌起见,可选择一些度数不高的酒或软饮料,象征性地喝一口。

4.敬酒大有学问

在西餐宴会上,敬酒一般选择在用完主菜,未上甜点之前。敬酒时要注视对方并将杯子举至齐眉高,而且最少要喝一口酒,以示敬意。其次,敬酒应以年龄大小、职位高低为先后顺序,一定要充分考虑好敬酒的顺序,分清主次。即使和不熟悉的人在一起喝酒,也要先打听一下身份或是留意别人对他的称呼,避免出现尴尬或伤感情的情况。如果在场有更高身份或年长的人,就要先给尊长者敬酒,不然会使大家很难为情。一般情况下,倒入自己酒杯中的酒要喝完,否则会失礼。如果因为生活习惯或健康等原因不适合饮酒,可以委托亲友、部下、晚辈代喝或者以饮料、茶水代替。作为敬酒人,应充分体谅对方,在对方请人代酒或用饮料代替时,不要非让对方喝酒不可。

(二)西餐与餐酒的美妙搭配

正式的西餐宴会上,酒与菜的搭配也十分严格。一般来说,每道菜肴要搭配不同的酒水,吃一道菜要换一种。

1.西餐用酒分类

西餐宴会上的酒水可以分为餐前酒、佐餐酒和餐后酒三种。

餐前酒又叫开胃酒,是在正式用餐前或在吃开胃菜时与之搭配的。餐前酒有鸡尾酒、雪利酒和香槟酒。

佐餐酒又叫餐酒,它是在正式用餐时饮用的酒水。常用的佐餐酒为葡萄酒,而且大多数是干葡萄酒或是半干葡萄酒。有一条重要的讲究,就是"白酒配白肉,红酒配红肉"。白肉即鱼肉、海鲜、鸡肉,食用时需要和白葡萄酒搭配;红肉即牛肉、羊肉、猪肉,需要用红葡萄酒来搭配。这里所说的白酒、红酒都是葡萄酒。

餐后酒是指用餐之后用来助消化的酒水。最常见的是利口酒,又叫甜酒。最有名的餐后酒则是有"洋酒之王"之称的白兰地。

2.西餐饮酒注意事项

(1)饮酒时不能故意把人灌醉,更不能偷偷地在他人的饮料里倒上烈性酒。

(2)不能通宵达旦无节制地狂欢饮酒,不能在酒席上出现争执、佯醉等举动。

(3)不可为显示酒量而无论杯中的酒有多少都一饮而尽,也不可喝得太急,使酒顺着嘴角往下流。

(4)除主人与侍者外,其他的宾客一般不宜自行为他人添酒。侍者斟酒时要表示谢意。

(5)在西式宴会上,不能随便离开自己的座位去与相距较远者敬酒干杯,尤其不可交叉干杯。

（6）在宴会进行过程中，不可一边饮酒，一边吸烟。

（7）饮酒时应正确举杯，以显示自己的优雅举止。

三、饮茶礼仪

现代社会，以茶待客更成为人们日常社交和商务往来中普遍的招待礼仪。了解掌握好饮茶礼仪，不仅是对客户、朋友的尊重，也能体现自己的修养。

同步案例

东 坡 茶 事

苏东坡有一次去到一个寺院，没有报名号，主持以为是一般人，不太客气地说："坐！"冲小沙弥说："茶！"通过几句交谈，觉得苏东坡学识谈吐非寻常人等，便说："请坐！"又对小沙弥说："敬茶！"当听说来人是大名鼎鼎的苏学士，遂躬身说："请上坐！""看好茶！"后请求苏东坡题联。苏东坡不好推辞，便随手写了一联："坐请坐请上坐，茶敬茶敬好茶。"主持好不尴尬。

（资料来源：https://www.juzimi.com/ju/1672381.）

（一）茶的分类

根据加工、制作的方法，可以将茶主要分为红茶、绿茶、乌龙茶、白茶、黄茶和黑茶等。

知识链接　　中国十大名茶排名及产地

（1）西湖龙井，居中国名茶之冠，产于浙江省杭州市。

（2）洞庭碧螺春，中国著名绿茶之一，产于江苏省苏州市太湖洞庭山。

（3）黄山毛峰，中国著名绿茶之一，产于安徽省黄山。

（4）庐山云雾茶，中国著名绿茶之一，产于江西省庐山。

（5）六安瓜片茶，中国十大经典绿茶之一，产于安徽省六安。

（6）君山茶，我国著名黄茶之一，产于湖南岳阳县君山。

（7）信阳毛尖，中国著名绿茶之一，产于河南信阳市和新县。

(8)武夷岩茶,是中国乌龙茶中之极品,产于福建省武夷山。

(9)安溪铁观音,是我国著名乌龙茶之一,产于福建省安溪县。

(10)祁门红茶,著名红茶,产于安徽省祁门县。

(资料来源： https://wenku. baidu. com/view/0667067a767f5acfa1c7cda0. html? from＝search.)

(二)饮茶礼仪十步

在中国,饮茶不仅是一种生活习惯,而且还是源远流长的文化传统,即茶文化。饮茶也有许多礼仪,现以我国的"功夫茶"为例,介绍饮茶的礼仪,它共分为以下 10 个步骤。

(1)嗅茶。嗅茶主要是向客人介绍茶叶品种、特点、风味,让客人传递嗅赏。

(2)装茶。装茶要用茶匙,切勿用手抓。

(3)润茶。沸水冲入壶中,待壶满时,用竹筷刮去壶面条沫;随即将茶水倾入"茶船"。

(4)冲泡。根据茶叶的品种,冲泡时间有所不同。

(5)浇壶。浇壶是以开水浇在茶壶上,保持茶壶内外的温度一致。

(6)温杯。温杯是温润茶盅,不以冷杯装茶汤。

(7)运茶。运茶是茶泡好后,将茶壶提起在茶盅边巡行数周,避免壶底水珠滴入茶盅变味。

(8)倒茶。倒茶是将茶盅一字排开,来回冲注,以免浓淡不均。

(9)敬茶。敬茶是以茶盘托着茶盅,逐一把茶敬奉给来宾。

(10)品茶。品茶是先嗅其香,后尝其味,边啜边嗅,细细品味。

(三)饮茶的注意事项

(1)洗净双手和茶具再为客人端茶。

(2)俗话说:茶倒七分满,留下三分是人情。茶水不要太满,水温也不宜太烫。

(3)若用纸杯或玻璃杯盛茶水,手应拿在杯子二分之一以下处,这样保持杯口的干净。以双手或右手端茶,应从客人的右方奉上,并说:"请用茶。"若有杯耳,应朝向客人的右侧。

(4)注意上茶顺序:先宾后主、先主宾后副主宾、先女士后男士、先长辈后晚辈。

(5)客人可以双手接过茶并道谢,或以叩手礼还礼。

(6)客人端起茶杯时,应右手持杯耳。若无杯耳,应右手握茶杯中部,左手端起杯底。饮茶时应小口细细品尝。

(7)用茶匙搅拌后,应将茶匙放在杯托上,不要将其插至杯中,也不能用茶匙舀茶喝。

 本章小结

　　在商务交往中,宴请是较常见的交际活动之一。宴请活动形式多样,礼仪繁杂,掌握其规范将有利于促进商务合作的顺利开展。本章主要介绍了商务宴请基本礼仪、中餐礼仪、西餐礼仪和酒水礼仪等四个方面的内容。

　　(1)商务宴请基本礼仪。首先介绍了宴请的种类、现场布置及基本程序,宴请目前通用的形式有宴会、招待会、茶会、商务聚餐等;其次介绍了商务宴请中宴会厅室、中式宴会厅和西式宴会厅的布置;然后叙述了宴请的基本程序,其中包括确定宴请的目的、名义、范围和形式,确定宴请时间和地点,发放请柬,预订饭菜和安排席次等;最后介绍了宴请迎宾礼仪和参加礼仪。

　　(2)中餐礼仪。首先介绍了中餐的"八大菜系"——川、鲁、粤、苏、闽、浙、湘、徽;然后介绍了中餐宴会邀请、组织礼仪、座次礼仪、用餐礼仪;最后介绍了中餐餐具及其使用礼仪。

　　(3)西餐礼仪。首先介绍了西餐的几大重要菜系,包括法式、英式、意式、俄式、美式、德式西餐等;然后介绍了西餐座次礼仪、用餐礼仪;最后介绍了西餐餐具及其使用礼仪。

　　(4)酒水礼仪。首先介绍了酒水的基本知识;然后重点介绍了饮酒礼仪及饮茶礼仪。

 关键概念

　　商务宴请　国宴　八大菜系　酒精饮料

 复习思考题

　　□ 复习题

　　1.简述商务宴请的概念和主要形式。

　　2.商务宴请前需要做哪些准备工作?

　　3.简述中餐"八大菜系"。

　　4.中式宴请菜单的安排中,宜选的菜肴包括哪些?忌选的菜肴包括哪些?

5.简述西餐的上菜秩序。

6.中、西餐在宴请座次安排上有何不同？

7.中、西餐进餐过程中,有哪些礼仪要求？

8.按照酿造工艺的不同,可以将酒分为哪些类型？

□ **思考题**

假如有客户到你所在的企业来拜访,领导让你以中餐来宴请这些客人,请问这种情况下你该如何安排？

案例解析

1.张明是新鸿贸易公司的业务经理,有一次代表公司出席一家美国公司的周年庆典。庆典活动结束后,这家美国公司的总经理Jack邀请几位重要宾客到当地最好的星级饭店吃西餐。

用餐前,为了显示自己在餐饮方面很讲究,张明就用餐盘上一块"很精致的布"仔细地擦了擦自己的刀叉。Jack看到这一幕后,先是一愣,随后马上叫来服务员,让其立即为张明更换一套餐具。在使用更换的餐具用餐前,张明又拿起那块"很精致的布"将刀叉擦了一遍,并迅速使用刀叉切割起盘里的菜肴来。Jack便没再说什么,只是脸上有种不悦的神情,但张明并没注意到这一点。

在用刀叉切割菜肴时,张明总是使刀叉和餐盘碰出声响,显得费劲又辛苦。用餐结束后,张明感觉很酣畅,觉得总算没给公司丢脸,便用那块"很精致的布"擦了把脸上的汗,并随手将其挂在椅背上。

事后经人提醒,张明才意识到当天在西餐桌上出了丑,顿时感到无地自容。

分析讨论：

张明在西餐桌上到底有哪些失礼行为？

2.小王去一家单位面试工作,面试结束后,经理把大家留下吃饭。小王心想,如今很多生意都是在饭桌上谈成的,工作当中最重要的环节就是要和客户联络感情,不能喝酒怎么行呢？今天一定是经理要看看我们的酒量如何。经理点了白酒,小王等服务员斟好酒,第一个站起来感谢经理的宴请,然后一饮而尽。席间,他又数次去和经理干杯。最后,因不胜酒力,小王喝醉了,躺在沙发上呼呼大睡。

分析讨论：

(1)你认为小王的面试会成功吗？请说明理由。

(2)在正式的宴请场合喝酒,应该怎样做才合乎礼仪规范？

◇**实训操练**

1.中餐礼仪训练

实训目标：掌握中餐礼仪规范。

实训内容与要求：学生自由分组，分别就中餐座次、餐具摆放和中餐用餐礼仪进行训练。实训成果与检测：一组学生训练，另一组学生进行检查，最后教师进行点评。

2.西餐礼仪训练

实训目标：掌握西餐礼仪规范。

实训内容与要求：学生自由分组，分别就西餐座次、餐具摆放和西餐用餐礼仪进行训练。若条件允许，带学生去西餐厅感受西餐氛围。

实训成果与检测：一组学生训练，另一组学生进行检查，最后教师进行点评。

◇**相关链接**

推荐进一步阅读文献：

1.谭华.中西饮食文化比较与中餐菜名翻译标准[J].黑龙江教育学院学报,2018(2).

2.文杰.我国酒文化研究进展[J].农村经济与科技,2018(1).

3.李晓朋.中英茶文化比较及对中国茶文化传播路径分析[J].福建茶叶,2018(1).

4.张博.中国茶文化对日本茶道的影响[J].农业考古,2018(2).

5.姚玉艳.浅析中法餐具及餐饮礼仪的差异[J].农家参谋,2017(13).

6.王连娣.日语谚语折射出的"酒文化"内涵及其国民性[J].集宁师范学院学报,2017(1).

7.吴琼.中小餐饮企业服务礼仪培训存在的问题及应对措施[J].吉林工商学院学报,2015(2).

8.梁勇.基于社会学视域的中西方饮酒礼仪的比较研究[J].酿酒科技,2014(8).

第五章 →

商务言谈礼仪

学习目标

通过本章的学习,了解商务言谈礼仪的功能、原则和要求;掌握商务言谈礼仪的技巧;了解赞美的作用,熟悉赞美的原则,掌握赞美的十大技巧;熟悉倾听的层次,掌握倾听的技巧;能够学以致用,在商务活动中,用得体幽默的言谈举止让别人如沐春风,营造和谐的氛围,从而达到事半功倍的效果。

言谈对话是人与人之间交流与沟通最重要的途径之一,其最主要的目的是让对方完全明了自己谈话的内容,同时充分了解自己的意图,最终达到让对方理解或者接受自己意见的目的。要达到这一目的,首先要让对方接受自己的谈话。著名成功学家卡耐基说:"一个人的成功约有 15% 取决于技术知识,85% 取决于口才艺术。"因此,必须了解什么是正确的和适当的言谈礼仪,才会在与人的交流、沟通中,特别是在商务活动中,始终处于主动位置。

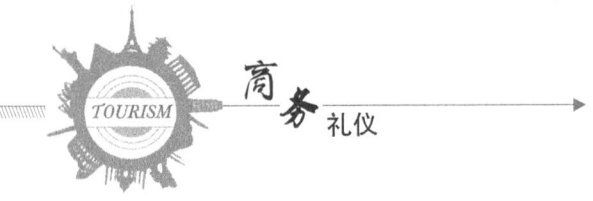
 第一节 商务言谈礼仪的基本要求

案例引导

咨询精英的反思

一位麦肯锡咨询精英曾提起自己刚入行时的经历："有一次，我在飞机上结识了一个企业的高管。他得知我是麦肯锡的人，便与我攀谈了起来。从他的话中我得知他似乎有咨询的需求，于是便有一种想要让他成为我的客户的想法，在整个行程中，我们俩聊得非常开心，我得知他喜欢冲浪，他有一个六岁的女儿，他的大学与我的大学相隔只有 80 公里，他是一个虔诚的素食主义者。我们下飞机的时候互相留了联系方式，但在这之后，他一次也没给我打过电话，我有一次主动打电话给他，也没有听到他任何业务上面的要求，我只是和他聊了聊家常。

当时我一直不知道自己错在哪里，直到我做这一行时间长了，见识了很多优秀的咨询精英是如何与客户沟通、如何获得咨询订单，我反思自己当初的表现，这时才发现，自己整个旅程中几乎都在闲谈，居然没有想着把自己推荐给他。"

（资料来源：欧阳宇倩.麦肯锡精英最重视的 55 个高效能沟通习惯[M].北京：群言出版社，2016.）

言谈对话是商务活动中必不可少的重要工具和手段，而要创造商务交往的良好氛围，达到成功的目的，就必须注重商务言谈礼仪，讲究说话的艺术和交谈的技巧。

一、言谈的礼仪功能

（一）言谈具有一定的艺术性

言谈是一门艺术，而且是一门古老的艺术。"一人之辩重于九鼎之宝，三寸之舌强于拜望雄狮"，在人类发展史上，言谈作为一种社会现象，是和人类劳动、生活、交际活动一起发展起来的。

言谈的艺术性表现在于，尽管人人都会，然而效果却大不一样。所谓"酒逢知己千杯少，话不投机半句多"，正说明了言谈的优劣直接决定着交谈的效果。与人进行一次成功的谈话，不仅能获取知识、信息的收益，而且感情上也会得到很多补偿，会感到是一种莫大的享受;而参与一场枯燥无味、死气沉沉的交谈,除了是时间上的浪费外,还会有一种受折磨的感觉。

同步案例

董卿:最怕你拼了命努力,却输在不会说话上

《中国诗词大会》因一群才女才子而走红,但主持人董卿也因端庄得体,出口成章而吸睛无数。节目中的董卿落落大方,眼角眉梢带着盈盈笑意,各种诗词信手拈来,向观众展示了自己深厚的文化底蕴。

第三场中,当台下专家探讨李贺的诗词,抛出"天若有情天亦老",她脱口而出"月如无恨月长圆"。紧接着,又来一句"天若有情天亦老,世间原只无情好"。

第六场中,百人团中有选手用诗词来创作歌曲,一老一小倾情演绎。台下的董卿被时光交错的父女情所感动,随后便送上自己非常喜欢的一首叶赛宁的诗《我记得》:当时的我是何等的温柔,我把花瓣洒在你的发间,当你离开,我的心不会变凉,想起你,就如同读到最心爱的文字,那般欢畅。

第八场中,百人团中有一位选手的父亲是盲人,从小父亲用口口相传的方式教他诗词。父亲自己也一直保持着阅读盲文书的习惯。董卿随口便念出了一首非常著名的诗:上天给了我浩瀚的书海和一双看不见的眼睛,即便如此,我依然暗暗设想,天堂应该是图书馆的模样。

不仅诗词,董卿的语言表达能力,尤其是点评及总结能力方面也令人钦慕,知识储备扎实,名言警句信手拈来。

第一场中,面对断臂女孩张超凡,董卿这样说:"我们每一个人都不完整,只不过有些是看得见的残缺,有些是看不见的,用乐观、坚强,勇敢追求一颗完整的心灵和完整的精神世界,是值得钦佩的。"

第三场中,她注意到百人团中有一位年纪稍长的老大爷,穿着打扮与年轻选手大相径庭。董卿说:"一位只读过四年书当了一辈子农民的大叔,那诗啊,就像那荒漠中的一点绿色,始终带给他一些希望,一些渴求。用有限的水去浇灌它,慢慢慢慢地破土,再生长,一直到今天。所以即便您答错了,那也是在我们现场最美丽的一个错误。"

第七场中,选手王轶隆在现场得知母亲癌症恶化,决定离开节目,回家照看母亲。王轶隆离开时,董卿祝福他说:"所谓父女母子一场,终究有一别,就让我们一起怀着倒计时的那种心态,珍惜在一起的日子。这是一个空缺,但更是一个圆满,希望王轶隆的妈妈早日康复。"

现场的董卿，正如网友发出的感叹："真是气质如兰，一颦一笑，一字一句都散发着魅力！"董卿在现场的完美表现，使太多人对她不吝溢美之词："主持人董卿的文学修养和临场应变能力令人赞叹，瞬间秒杀其他无品位节目。"

（资料来源：http://www.iqiyi.com/w_19ruaaqokp.html.）

（二）言谈能够建立良好的人际关系

言谈是连接人与人之间思想感情的桥梁，是增进友谊、加强团结的一种动力。"良言一句三冬暖，恶言相向六月寒"，说明言谈在交往中的作用是举足轻重的。一个人善于言谈就能广交朋友，给人带来友爱，为社会增添和谐，就能享受到社会特有的友情与温暖。

（三）言谈能够增长知识和经验

在工作生活中，善于同有思想、有修养的人交谈，就能学到很多有用的知识。"与君一席话，胜读十年书"就是对交流意义深刻的总结。英国文豪萧伯纳曾经说过："你我是朋友，各拿一个苹果，彼此交换，交换后仍各有一个苹果；倘若你有一种思想，我也有一种思想，而朋友相互交流思想，那么，我们每个人就有两种思想了。"可见，广泛地交谈可以交流信息、深化思想、增强认识能力和处理问题、解决问题的能力。

二、商务言谈礼仪的原则

（一）真诚坦率的原则

诚恳待人是人际交往的基本原则，交谈也是如此。说话时的态度是决定谈话成功与否的重要因素，因为谈话双方在谈话时始终都相互观察对方的表情、神态，反应极为敏感，所以谈话中一定要给对方一个认真和蔼、诚恳的感觉。交谈双方认真对待交谈的主题，坦诚相见，直抒胸臆，不躲不藏，明明白白地表达各自的观点和看法。"出自肺腑的语言才能触动别人的心弦"，真心实意的交流是自信的结果，是信任人的表现，只有用自己的真情激起对方感情的共鸣，交谈才能取得满意的效果。

（二）互相尊重的原则

交谈的双方可能身份、地位不同，但不论与何人交谈，态度都应该是坦然平等的，面对达官贵人、名流权威不能唯唯诺诺，手足无措，畏首畏尾，面对地位比自己低的人也不应该趾高气扬，盛气凌人。交谈中，来自对方的尊重是任何人都希望得到的。所以，谈话时，要把对方作为平等的交流对象，在心理上、用词上、语调上，体现出对对方的尊重。尽量使用礼貌语，谈到自己时要谦虚，谈到对方时要尊重。恰当地运用敬语和自谦语，可以显示个人的修养、风度和礼貌，有助于交谈的成功。

（三）善于聆听的原则

充分聆听就是要学会做一个好听众。社会学家指出，在人们日常的语言交往活动（听、说、读、写）中，听的时间应占 54%，说的时间应占 30%，读的时间应占 16%，写的时间应占 9%，这说明听在人们的交往中居于非常重要的地位。谈判学者认为，成功的商业性会谈，并没有多么神秘，专心地注意那个对你说话的人是非常重要的，再也没有比这个更有效果的了。

但是在日常生活中，一般人在与人交流或沟通时，会更加注重如何去说话。在与人交谈之前，总是担心自己不会说，说不好，总是在思考如何才能说得更好，而很少考虑如何去聆听别人说话，如何在交谈中给对方留下好的印象。充分聆听，既要专注于听，又要专注于观察，同时还要积极地参与和适时地回应。在交流过程中，要尽可能有问必答，要通过参与对方的谈话，如点头或者说"对""好"和"嗯"等鼓励对方将话讲出来。

（四）谨慎朴实的原则

古人说要"敏于事，慎与言"，这是经验之谈。意思是说做事要敏捷，说话要谨慎，讲话之前应对自己要讲的话稍加思索，想好了可以说，还没有想清楚的就不要说，切不可冒冒失失，胡乱不知所云。尤其是在涉外商务活动之中，由于风俗习惯、政治信仰等的不同，有些话题在交谈中提及就容易引起反感，讲话言不及义、文不对题，会给人以一种浅薄之感。

朴实、文雅是一种美德，但这是知识渊博的自然流露。有些人文化修养不深说话时却故意卖弄，甚至装腔作势，乱用一些名词典故，结果贻笑大方，所以交谈中只要用词达意，通顺易懂即可。

153

三、商务言谈礼仪的要求

言谈对话是商务活动交流中重要的沟通手段，具有不可替代的重要作用。在商务言谈礼仪基本原则的基础上要注意以下几个方面。

（一）措辞谦逊文雅

措辞的谦逊文雅体现在两个方面：对他人应多用敬语、敬辞，对自己则应多用谦语、谦辞。谦语和敬语是一个问题的两个方面，前者对内，后者对外，内谦外敬，礼仪自行。

（二）语音、语调平稳柔和

一般而言，语音语调以柔言谈吐为宜。我们知道语言美是心灵美的语言表现。有善心才有善言。因此要掌握柔言谈吐，首先应加强个人的思想修养和性格锻炼，同时还要注意在遣词用句、语气语调上的一些特殊要求。比如应注意使用谦辞和敬语，忌用粗鲁污秽的词语；在句式上，应少用"否定句"，多用"肯定句"；在用词上，要注意感情色彩，多用褒义词、中性词，少用贬义词；在语气语调上，要亲切柔和，诚恳友善，不要以教训人的口吻谈话或摆出盛气凌人的架势；在交谈中，要眼神交汇，带着真诚的微笑，微笑将增加感染力。

（三）谈话要掌握分寸

在商务交往中,哪些话该说,哪些话不该说,哪些话应怎样去说才更符合商务交往的目的,这是言谈礼仪应注意的问题。一般来说,善意的、诚恳的、赞许的、礼貌的、谦让的话应该说,且应该多说。恶意的、虚伪的、贬斥的、无礼的、强迫的话语不应该说,因为这样的话语只会造成冲突,破坏关系,伤及感情。有些话虽然出自好意,但措辞用语不当,方式方法不妥,好话也可能引出坏的效果。所以语言交际必须对说的话进行有效的控制,掌握说话的分寸,才能获得好的效果。

（四）交谈应注意忌讳

在一般交谈时要坚持"六不问"原则。年龄、婚姻、住址、收入、经历、信仰,属于个人隐私的问题,在与人交谈中,不要好奇询问,也不要问及对方的残疾和需要保密的问题。在谈话内容上,一般不要涉及疾病、死亡、灾祸等不愉快的事情;不谈论荒诞离奇、耸人听闻、黄色淫秽的事情。与人交谈,还要注意亲疏有度,"交浅"不可"言深",这也是一种交际艺术。

（五）交谈要注意姿态

交谈时除注意语言美、声音美之外,姿态美也很重要。首先要做到的是双方应互相正视、互相倾听,不要东张西望、左顾右盼。交谈过程中眼睛不应长时间地盯住对方的某一位置,让人感到不自在。交谈姿态不要懒散或面带倦容,哈欠连天,也不要做一些不必要的小动作,如玩指甲、弄衣角、搔脑勺、抠鼻孔等等。这些小动作显得不礼貌,也会使人感觉你心不在焉,傲慢无礼。

154

第二节　商务言谈礼仪的技巧

案例引导

盖　　章

《盖章》是一部只有16分钟的微电影,但是它却拿了10多个电影节的短片奖项,并成为YouTube点击率排行榜的大热门。这部电影的主人公是一位停车场的员工。他在停车场负责给顾客的会员卡盖上箭头符号,顾客便可以在此停车两小时。影片一开始,一位男顾客面无表情,耷拉着脑袋,缓缓地走向盖章的柜台,眼睛也盯着会员卡,没有看男主角。而男主角站在柜台后确实面带微笑,接过顾客递过来的停车卡说道:"你看上去棒极了!"男顾客难以置信地看着男主角问了一句:"对不起?"男主角说道:"你长得很不错,没人跟你说过吗?"顾客说:"呃,没有。"男主角说:"听好,你看上去很沮丧。而且看上去有时人们不理解你。但是,总有一天,伙计,总有一天,人们会看清你究竟是什么样的人的。"顾客露出了微笑问道:"你……你真的这么认为吗?""绝对的!"男主角非常笃定的表情:"你,真的非常棒!"盖完章之后男顾客便开心地离去了。"请问能盖个章吗?"一位女士来了。男主角用着难以置信的口气说道:"你真的很漂亮! 特别是您的颧骨!"女士不自觉地抬起手来摸了摸自己的颧骨问道:"真的吗?"……画面一转,商场的保安办公室里很忙碌,一名保安飞快地跑向主管的位置:"我们有情况了!"大家便匆匆赶到盖章处,只见盖章排队的长龙一直排到了门外,保安主管很是恼火! 男主角正在赞美每一名来到此处的顾客,"先生,你的体型真不错!"保安主管上来对男主角就是一顿数落:"年轻人,我们这里是做生意的,不是开社交俱乐部的!"男主角微笑地对保安主管说:"这件西服真不错! 和你真的很配!"主管面色缓和了下来,问道:"你真这么认为?"男主角认真地点了点头,接着对其他几名保安人员说道:"伙计们,你们工作真的辛苦了。你们是这个地方得以经营的幕后功臣!"几位保安语气也缓和了很多,摇着头说道:"不过我们总觉得没人喜欢我们。你知道,我们其实压力很大的! 大多数时候我们都不知道自己在做什么……""不! 你们做的事情相当重要!"于是保安主管向商场的老板引荐了男主角,从此以后男主角的工作也得到了晋升。其实,对每一位顾客赞美完后,男主角都"啪"地一声盖上章,顾客不仅从物质上得到了满足,心理上也得到满足。

（资料来源：https://baike.baidu.com/item/％E7％9B％96％E7％AB％A0/1173412？fr＝aladdin.)

无论在日常生活中,还是处于正式的商务场合,一个人口才好,说话流利,善于表达自己的思想,传递自己的感情,就更容易达到交谈的目的,出色地完成工作。那么,我们如何才能培养与人沟通的能力呢?

一、学会礼貌用语

人际交往中,恰如其分地使用礼貌用语,可以表现出个体的友好、亲切、平易近人。使用礼貌用语不仅反映了一个人的思想道德素质,而且表现了一个人的语言修养。礼貌用语要做到四有:有分寸、有礼节、有教养、有学识。真正做到文明、礼貌用语是非常不容易的,这要求我们在日常生活和商务交往中注意以下几个方面。

（一）使用礼貌用语

常用的礼貌用语可以划分为问候用语、迎送用语、请托用语、致谢用语、征询用语、应答用语、赞赏用语、祝贺用语、推托用语、道歉用语十种。在人际交往中,个体会根据场合的不同,使用不同的礼貌用语。譬如:早上见面打招呼用"早上好";初次见面时用"你好";送别他

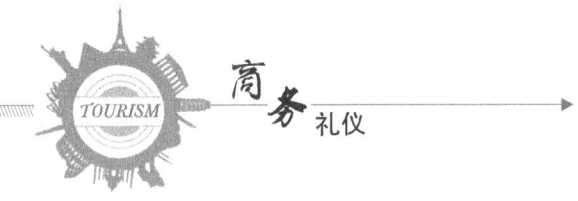

人时用"再见""祝你一路顺风""欢迎再来";请求别人帮助时用"对不起,打扰一下""拜托""劳驾""请帮我……,好吗?";致谢时使用"非常感谢""给您添麻烦了""多亏您的帮忙";主动向对方提供服务时用"需要帮忙吗?""您不介意我帮助您吧";道歉时用"抱歉""对不起""请原谅""真过意不去"等。

(二)杜绝使用粗话、脏话、荤话

商务场合一般和气文雅、谦逊有礼,满口粗话、脏话的人势必成为另类,即使别人不评头论足,自己也会感到不和谐。彬彬有礼、温文尔雅的人才会赢得人们的赞许和尊敬;言谈粗俗、出口伤人的人只能遭到别人厌恶和谴责的目光,所以商务礼仪人员应杜绝使用脏话、粗话、荤话。在日常生活中,不断地督促自己、约束自己形成良好的用语习惯,必要的时候可以请求身边的家人或朋友帮助,只要坚持不懈,这种坏习惯一定可以改掉。杜绝粗话、脏话,注意文明礼貌,养成健康的言谈习惯,形成文明的礼会风气。

(三)敬语、谦语、雅语的结合使用

所谓敬语,是指表示尊敬礼貌的词语。多使用敬语,可以体现一个人的文化素养。常用的敬语如"请""您""阁下""高堂""令兄""贵方";好久不见用"久违";初次见面用"久仰";请人批评说"指教";老人年龄称"高寿";等候客人用"恭候";称赞别人的见解用"高见";中途离场用"失陪";对来信用"惠书";宾客来临用"光临";老师称"恩师";称别人的住处为"府上"等。

所谓谦语,是指向人表示谦恭和自谦的一种词语,其常用在谦称自己或家属。常用谦语,可以体现一个人的谦虚,使得对方产生尊敬之情。常见的谦语如:称自己的父母兄弟姐妹为家父、家严、家母、家慈、家兄、家妹、舍弟、舍妹、家姐;称自己的住处为"寒舍";称自己为"鄙人"。

所谓雅语,是和粗俗语言相对的一种文雅言辞。多使用雅语,可以体现一个人的文明程度之高低,素质之优劣。社交场合中的雅语,例如,把吃饭称为"用餐",喝茶称为"品茶";上厕所称为"去卫生间";假如你先于别人结束用餐,你应该向其他人打招呼说"请大家慢用";雅语有时表现在对某些职业的雅化上,如把捡破烂称"拾荒者";把环卫工人称"城市美容师";把保姆称为"家政服务员"等。

二、丰富自己的知识库,注重言谈技巧

(一)积累素材以丰富自己的知识库,同时养成遣词造句的习惯

在日常的工作学习中,个体应注重积累词汇,丰富自己的知识库,同时养成遣词造句的习惯,培养个体敏锐的语感。正所谓"厚积薄发",只有个体的大脑中有丰富的词汇量作为后盾,才能使个体在与人沟通的过程中游刃有余,充分地表达自己的思想。积累素材的方法多种多样,如书本摘录、与人交谈、听广播、看电视等都是较好的方法。

知识链接　　六招让自己的知识变得丰富起来

（1）多看书。书中自有黄金屋，书中自有颜如玉。古语云："腹有诗书气自华。"此话不假，我们应该多看书，通过书籍来丰富自己的知识是最好的途径。

（2）多总结。总结的方式方法有很多种，比如写日记，日记可以是公开的也可以是属于自己一个人的秘密，不管是哪一种形式，都可以让自己有一个总结，总结多了，心得多了，自然就会让自己的理论强大起来，知识自然丰富。

（3）通过互联网学习。互联网时代，互联网已经变得非常普及，不管你有没有学历，只要会上网，就可以获得更多的知识，我们可以通过互联网来学习各种课程。

（4）多观察，多实践。实践出真知，有时候真的是这样的，没有经历你就不知道事情如何更好地处理，没有体会你就不知道该如何表达自己的心情，没有挫折和打击，也许你还是一个一无所知的小孩子，所以要多观察、多实践。

（5）多接触自己不熟悉的领域和知识。一个人的能力可能有限，但是学习的劲头可以无限，不管你是从事哪一种行业的，多接触自己行业之外的知识和信息，对于自己的知识库来讲，是有利无害的。

（6）多向高素质、高能力的人学习。多跟这样的人交流，在言谈之间你会发现你的知识又增长了很多，要知道三人行必有我师，一定要谦虚地学习和聆听。

（资料来源：https://jingyan.baidu.com/article/f96699bbc947ae894e3c1b12.html.）

（二）学会运用各种语音表达技巧

第一，发音要准确，并学会运用重音。在交谈之中，要求发音标准，做到口齿清晰，使对方能够听得一清二楚，同时个体可以根据说话内容的重点、感情的强烈来选择性地使用重音，运用重音可以帮助个体强调谈话重点部分。第二，语速要适度。在交谈中，个体应对自己的语速加以控制，使之快慢适中。第三，要学会运用停顿技巧。这样对方在整个谈话过程中不会感到疲倦，如果在商务交往中，说话不注意停顿，会给人一种重点不明、不伦不类的感觉。第四，恰到好处的连接。恰到好处的连接是为了渲染谈话气氛，起到表达激情、推进内容的作用。

三、选择合适的开场白

良好的开场白对于树立良好的第一印象十分重要。这里的开场白指的是商务礼仪人员见到客户以后的第一次说话。说话看起来很容易，但是要真正做到有一个良好的开场白并

不容易。良好的开场白对于商务礼仪人员来说是一个挑战。因为在与客户面谈时,不是简单地向客户介绍公司或者产品,而是首先要与客户建立良好的人际关系。因此,良好的开场白应能营造一个轻松、愉快的环境,这样有利于商务礼仪人员与客户之间良好关系的建立。

(一)营造轻松的环境

在日常生活中,很多商务活动常常是在酒店或咖啡馆之类的地方达成的。人们之所以带着业务来到这些地方,目标就是营造一个良好的环境,以便提高成交率。但是,在更多的情况下,我们是在工作场所进行商务活动。在这些比较正式的场合,需要注意一些细节,这些细节同样有助于营造一个轻松、愉快的环境,避免形成与客户的对立和过于商务的环境,以免容易造成双方面谈过程中的压力。

1.保持安全距离

在现实生活中,一米远作为隔离线或安全线随处可见。这种现象反映了人类的一种天生的自然本性:防备心理。出于本能,每个人对于自己的身体安全或身体健康都会设定一个安全距离。安全距离之内的位置留给特别亲近的人,例如亲人和朋友。如果其他人未经许可便随意进入这个范围,会导致不舒服的感觉。在和客户面谈时,也要注意存在的安全距离。如果第一次拜访客户是在客户的办公室中,那么客户面前的办公桌就是客户安全距离的界限,除非被要求,否则千万不要走进客户办公桌之内的范围。

2.避免疏远距离

在客户的办公室里,客户往往习惯于让商务礼仪人员坐在办公桌对面的椅子上,在这种情况下,商务礼仪人员就会感到压力,从而导致气氛紧张,原因在于距离过于疏远。在客户的办公室,如果有机会,最好与客户坐成L形,即让客户坐在你的左手或者右手的位置,这样在面谈时,距离比较近,容易营造轻松的气氛。

(二)善于选择话题

交谈主题,即交谈的主要内容,一般情况下,交谈主题宜少不宜多,这样既有助于双方就某些问题进行深入探讨,又有助于激发双方的热情,增进了解。主题过多,容易使交谈双方无所适从。在交谈中,应选择双方均感兴趣的话题,可以消除陌生感、疏离感,轻松自如地交谈,犹如相识已久。有些办法可以帮助我们寻找共同点,如细心观察对方的表情、服饰、举止等,由此判断个体的文化素养、身份、地位,从而决定交谈主题的大致范围;以话套话,寻找共同点,包括询问对方籍贯、身份、口音、言辞等,如果有某些地方相似,可以以相似点为契机深入交谈,有效地减少对方的恐惧、不安,启发交谈的愿望;从别人的介绍中寻找对方的兴趣点,并且深入下去。因为对方的兴奋点可以引发对方的表达欲和兴趣感、亲近感,使对方达到一种不吐不快的境界,为流畅的交谈打下基础。

我们需要注意的是,在商务场合中,有几种话题是忌讳的:第一,涉及个人隐私的话题。个人隐私应属于个人自己的空间,个人隐私包括个体的年龄、收入、婚恋、家庭、经济情况等,这些主题都不应该在商务场合中被涉及。第二,提弄对方的话题。在交谈中,应以尊重对方为基础,不可把自己的快乐建立在别人的痛苦之上。如果在交谈中提弄对方,冷嘲热讽,恶语伤人,乱开玩笑,故意让对方出丑,这是极其失礼的行为,这样做不仅损害个体的个人形象,同时破坏双方关系。

（三）学会赞美

赞美,是对他人行为的肯定。从心理学的角度来说,每个个体均期待被别人赞美。学会赞美,可以使对方产生亲和的心理,缩短心理距离,营造一种温馨的谈话氛围。在人际交往中,如果我们的赞美可以使对方感到快乐、幸福,那么我们为什么不这么做呢? 然而,赞美要适当,需遵循一定的原则。过分的赞美容易变成"拍马屁",使对方感到虚伪。

第三节 赞美的艺术

案例引导

两个女人,两样人生

《两个女人,两样人生》讲述的是两个女人的两个故事。第一个故事的女主人公在读初中时,作文极好而数学极差,几次考试都不及格。为了对得起父母和老师,她硬生生地把数学题死背下来,三次小考,数学都得了满分。但是数学老师却并不相信她的成绩,不屑地说:"数学蠢材怎么一下子成了数学天才,肯定是作弊了!"这个倔强而又敏感的女孩直言不讳地回答道:"作弊对我来说是不可能的。就算你是老师,也不能这样侮辱我。"结果,被冒犯了的老师气急败坏,单独给她发了一张她根本没有学过的方程式试题,当场让她吃了个鸭蛋,之后拿蘸了墨汁的毛笔,在她眼眶四周涂了两个大圆饼,然后让她转身给全班看,又让她去大楼的走廊上走一圈。这一事件的结果是:其一,让她休学在家,自闭了七八年,严重时,连与家人同坐一桌吃饭的勇气都没有;其二,养成了她终生悲观、敏感、孤独的性格。尽管她一生走过 48 个国家,写了 26 部作品,用她的作品帮助很多人树立起豁达、坚强的人生信念,但她自己始终走不出心灵的阴影。

假如,换一个睿智而又有爱心的老师,事情完全可以有更好的处理方式,不信,我们看看与她境况相同的另一个女孩的经历。这个女孩同她一样,读初中时,语文也出奇的好,曾在年级的语文阅读测验中得过第一名,但数学相当糟糕,面对数学课本,就像面对天书,数学老师教的东西,她没一样能懂。她戏称自己为天生的"数学盲",并且断言无药可救。她跌跌撞撞地读到初三时,数学要补考才能参加毕业考。她知道事态的严重,却无法左右事态的发展,只好整晚不睡觉,把一本《几何》

从头背到尾，以尽人事。第二天，上数学课时，老师讲到一半，忽然停下来，在黑板上写了 4 道题让全班演算。这 4 道题在下午补考之前出现在黑板上，又与正在教的内容毫无关系，再笨的学生也明白老师的良苦用心。于是，她忽然就成了全班最受怜爱的人，几位同学边笑边叹气把 4 道题的标准答案写出来教她背。她背会了 3 道，在下午的补考中得了 75 分，终于能够参加毕业考试并且顺利地毕业了。后来，初中最后的那堂数学课，连同数学老师关切和怜爱的眼神，一并成了她生命中温馨美丽的记忆。

第一个故事的主人公是三毛，第二个故事的主人公是席慕蓉，她俩都是令人深爱并曾为之痴迷的女作家。因为爱，所以好奇。为什么美丽倔强的三毛总让人心痛又让人绝望，而外表平常的席慕蓉却既让人心仪又令人神往？我坚信这与她们年少时在数学课上的经历有很大的关系。"良言一句三冬暖，恶言伤人六月寒"。语言不仅可以传递信息，更是一种情感的交流。一句宽慰的话可化干戈为玉帛；一句激励的话让人振奋；一句甜蜜的话让人幸福；一句讽刺的话让人愤怒；一句冷漠的话让人心寒。赠人以言，重于珠玉；伤人以言，甚于剑戟。所以，我们要学会赞美的艺术，让我们的语言如同春风一般温暖和美好。

（资料来源：http://xiexingcun.com/story/05/mingrenwenzhang0148.htm.）

一、赞美的作用

（一）赞美是表现尊重的最佳方式

马斯洛需求层次理论是人本主义科学的理论之一，由美国心理学家亚伯拉罕·马斯洛 1943 年在《人类激励理论》论文中所提出。书中将人类需求像阶梯一样从低到高按层次分为五种，分别是生理需求、安全需求、社交需求、尊重需求和自我实现需求。其中人人都希望自己有稳定的社会地位，要求个人的能力和成就得到社会尊重。尊重的需要又可分为内部尊重和外部尊重。内部尊重是指一个人希望在各种不同情境中有实力、能胜任、充满信心、能独立自主。总之，内部尊重就是人的自尊。外部尊重是指一个人希望有地位、有威信，受到别人的尊重、信赖和高度评价。马斯洛认为，尊重需要得到满足，能使人对自己充满信心，对社会满腔热情，体验到自己活着的用处价值。而赞美是表示尊重的最佳方式，可以满足他人对被尊重、被赏识的渴望。

（二）赞美是激励人的最佳动力

心理学家找了两组小孩做实验：首先让他们长跑消耗体能，然后，一组小孩被批评，另一组受表扬，结果马上检验体能时，发现被批评的那组小孩像泄了气的皮球，更没力了，而受表扬的那组小孩全都兴奋得小脸红通通的，体能迅速恢复。知道我们是怎么学走路的吧，也许大家都不记得了，但是如果我们注意观察就会发现，那些摇摇晃晃的学走路的孩子，只摇晃了那么两步，父母就赶紧过去抱起他、亲他，表达的是"你真了不起，你真可爱"，于是，下次小孩就能走得更远，父母又兴高采烈地过去美滋滋地拍拍小孩，这样小孩终于能直立行走，有的甚至成为竞走冠军、长跑健将。这就是赞美的力量。往往我们赞美什么，就增加什么，有效的赞美甚至能改变人的一生。美国著名教育家巴士卡里雅曾宣称："把最差的学生给我，只要不是白痴，我都能把他们培养成优等生。"他到底有何妙方呢？他的妙方就是运用赞扬激励。他首先了解学生的情况，针对学生的学习水平出考试题，让学生通过思考都能获得好成绩，有了进步后，再加大难度，使每个学生只要努力就都能做出来，这样每一次的好成绩就是对每一个学生的最好的激励。学生的学习兴趣越来越高，干劲越来越大，可想而知，学习成绩就越来越好。

还有一个这样的故事：意大利有个著名女高音歌唱家的传记中有这么一段精彩情节，说她少年时代就有歌唱天赋，被誉为少年之星，于是父亲为她请了一位罗马最负盛名、年轻有为的音乐教师。这位音乐教师造诣非常高，她的一丝一毫错误都逃不脱他的耳朵，而教师对学生非常严，绝不放过她的任何一点错误，这位小姐为音乐教师超凡的才华所倾倒，渐渐爱上了他，因此每次面对音乐教师唱歌，她都很紧张，渐渐地她歌唱得越来越生硬，表现得越来越差。音乐厅开始很少请她唱歌了。几年后她与这位音乐教师结了婚，也就放弃了歌唱生涯。时光流逝，音乐教师不幸因车祸去世，岂料丈夫的不幸却成了她事业的转机。有一天来了一位推销员，她正好在家唱歌赋闲。推销员夸赞说："你的歌唱得真好，我很少听到这种美妙的歌喉，你为什么不去音乐厅唱呢？""没人请。"她忧郁地说。"怎么会呢，我可以推荐你去一家音乐厅。"推销员自告奋勇地说。最后，她买了他的商品，他出于感激，也真的帮她联系了一家音乐厅。演唱的那天，推销员叫了许多熟人朋友，坐在前排，她一唱完，他们就拼命鼓掌欢呼，他又及时献上鲜花。得到这么多人的鼓励，这位未来的歌唱家决定继续唱下去。以后，每当她登台，推销员就一定坐在前排，掌声最热烈，还为她献上一束饱含情感的鲜花。在他的真诚鼓励下，她又恢复了原来的自然清新的歌喉，歌唱得越来越好，最后终于成为意大利著名女高音歌唱家。这个故事告诉我们，一位有相当造诣的教师由于不懂得运用赞扬，也会让一位天才夭折；而一位音乐外行，因为善用赞美，却能造就一位天才。

（三）赞美是商务交往中的润滑剂

一个人即使别的方面不强，但只要懂得了赞美的方法，在商务交往中也一定能如鱼得水。人都希望永远年轻，希望自己漂亮，希望自己有身份地位，所以，有人说赞美人的八字真诀叫"见人减岁，逢物添价"。见人减岁说的是见到一个人四十多岁，就问"你三十几了？"，他回答"不止，四十多了"。你赶紧说"怎么会呢，看上去这么年轻，至多三十几岁！"，别人听了肯定非常高兴。逢物添价说的是满足别人的虚荣心理，比如，一个人买了一件二百多元的衣服，你就说"这衣服质量很好，应该很贵吧？"，对方说"没有，才二百多！"，你说"怎么会呢，这么好的一件衣服肯定要四五百吧！"，对方说"真的只要二百多"，你再说"你真会买衣服，这么漂亮的衣服才花二百多"，对方也一定满心欢喜。还有这样一个故事，一个年轻的下属，有些不拘小节，时常会犯些小错误，上司决定严肃地批评他。年轻人很紧张，不想遭到上司的严肃批评，所以到了办公室后，见上司板着面孔坐在那儿，就故意不看他，而打量着上司的办公室，说："您的办公室布置得真漂亮，采光很好，墙上的装饰画也非常有格调！"上司不为所动，

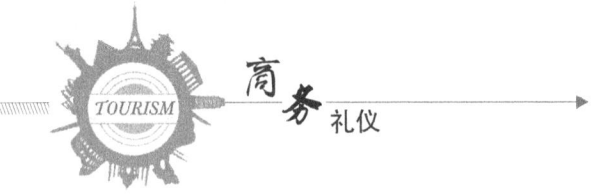

仍板着面孔,年轻人坐下后,仍不看上司的脸,却在办公台上东看西瞧,然后指着台上的一张照片问上司:"嘿,这张照片拍得真漂亮! 是在黄山拍的吧? 又有怪石,又有奇松,连流云都拍进来了,拍摄角度选得真好,我也在这里拍过照片,但换了很多角度,都拍得不理想。您怎么选出这样好的角度呢?"上司终于经不住年轻人不停地夸赞,说道:"真拿你没办法,但你以后要注意,随便时随便,该严肃时也要严肃,可不要老是不拘小节。"年轻人当然立即表示坚决改正。本来一次严肃的批评,就因为运用了赞扬,下属避免了尴尬,甚至还增强了上司对他的好感。所以说赞美是人际交往的润滑剂。

二、赞美的基本原则

一个经常赞扬子女的母亲可以创造出一个幸福快乐的家庭,而且可以培养出聪明懂事的孩子。一个经常赞扬学生的老师,不仅让学生生活在积极向上的氛围中,还可以带出一个有凝聚力的班集体。一个经常赞扬下属的领导者,不仅使得下属产生亲近感,工作热情更高,而且可以营造和谐的人际氛围,增加单位的凝聚力和向心力。

同样在商务交往中也需要赞美。赞美别人时如不审时度势,不掌握一定的赞美技巧,即使你是真诚的,有时也会弄巧成拙,引起他人的反感。首先,我们要掌握赞美的基本原则,才能形成融洽的商务交往氛围。

(一)赞美要真诚

真诚的赞美与阿谀奉承的区别在于前者发自内心,后者发自唇齿。为了赞美而赞美的话,赞美就会变成奉承或者拍马屁。如果你无根无据,虚情假意地赞美别人,会使人感到莫名其妙,觉得你是个诡诈虚伪、居心叵测、别有用心的人。因此,学会真诚地赞美别人是非常重要的。那么,怎样让别人感到真诚呢? 首先你对他人的赞扬一定是发自内心的,比如你确实欣赏他,想赞美他,这时,你只要说出你的心里话就可以了,最打动人心,最让人难以忘怀的就是心里话。真诚的赞美应该是符合事实、发自内心、实事求是的。

成功学大师卡耐基讲过这样一个故事。有一次,卡耐基到邮局去寄一封挂号信,人很多。卡耐基发现那位管挂号的职员对自己的工作已经很不耐烦,可能是他今天碰到了什么不愉快的事情,也许是年复一年地干着单调重复的工作,早就烦了。因此,卡耐基对自己说:"我必须说一些令他高兴的话。他有什么真的值得我欣赏的吗?"稍加用心,卡耐基立即就在他身上看到了值得欣赏的一点。因此,当他在接待卡耐基的时候,卡耐基很热诚地说:"我真的很希望有您这种头发。"他抬起头,有点惊讶,面带微笑。"嘿,不像以前那么好看了。"他谦虚地回答。卡耐基对他说:"虽然你的头发失去了一点原有的光泽,但仍然很好看。"他高兴极了,双方愉快地谈了起来。而他说的最后一句话是:"相当多的人称赞过我的头发。"卡耐基说:"我敢打赌,这位仁兄当天回家的路上一定会哼着小调;我敢打赌,他回家以后,一定会跟他的太太提到这件事;我敢打赌,他一定会对着镜子说,这的确是一头美丽的头发。当然,想到这些,我自己也非常地高兴。"

因此,要赞美对方的优点,这个优点一定要是事实,这样更容易让对方接受。

（二）赞美要具体

在日常生活中，人们取得突出成绩的时候并不多见。因此，交往中应从具体的事件入手，善于发现别人最微小的长处，并不失时机地给予赞美。赞美用语越翔实具体，说明你对对方越了解，对他的优势和亮点越看重。让对方感到你的真挚和可信，从而产生亲近效应。

很多人在赞美别人的时候喜欢说你很帅或者很漂亮之类的话，这些赞美的语言已经不是时下流行的赞美语言了。再说这样的话就有些恭维甚至拍马屁了，所以我们需要将赞美由整体到局部。赞美其某一个部分，比如皮肤很白，比如化妆化得很好，比如头发很柔顺，比如耳环很漂亮，比如服装搭配相当好，比如很有活力等等，从头发到眉毛、眼睛、鼻子、嘴巴、耳朵、脖子、眼镜、耳环、项链、胖瘦、腰围、肩宽、胳膊长度、手掌、指甲、大腿、鞋子、手机、手链、包、领带、手表、戒指等等，都可以作为赞美的点。

（三）赞美要适时得体

出门看天气，进门看脸色。赞美别人要相机行事、适可而止，真正做到"美酒饮到微醉后，好花看到半开时"。当别人计划做一件有意义的事时，开头的赞扬能激励他下决心做出成绩，中间的赞扬有益于对方再接再厉，结尾的赞扬则可以肯定成绩，指出进一步的努力方向，从而达到"赞扬一个，激励一批"的效果。

（四）赞美要因人而异

人的素质有高低之分，年龄有长幼之别，也有男女之异。因人而异，突出个性，有特点的赞美，比一般化的赞美能收到更好的效果。老年人总希望别人不忘记他"想当年"的业绩与雄风，同其交谈时，可多称赞他引为自豪的过去；对年轻人不妨语气稍微夸张地赞扬他的创造才能和开拓精神，并举出几点实例证明他的确能够前程似锦；对于经商的人，可称赞他头脑灵活，生财有道；对于漂亮的女孩，可以夸赞她的美貌；对于不漂亮的女孩，可以夸赞她的风度；同时见了漂亮和不漂亮的女孩，可以夸赞她们得体的服装或者气质风度。能够适当地道出他人内心的渴望并通过恰当方式表达出来的人最受欢迎。

（五）多赞美那些需要赞美的人

值得一提的是，赞美人要特别注意对象。在现实生活中，最需要赞美的不是那些早已功成名就的人，而是那些因被埋没而产生自卑感或身处逆境的人。他们平时很难听一声赞美的话语，一旦被人当众真诚地赞美，便有可能振作精神，大展宏图。因此，最有实效的赞美不是"锦上添花"，而是"雪中送炭"。赞美并不一定用那些固定的词语，有时，投以赞许的目光，伸出拇指做一个夸奖的手势，送一个鼓励的微笑，也能收到意想不到的效果。

三、赞美的十大技巧

（一）微笑是最好的赞美

微笑可以说是人际交往的魔力开关，是人际交往成功的秘诀，它能散发凡人无法抵挡的

魅力。而同时微笑又是人人都有的能力。有一家公关公司的秘书小姐,大家都公认她公关素质非常优秀,当公司与人谈生意,双方为讨价还价陷入尴尬时,她就会出现,给每人倒一杯茶,微笑着说:"做生意嘛,和气生财,这样吧,我们让点价。"于是一桩买卖成交了。有一次,这位小姐与同事们一同外出开会,途经服装店,上面挂的衣服吸引了她,她一看就喜欢,想买,可当时买衣服的人拥挤不堪,而时间又紧,要赶去开会,大家劝她开完会再买,可她说:"开完会,这衣服不就卖完了。你们等一下,我一会儿就能把衣服买回来。"果然,不到五分钟,她就把衣服买回来了,大家惊讶地问是否认识卖衣服的人,她说,从不认识。那她是怎样买到的呢?其实很简单。大家想想看,买衣服时人很多,大家都怕买不到,因此脸上表情都很焦急、难看,而这位小姐也不挤进去,只站在后面面对老板一笑:"先生,请把这件衣服拿给我!"别人的表情都很难看,而唯有她对着老板笑,老板能不注意她,不卖衣服给她吗!这就是微笑的作用。请人帮忙时面带微笑,别人难以拒绝你的请求;感谢别人时面带微笑,别人会加倍领受你的感激之情。心情郁闷时,微笑会解脱你的烦恼;开心得意时,微笑会使你更加愉快。所以我们每个人都应当充分使用我们与生俱来的秘密武器——微笑。

(二)记住他人的名字

记住他人的名字并把他叫出来,实质是对人不着痕迹的赞美,因为人人都对自己的名字看得异常珍贵,名字代表了拥有名字的人,使他在许多人中显得独立。古人讲避讳,君王的名字、长辈的名字、圣人的名字都不能让别人叫,以显示拥有者的尊贵。美国钢铁大王卡耐基曾经想与美国工业巨子普尔门联合办汽车公司,但卡耐基费尽口舌,提出了各种优惠条件,普尔门始终不同意,最后卡耐基灵机一动,对普尔门说"我们如果联合办了这个公司,就叫普尔门汽车公司吧!"普尔门听了,其他条件还没细谈就当场拍板同意了。可见人对自己的名字是何等重视。据说曾经的美国总统罗斯福就擅长运用这个技巧。每当有客人拜访,罗斯福就会要求手下把对方,甚至对方司机的名字、爱好整理好交给自己,提前背下来,会见时,罗斯福叫着对方的名字,主动迎上去,对方常常为此惊叹不已,会见结束时,罗斯福又坚持送对方上车,目的只是握握对方司机的手,亲切地叫着他的名字,有的司机顿时激动得热泪盈眶:美国总统都知道我的名字!他不知道罗斯福只是在几分钟前背下来的,可能过了一阵子,也会忘掉。但我想这位司机是终生不会忘记这一时刻的。能记住人名,不仅是一种技巧,也是一种本事。历史上许多名人,如恺撒大帝、拿破仑、周恩来都有这种本领。据说帮助罗斯福入主白宫的法布里能记住五万人的名字,这也是他成功的秘诀。如果你与人见面时,请记住他的名字,在第二次再见时就能叫出来,那么他一定认为你重视他,从而对你也产生好感。

(三)做一个好的听众

人人都觉得自己所说的话是十分重要的,因此听人说话也是对人的一种暗示性的赞美。温莎夫人,一位传奇般的美国寡妇,她的魅力改变了大英帝国的历史——令爱德华八世弃江山而爱美人,于是众多文人猎奇,探究其魅力何在?请看这样一段描写:当温莎公爵讲话时,温莎夫人用右手支撑着下腭,身体微微前倾,双眼含情脉脉地看着温莎公爵。试想下,有这样一位美人脉脉含情地听着,温莎公爵能不越讲越带劲吗!常听过这样的话,商务礼仪人员要做大耳朵、小嘴巴,少说多听,唯有倾听是找准客户需求的途径。弗洛伊德说:"如果你能使别人说得足够多,他简直无法掩饰其实质的感情或真正的动机。年轻人喜欢展望未来,年老人乐意沉湎过去,认真地听年轻人说话是对年轻人的鼓励,认真听老人说话是对老人的敬重。与人谈话,总是会说的喜欢会听的。"

(四)给对方没有期待的赞美

赞美不要跟在别人后面,人云亦云。如果一个人的优点很突出,可能很多人都赞美过了,那么你的赞美可能作用就不会有那么大了,但是如果你能发现他一些不为人知的优点,然后能巧妙地加以赞美,势必能取得更好的效果。巴尔扎克说,第一个形容女人为花者是聪明人,第二个这样形容的就一般了,第三个纯粹就是笨蛋。爱因斯坦就这样说过,别人赞美他思维能力强,有创新精神,他一点都不激动,作为大科学家,他也听腻了这样的话,但如果赞美他的小提琴拉得不错,他一定会兴高采烈。

卡耐基小时候是一个公认的非常淘气的坏男孩。在他 9 岁的时候,父亲把继母娶进家门。当时他们是居住在弗吉尼亚州乡下的贫苦人家,而继母则来自较好的家庭。他父亲一边向她介绍卡耐基,一边说:"亲爱的,希望你注意这个全县最坏的男孩,他可让我头疼死了,说不定会在明天早晨以前就拿石头扔向你,或者做出别的什么坏事,总之让你防不胜防。"出乎卡耐基意料的是,继母微笑着走到他面前,托起他的头看着他,接着又看着丈夫说道:"你错了,他不是全县最坏的男孩,而是最聪明、但还没有找到发泄热忱地方的男孩。"卡耐基一愣,没有想到能听到这样的赞美,心里热乎乎的,眼泪几乎滚落下来。正是因为这句话,激起了卡耐基前进的动力;也正是因为这句话,成就了 20 世纪最伟大的心灵导师。

(五)赞美别人自己也认可的优点

如果一个人自我感觉老态龙钟,你却赞美他年轻,他会觉得你虚伪;如果一个人是以节俭为美德,你却赞美他买的物品价格昂贵,他也会不快乐。所以要赞美得恰当,一定要赞美他自己也认可的优点。这就要我们善于观察、善于总结。一般一个人喜欢炫耀的,就正是他引以为得意的,就是他自己也认可的,你可放心地去赞美,他一定会高兴的。

(六)适度指出别人的变化

当你发现对方有值得赞美的地方,就要善于及时大胆的赞美,千万不要错过机会。这种赞美表示你在我心目中很重要,我很在乎你的变化,否则就是代表我瞧不上你,我不在乎你,这是很糟糕的。上级对下级、老师对学生、父母对孩子应多多使用这种方法,当然夫妻之间也可以使用。有这样一个例子:有一个家庭,原来都是妻子做饭做菜,可是后来妻子做人寿保险,工作特别忙,顾不了家,为了让丈夫乐意并学会做菜,她就采取每天表扬一点的方法,比如今天夸奖他盐放得刚好,明日又赞美他菜的色泽好,就这样丈夫在赞美声中天天进步,不知不觉中她卸下了家务的担子,而其丈夫却干得美滋滋的。

165

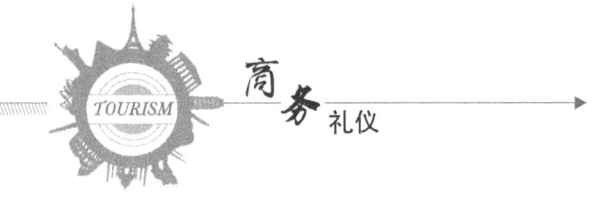

（七）最少期望时赞美别人

这种赞美来得真诚，也让自己养成赞美别人的习惯，不要到有事求人时方"急时抱佛脚"，甚至阿谀逢迎，献媚拍马，低三下四，而一旦别人没帮上忙时，就脸色立变，翻脸不认人。要永怀一颗感恩的心，不时发现他人的美好加以赞美，无论别人是否帮上忙，都由衷地感谢别人。

（八）信任刺激

此法的经典之语为，"只有你……，能帮我……能做成……"。此法据考证，毛主席最为娴熟，他曾说过："谁敢横刀立马，唯我彭大将军。"长征中毛主席派刘伯承过乌江，说的是因为刘伯承是四川的一条龙，他肯定过得去；派林彪去东北，也是用的此招，林彪短短两年，把几万人发展成100万人的大军，替他解放了大部分的中国；派罗荣桓山东，还是这个"把戏"。请别人帮忙也是对别人的赞美，这是因为你给了他人以重要人物的感觉。当一个人对别人说"这事只有你能帮我"的时候，对方就会油然升起一种重要人物，甚至英雄人物的豪气来。请人帮忙的目的，只是为了让他感觉重要，而不是为了强人所难，应当让别人帮一些力所能及的小忙。

（九）适当运用间接赞美的技巧

间接赞美是指借第三方的话来赞美对方。比如说，你到领导办公室去汇报工作，看见他的办公桌上放着孩子的照片，可以依此判断他是一个非常重视家庭关系、重视与子女关系的人。因此你可以说："上次听某某说您儿子除了成绩好之外，钢琴还弹得特别好，真是虎父无犬子，跟您一样的优秀！我要多多向你讨教讨教培养小孩的良方啊。"这就是借着赞美小孩的话，把他父亲也一并赞美了。

还有一种是在对方不在场的情况下，向第三方说出赞美对方的话，可能会达到意想不到的效果。小周是一名地铁站的安检人员。一次，同事小李在吃饭的时候跟他说："上次，主管领导跟我说，我们这里，最负责、最勤快的就是你了，要我们多多向你学习，要不然有晋升机会的时候，可就没法追上你了！"小周心里暗下决心："一定要比之前工作更加认真努力！"无形中，领导的话由第三方转述出来，效果比直接的赞美会更好。

（十）记住对方特别的日子，或是特别的事情

记住对方特别的日子，或者特别的事情，并在关键的时候提出来，你会发现，你们之间的沟通会越来越有味道。在特别的日子里，给人送去一些祝福和礼物，能给对方很大的惊喜，从而达到意想不到的效果。这需要平时的积累，好的方法就是用手机备忘录（电话本、名片），在对方联系方式的旁边记上他的生日、老婆的名字、儿子的名字、得意的事情等。

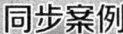

同步案例

IBM 公司的"金环庆典"活动

美国 IBM 公司每年都要举行一次规模隆重的庆功会,对那些在一年中做出过突出贡献的销售人员进行表彰。这种活动常常是在风光旖旎的地方,如百慕大或马霍卡岛等地进行。对 3% 的做出了突出贡献的人所进行的表彰,被称作"金环庆典"。在庆典中,IBM 公司的最高层管理人员始终在场,并主持盛大、庄重的颁奖酒宴,然后放映由公司自己制作的表现那些做出了突出贡献的销售人员工作情况、家庭生活乃至业务爱好的影片。

在被邀请参加庆典的人中,不仅有股东代表、工人代表、社会名流,还有那些做出了突出贡献的销售人员的家属和亲友。整个庆典活动,自始至终都被录制成电视(或电影)片,然后被拿到 IBM 公司的每一个单位去放映。

在这种庆典活动中,公司的主管同那些常年忙碌,难得一见的销售人员聚集在一起,彼此毫无拘束地谈天说地,在交流中,无形地加深了心灵的沟通。尤其是公司主管那些表示关心的语言,常常能使那些在第一线工作的销售人员"受宠若惊"。正是在这个过程中,销售人员更增强了对企业的"亲密感"和责任感。

(资料来源:https://wenku.baidu.com/view/004a7f9ddd88d0d233d46aaf.html.)

167

第四节　倾听的技巧

案例引导

最伟大的推销员

乔·吉拉德是世界上最伟大的销售员,连续 12 年荣登世界吉尼斯记录大全世界销售第一的宝座,但最初他也并未如此得心应手。

有一次,吉拉德花了半小时才让一位顾客下定决心进自己的车行来看看他的车。吉拉德所做的一切都不过是为了让顾客走进自己的办公室,最终签下一纸购车合约。

当他们看完车向吉拉德的办公室走去时，那位顾客开始向吉拉德提起他的儿子就要进入密歇根大学的事。他十分自豪地说："乔，我儿子要当医生。"

"那太棒了。"吉拉德说。当他们继续往前走时，吉拉德把门打开，一边看那些正在看着自己"演戏"的推销员们，一边听顾客说话。"乔，我孩子很聪明吧！"他继续说，"在他还是婴儿时我就发现他相当聪明。"

"成绩非常不错吧？"吉拉德说，仍然望着门外的人。

"在他们班最棒。"那人又说。

"那他高中毕业后打算做什么？"吉拉德问道。

"我告诉过你的，乔，他在密歇根大学学医。"

"那太好了。"吉拉德说。

突然地，那位顾客看着他，意识到吉拉德有些忽视他所讲的话。

"嗯，乔，"他忽然说了一句，"我该走了"。就这样他离开了。

下班后，吉拉德回到家想想今天一整天的工作，分析他所做成的交易和他失去的交易，开始考虑白天见到的那位离开的顾客。

第二天上午，吉拉德给那位顾客的办公室打了个电话说："我是乔·吉拉德，我希望您能再来一趟，我想我有一辆好车可以卖给您。"

"我已经从别人那买了车。"

"是吗？"

"是的，我从那个欣赏、赞赏我的人那里买的。当我提起我对我的儿子吉米有多骄傲时，他是那么认真地在听。"

随后他沉默了一会儿，又说："乔，你并没有听我说话，对你来说我儿子吉米能不能成为医生并不重要。好，现在让我告诉你。你这个笨蛋，当别人跟你讲他的喜恶时，你得听着，而且必须全神贯注地听。"

顿时，吉拉德明白了他当时所做的事情，此时他才意识到自己犯了一个多么大的错误。

"先生，如果这就是您没从我这儿买车的原因，"乔说，"那确实是不错的理由。如果换成是我，我也不会从那些不在乎我说话的人那儿买东西。对不起，先生，现在我希望您能知道我是怎么想的。"

"你怎么想？"他说道。

"我认为您很伟大。我觉得您送儿子上大学是十分明智的。我敢打赌您儿子一定会成为世上最出色的医生。我很抱歉让您觉得我无用，但是您能给我一个赎罪的机会吗？"

"什么机会，乔？"

"有一天，如果您能再来，我一定会向您证明我是一个忠实的听众，我会很乐意那么做。当然，经过昨天的事，您不再来也是无可厚非的。"

三年后，这位顾客又来了，这次吉拉德卖给他一辆车。他不仅买了一辆车，而且也介绍了他许多的同事来买车。后来，吉拉德还卖了一辆车给他的儿子——吉米医生。

是这位顾客给了吉拉德一个极好的教训,同时也让他学到了一招推销的绝招。从此以后,吉拉德从未在听顾客讲话时分心。他说:"毕竟,上帝赐予我们听人讲话的能力,我们必须充分利用。"

对于每个进入自己车行的顾客,吉拉德都要问问他们,问他们是做什么的,家里人怎么样,等等。然后,吉拉德再认真地聆听他们讲的每一句话。大家都喜欢这样,因为这会给他们带去一种受重视的感觉,而且让他们感觉到你是十分关心他们的。

(资料来源:马里.世界上最伟大的推销员乔·吉拉德[M].北京:海潮出版社,2012.)

一、倾听的五个层次

从"听"的繁体字"聽"来看,我们的古人造字是非常聪明的。左边一个"耳",是指听别人讲话的时候一定要用耳朵听进去。右边的上方是个"十",代表要加上下面横躺的一个"目"字,是指听的时候还得带上眼睛,要观察对方的表情,准确了解对方想要表达的意思,右边的下面有"一"和"心",是指还得带上你的一颗真心,听别人讲话不能只左耳进右耳出,而是要用心去听对方讲话,最后,左边下面的一个"王"字,是指要把对方当成王一样,引申为要尊重对方,态度要端正。从字面上就指出了我们在平时的倾听中需要注意的事项。

倾听在商务活动中是非常重要的一种沟通行为,怎么能让我们更好地倾听呢?首先需要了解倾听的五个层次。

(一)忽视地听

忽视地听是指在跟别人进行沟通时,连耳朵都没有用上,心里自以为是,对别人不屑一顾,这是最糟糕地听。

(二)假装在听

假装在听是指耳朵用上了,但是没有用心,跟别人进行沟通时,对方的话基本上是左耳进、右耳出。例如在单位开大会的时候,很多人表面上好像认真在听,其实思维已经天马行空,早就不在会场了,人在心不在。

(三)有选择地听

有选择地听是指对对方或者是对谈论的事项有先入为主的观念,只听自己想听的部分,根据以往的经验对说话的人,或讨论的话题进行判断,来选择什么事听,什么事不听。这种情况经常是出现于上级对下级的谈话,有些上级会根据自己的经验,随意插话,不等下属说完就直接判断,并进行指导,往往会出现问题。

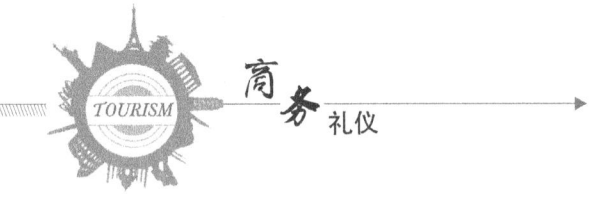

（四）全神贯注地听

全神贯注地听是指在与人沟通时，可以认真地、完整地以积极的姿态来倾听对方的谈话，表现出对对方的尊重。

（五）同理心地听

同理心地听是指在与对方沟通时，不仅有眼神上的交流，也能全神贯注地倾听对方的讲话，更重要的是能够以平和的心态，撇开固有观念，站在对方的角度去考虑沟通的内容。在沟通时，打开身上的所有感官，去观察对方，去感受对方，让自己感同身受。这是最高层次的倾听。有时候语言沟通表达出来的信息可能并不是最完整的，结合非语言透露出来的信息，能使我们更完整地了解对方的真正用意。

二、有效倾听的技巧

（一）用同理心倾听

同理心是 EQ 理论的专有名词，是指正确了解他人感受和情绪，进而做到相互理解、关怀和情感上的融洽。

同理心是一个心理学概念。它的基本意思是说，一个人要想真正了解别人，就要学会站在别人的角度来看问题，也就是人们在日常生活中经常提到的设身处地、将心比心的做法。心理学家发现，无论在人际交往中发现什么问题，只要你坚持设身处地、将心比心，尽量了解并重视他人的想法，就比较容易找到解决问题的方法。尤其在发生冲突和误解时，当事人如果能够把自己放在对方的处境中想一想，也许就可以了解到对方的立场和初衷，进而求同存异、消除误会。其实同理心并不是什么新的想法，早在两千多年前的孔子就说过："己所不欲，勿施于人。"这就是同理心所说的，要做到"推己及人"：一方面自己不喜欢或不愿意接受的东西千万不要强加给别人；另一方面，应该根据自己的喜好推及他人喜好的东西或愿意接受的待遇，并尽量与他人分享这些事物和待遇。西方文化同样也有强调和推崇同理心的传统，基督教中的"黄金法则"说："你们愿意人怎样对你们，你们也要怎样待人。"其实这就是同理心原则的体现，就是将心比心。同样的时间、地点、事件，将当事人换成自己，就是设身处地地去感受、去体谅他人。

美国著名的思想家、文学家爱默生有一次想和儿子一起把一头小牛赶到谷仓里去。于是，他在后面用力地推，他的儿子在前面用力地拉，可是，小牛似乎纹丝不动，不管他们怎么使劲，小牛都不肯离开草地。就在他们正绝望的时候，一位农妇正好路过，农妇咯咯咯地笑出声来，她把两个男人支开，用自己的手指放进小牛的嘴里，让小牛一边吮吸，一边轻轻地将小牛推到了谷仓。

为什么农妇把小牛赶到了谷仓呢？其实她只是比这父子俩更懂得小牛在想什么，只要能满足其需求，不仅是人，就连牲口也会听话，由此可见，一定要运用同理心来理解对方的需求。站在对方的立场上考虑问题，理解他人，达到感情上的共鸣，就能达到有效沟通。

（二）及时回应

倾听，并不等于完全单向地接收信息，当对方讲到精彩处时，可以击掌响应；当对方讲到幽默处时，可以以笑回应；当对方讲到紧张处时，要避免弄出声响；当对方所表达的观点与自己的观点一致时，还可以轻轻点头以示赞同，呼应配合在某种程度上可极大地调动说话人的情绪。

（三）适时插话

为了使谈话得以深入，可以适当提问或对其所说的话稍加评论，如"这倒是个好办法""能否讲得再具体点"等，从而引出对方源源不断的话题。也可以适时地用简短的语言，如"是""对""很好""太有意思了"等，来表示你不但在听，而且饶有兴趣，还可发表相似想法使谈话顺利进行下去。

总的来说，要做到有效倾听，首先应当做好倾听的准备，给对方一个信息或一个眼神，表明已经准备好了；其次要有积极的行动表现，在沟通时可以不时地点头示意，身体也可以略微前倾，表达对所谈事项有充分的兴趣；最后要准确地理解对方的全部信息，可以重复重点，与对方进行确认，如有未理解的地方，一定要提出，请对方再做说明。

 本章小结

　　言谈对话是人与人之间交流与沟通最重要的途径之一，只有掌握正确的言谈礼仪，才会在与人的交流、沟通中，特别是在商务活动中，始终处于主动位置。本章主要讲解包括商务言谈礼仪的基本要求、言谈礼仪的技巧、赞美的艺术和倾听的技巧等四个方面的内容。

　　（1）商务言谈礼仪的基本要求，包括言谈礼仪的功能、原则和要求等内容。

　　（2）商务言谈礼仪的技巧，包括学会礼貌用语，丰富自己的知识库、注重言谈技巧和选择合适的开场白等。

　　（3）学会赞美的艺术，包括赞美的作用、基本原则和十大技巧等。

　　（4）掌握倾听的技巧，包括倾听的五个层次及有效倾听的技巧等。

 关键概念

　　言谈礼仪　开场白　赞美　倾听　同理心

复习思考题

☐ **复习题**

1.简述言谈商务礼仪的礼仪功能和基本原则。

2.商务言谈礼仪有哪些技巧？其基本原则是什么？

3.简述赞美的十大技巧。请举例说明。

4.简述倾听的五个层次。

☐ **思考题**

如果你要去参加一次正式的商务宴请活动,请问你该如何着装?

案例解析

1.新任局长宴请退居二线的老局长。席间端上一盘油炸田鸡,老局长用筷子点点说:"喂,老弟,青蛙是益虫,不能吃。"新局长不假思索,脱口而出:"不要紧,都是老田鸡,已退居二线,不当事了。"老局长闻听此言,顿时脸色大变,连问:"你说什么? 你刚才说什么?"新局长本想开个玩笑,不料说漏了嘴,触犯了老局长的自尊,顿觉尴尬万分。席上的友好气氛尽被破坏。

分析讨论:

(1)"莫对失意人谈得意事"结合本案例谈谈你对这句话的理解。

(2)在正式场合开玩笑应该注意什么?

2.一天,参加工作不久的杨小姐被派到外地出差。在卧铺车厢里,碰到一位来华旅游的美国姑娘。美国姑娘热情地向杨小姐打招呼,使杨小姐觉得不与人家寒暄几句实在显得不够友善,便说着一口流利的英语,大大方方地与对方聊了起来。

交谈中,杨小姐有点没话找话地询问对方:"你今年多大岁数呢?"美国姑娘所答非所问地说:"你猜猜看。"杨小姐自觉没趣,又问道:"你这个岁数,一定结婚了吧?"更令杨小姐吃惊的是,对方居然转过头去,再也不理她了。一直到分手,两个人再也没说一句话。

分析讨论:

为什么美国姑娘再也不理杨小姐了?

◇**相关链接**

推荐进一步阅读文献：

1.胡越.大学生微信朋友圈语言现象的认知研究[J].文化创新比较研究,2018(1).

2.颜彦.肢体语言对大学生公众演讲焦虑的影响[J].辽宁师专学报(自然科学版),2018(2).

3.周凯威.赞美他人的艺术[J].政工导刊,2017(1).

4.邵易珊.商务谈判礼仪中的形象塑造与语言技巧探讨[J].环渤海经济瞭望,2018(7).

5.侯睿哲.马云别有风趣的开场白[J].思维与智慧,2017(24).

6.朱冬青.《新闻1+1》节目开场白的话题导入功能[J].青年记者,2017(14).

7.赵维娜.旅游接待礼仪中服务语言分类及运用艺术[J].淮北职业技术学院学报,2015(6).

8.贺琦.浅谈社交活动中的赞美语言艺术与技巧[J].安徽文学,2012(1).

第六章

商务会议礼仪

学习目标

通过本章的学习,了解一般商务会议的类型和功能,掌握一般商务会议的筹备、组织、实施以及不同人员的参与礼仪;掌握发布会的筹备、注意事项及会后的后续工作;了解赞助的作用、分类及原则,理解赞助会的步骤,掌握赞助会的礼仪及相关注意事项;理解展览会的分类及组织,掌握参展单位应注意的礼仪;能够利用所学相关知识策划组织相关商务会议。

所谓会议,又称集会或聚会,在一般情况下,是指有领导、有组织地使人们聚集在一起,对某些议题进行商议或讨论的集会。商务会议形式多样,有旨在保证企业各项工作顺利开展的日常性、一般性的商务会议,也有临时性的特殊会议,如向社会各界发布各类消息的发布会、企业为扩大知名度和美誉度而举行赞助的赞助会、为了介绍和展示本单位的业绩和成果的展览会等。

不同的会议对礼仪有不同的要求,但不管是哪一类会议,为确保会议的正常召开和顺利进行,商界人士在办会过程中一定要遵循有关的礼仪规范。

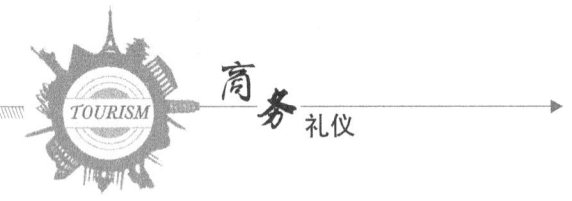

 第一节 一般商务会议礼仪

案例引导

全国人大会议会场布置

全国人民代表大会会场设在人民大会堂万人大礼堂。会场的布置很有代表性,可作为其他会议的参考。会场布置按照庄重、严肃、简洁、朴素的原则进行,避免奢华装饰。座椅多用深色调凸显庄重,座位卡、文件、水杯等整齐摆放,场内一般采用暖色灯光照明。主席台背景用浅色底幕,中间挂国徽,两旁各置五面红旗,主席台上方悬挂红底白字会标,两侧有大型电视屏。主席台、报告席不摆放鲜花绿植。主席台上就座的是包括中央领导同志在内的大会主席团成员。其中,大会执行主席在最前排。全国人大代表在大会堂一层会场就座,各代表团至少有一位团长或副团长在第一排就座,其他代表按照姓氏笔画顺序纵向排列。从十一届全国人大一次会议开始,每次大会对代表团和代表的席次整体上进行轮换安排,基本保证每届五年的各代表团都有机会在会场中区就座,保证代表都有机会在会场前区和中区就座。国务院组成人员等列席大会的人员在一层会场左前区就座,其他列席、旁听人员在会场后区和二层就座。

(资料来源:http://www.sohu.com/a/225198678_391461.)

商界人士在商务交往中必不可少的一件事情,就是要组织会议、领导会议或者参加会议。因此,会议是商务活动的有机组成部分之一。

一、会议的种类

在企业中,由于会议发挥着不同的作用,因此便有着多种类型的划分。依照会议的具体性质,一般的商务会议大致可以分为如下四种类型。

第一,行政型会议。它是商界的各个单位所召开的工作性、执行性的会议,如行政会、董事会等。

第二,业务型会议。它是商界的有关单位所召开的专业性、技术性会议,如展览会、供货会等。

第三，群体型会议。它是商界各单位内部的群众团体或群众组织所召开的非行政性、非业务性的会议，旨在争取群体权利、反映群体意愿。例如，职代会、团代会等。

第四，社交型会议。它是商界各单位以扩大本单位的交际面为目的而举行的会议，如茶话会、联欢会等。

一般而言，以上四种类型的会议，除群体型会议之外，其他三种会议均与商界各单位的经营、管理直接相关，因此称之为商务会议。

二、会议的功能

在商务交往中，商务会议发挥着极其重要的作用，概括地讲，其主要有五大功能。

一是决策功能。商务会议是通过民主做出决策的一种重要手段。决策功能是会议活动的基本功能。随着社会的不断发展，行业与行业之间、部门与部门之间的联系比历史上任何时候都更加紧密、更加重要，在这种情况下，商务会议的功能更是不断地得到充分的体现。

二是执行功能。商务会议可以传达公司和决策者的信念，在会议中传达公司的经营理念，统一上下员工的步调，改进公司的缺失，让公司能够更好。同时通过会议，集思广益，把大家的意见统一起来使之成为公司即将遵循的一个方向，这样才能众志成城，又快又好地将目标变为现实。

三是沟通职能。如各种形式的交流会、情况通报会。商务会议的沟通就是在会议进行过程中，与会人员相互之间通过直接地交换意见，实现相互间信息的瞬间共享。在这方面，商务会议的功能是其他任何形式都难以比拟和取代的。

四是协调功能。商务会议的协调功能就是通过会议消除与会人相互之间的差异，并在共同的目标指导之下，达到认识的统一和行动的一致。如各种形式的汇报会、协调会。

五是监督功能。许多公司或部门的常规会议其主要目的是监督、检查员工对工作任务的执行情况，了解员工的工作进度；同时，借助会议这种"集合"的、"面对面"的形式，来有效协调上下级以及员工之间的矛盾。如各种形式的总结、评比会都能起到监督的作用。

三、会议的筹备

据统计，会前筹备的效果占会议有效性的 70%。可以说，高质量的会前筹备工作，是会议质量的保证，是会议成功的前提。因此，必须以高度的责任心做好会议筹备工作。会前筹备工作主要包括以下七项：会议目标的确定、会议时间的选择、会议地点的选择、会议议程的制定、会议通知的派发、会场的布置和会议物品的准备等。

（一）会议目标的确定

1.明确会议的总体目标

会议的总体目标是召开会议的广义理由。典型的会议总体目标包括找出或解决问题、献计献策、收集或组织信息、决策以及计划等。

2.明确会议的具体目标

要想使会议有一个具体的目标,必须准确地描绘出主办者希望取得什么样的结果。含糊笼统的目标很难成为行动的指南。例如,某企业领导决定开会研讨降低产品不良率的方案。倘若他将会议目标定位为"探讨如何降低产品的不良率",则该目标不明确,因为他没有具体地指出产品的不良率在多长时间内应该降低多少,但他若将会议目标改为"探讨如何在10月底之前将该产品的不良率由目前的10%降低至5%",这个缺点将不复存在。

（二）会议时间的选择

会议时间的选择应考虑到交通、茶歇服务和会场布置等事项。同时,应该充分考虑并选择会议的最佳时间。

1.选择科学合理的时间

研究表明,8:30—10:30是会议最可能取得高效率的一段时间,15:00—17:00也同样如此。还有研究结果表明,上午的开会效果要比下午的开会效果明显好一些。另外,由于人的生物钟在整点的时候会提醒自己的作息安排,所以也可把会议召开的时间设定为整点后10至15分钟。

2.选择方便与会者的时间

为了让与会者准时到会,必须仔细斟酌最适当的会议时间。比如,先考虑主持人能否出席,与会者能否出席,会议所需使用的设施是否准备妥当,会议准备工作是否已经完成等。最好避免在漫长的假期、一个星期的开头和结尾召开会议,主要参与者出差当天或返回当天最好不要召开非紧急会议。

3.明确会议起止时间

大多数会议都只列明开始时间,而无结束时间。这样势必降低会议效率,因为没有终止时间,本来1个小时的会议,有可能被拖到2个小时。所以每一场会议都必须列明结束时间。一般大型会议会期不宜超过2天,专题会、研讨会可在一个半小时左右,总结会通常短至一小时左右,例会短小精悍,以10分钟左右为宜。一场有效率的会议以不超过一个半小时为限,而超过一个半小时的会议,中途应设置休息时间,并安排好茶歇服务。

（三）会议地点的选择

会议地点的选择是决定会议能否成功举办的关键因素之一。如果你想使会议取得圆满成功,会议地点一定要仔细选择。

1.会场地点是否合适

(1)与会人员能否轻松方便地到达会场?

(2)会场地点是否适合举办其他的活动、展览或者短途旅行?

(3)会场所在地是否安静? 如果需要的话,附近是否有住宿场所?

(4)诸如会议设备、住宿场所等相关设施在会议期间是否可用?

2.会场大小

(1)会场座席数目是否合适?

(2)会议室能否给与会人员提供舒适的参会环境？

(3)各会议室布局是否合理？能否让参会人员都能毫不费力地看到讲话人员？

(4)会场设置能否让与会人员轻松方便地在会场里自由移动？

3.会场设备

(1)会议室类型是否齐全？会场内是否有礼堂？是否有可举办分会的小型会议室？

(2)会场内是否提供投影仪、电子书写板、文具、无线网络接口、复印服务等？

(3)会场能否提供足够的停车位？

(4)会场能否提供餐馆或酒吧，供与会人员会后交流和娱乐之用？

（四）会议议程的制定

议程即会议的程序表。议程所涵盖的除了足以实现会议目标的各种议案之外，还包括与会者姓名、会议时间以及会议地点等项目。在编排议程的时候，最好能遵循以下两个原则。

1.按照议案的轻重缓急编排处理的先后次序

一般来说，紧要的事项应排在议程的前面处理，不紧要的事项则应排在议程的后面处理。这样做的一个好处是，就算在预订的会议时间内无法将全部议案处理完毕，但起码较紧要的议案已被处理过。那些相对不紧要的议案，则可另择时间处理，或者是并入下次会议中再处理。

2.对每一个议案应预估所需的处理时间并明确地标示出来

预估每一个议案所需的处理时间，并明确地标示出来。如果能这样做的话，主席就可让某些人只参与和他们相关的某些特定议案的讨论。为让与会者对会议及早做准备，议程和会议通知应事先一起发给与会者。书面的议程有另一个重要好处，即有助于会议目标的具体化。这样，会议就能按照既定轨道进行。

（五）会议通知的派发

一般的会议通知最好是在开会前一周寄到与会者手中，因为现代人在安排各种活动时，多半提前一个星期做规划，而且一个星期的时间也足以做好开会前的各种准备工作。超过一个星期的会议通知比较容易被遗忘，所以当你提前更长时间发出会议通知时，最好能在开会前两三天设法再提醒与会者。

知识链接　　　　　　会议通知的内容

一份良好的会议通知，在内容上至少应包括下列五项。

(1)开会的时间（包括日期及起止时间）。

（2）开会地点。如果与会者不熟悉开会地点，则应附上确切的位置图及交通路线图。

（3）会议的目标。

（4）与会者需事先准备的事项。

（5）其他与会者的姓名。

（资料来源：https://zhidao.baidu.com/question/267348610.html.）

（六）会场的布置

会场的布置包括会场的装饰、座次的安排等。

1.会场的装饰

一般大型的会议，根据会议内容，要在场内悬挂横幅或标语。标语的制作要集中体现会议的主题精神，简洁、上口、易记，具有宣传性和号召力。有时候，还要在门口张贴欢迎和庆祝的标语。花卉是礼仪不可缺少的重要道具，在会议上，花卉还可以减轻与会者的疲劳感。因而，根据不同的会议场合可在会场摆放适当的青松盆景、盆花等，也可选用一些能够突出中华民族特色的花卉，如以梅花、牡丹、兰花、杜鹃、桂花、水仙等名花为题材的花卉艺术品、插花、盆景等，用无声的语言向人们传播文化、表达礼仪。

为使会场更加庄严，主席台上还可悬挂国旗、党旗，或国徽、会徽等。会议的旗帜，包括主席台上悬挂的和会场内外悬挂的。主席台上的旗帜应该挂在会徽两边，显得庄严隆重。主席台的两侧插上对应的红旗或彩旗，又可增加喜庆气氛。而会场门口和与会者入场的道路两旁也可插上红旗或彩旗，将会议的热烈气氛更多地洋溢在会场内外，衬托会议的精神。

2.座次的安排

对于全场的桌椅、座次的安排要适合会议的风格和气氛，讲究礼宾次序。座次安排主要有以下几种类型。

（1）剧院式。

在会议厅内面向讲台摆放一排排座椅，中间留有较宽的过道。其特点是在留有过道的情况下，最大限度地摆放座椅，最大限度地将空间利用起来，在有限的空间里可以最大限度容纳人数；但参会者没有地方放资料，也没有桌子可用来记笔记。这种安排适用于新闻发布会、论坛、辩论会和启动仪式等，如图6-1所示。

（2）课桌式。

会议室内将桌椅按排端正摆放或成"V"形摆放，按教室式布置会议室，每个座位的空间将根据桌子的大小而有所不同。此种设计可针对会议室面积和观众人数在安排布置上有一定的灵活性；参会者可以有放置资料的桌子，还可以最大限度容纳人数。这种座次安排适用于论坛、新闻发布会、研讨会和培训会等，这种形式便于听众做记录，如图6-2所示。

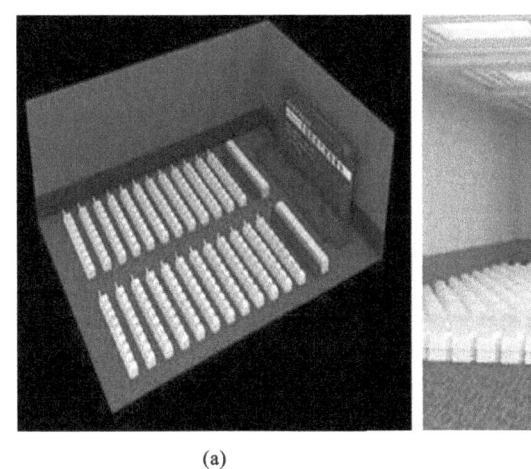

(a)

(b)

图 6-1　剧院式座次安排

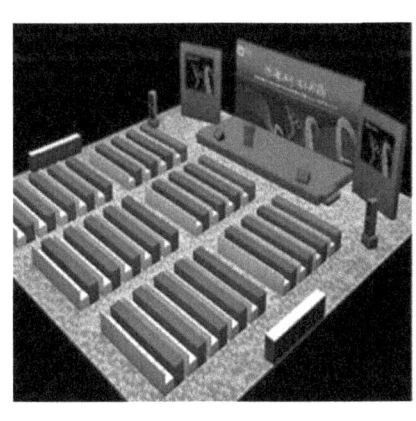

(a)

(b)

图 6-2　教室式座次安排

（3）长方形。

将会议室里的桌子摆成方形中空，前后不留缺口，椅子摆在桌子外围，通常桌子都会铺上桌布，中间通常会放置较矮的绿色植物，在最前端会摆放投影仪专用的小桌子。此种类型的摆桌常用于学术研讨会等类型的会议，前方设置主持人的位置，可分别在各个位置上摆放麦克风，以方便不同位置的参会者发言。此种台型的会议室容纳人数较少，对会议室空间有一定的要求，如图 6-3 所示。

（4）"U"形

将桌子连接着摆放成长方形，在长方形的前方开口，椅子摆在桌子外围，通常开口处会摆放放置投影仪的桌子，中间通常会放置绿色植物以做装饰；不设会议主持人的位置以营造比较轻松的氛围；多摆设几个麦克风以便自由发言；椅子套上椅套会显示出较高的档次，如图 6-4 所示。

(a)　　　　　　　　　　　(b)

图 6-3　长方形座次安排

(a)　　　　　　　　　　　(b)

图 6-4　"U"形座次安排

3.主席台排座

大型会场的主席台,一般应面对会场主入口。主席台和听众席相对摆放。主席台的座次要按人员的职务、社会地位排列。在其每一名成员面前的桌上,均应放置双向的桌签。主席台座位要满位,不可空缺,如果原定出席的人因故不能来,要撤掉座位。主席台排座,具体又可分作主席团排座、主持人座席、发言者席位等三个不同方面的问题。

(1)主席团排座:主席团,在此是指在主席台上正式就座的全体人员。按照国际惯例排定主席团位次的基本规则有三:一是前排高于后排,二是中央高于两侧,三是右侧高于左侧。具体来说,领导为单数时,主要领导居中,2 号领导在 1 号领导左手位置,3 号领导在 1 号领导右手位置,依此类推;领导为偶数时,1、2 号领导同时居中,1 号领导在中间左侧就座,2 号领导在中间右侧就座,3 号领导依然紧邻 1 号领导就座,依此类推。需要注意的是,主席台上判断左、右的基准是顺着主席台上就座的视线,而不是观众视线。

(2)主持人座席:会议主持人,又称大会主席。其具体位置有三种方式可供选择:一是居于前排正中央;二是居于前排两侧;三是按其具体身份排座,但不宜就座于后排。

(3)发言者席位:又叫做发言席。在正式会议上,发言者发言时不宜就座于原位发言。发言席的常规位置有两种:一是主席团的正前方;二是主席台的右前方,如图 6-5 所示。

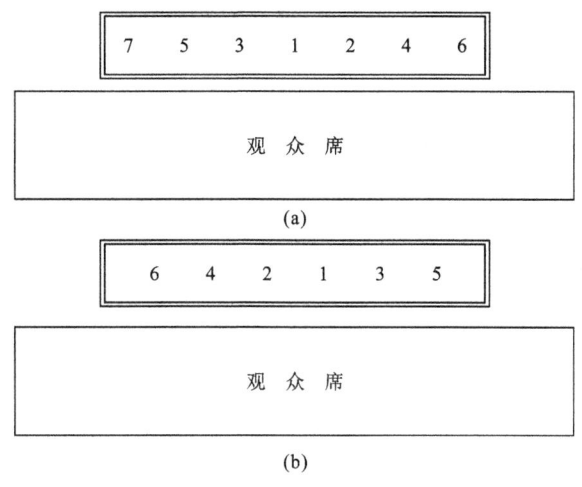

图 6-5　主席团排坐安排

4.群众席排座

在大型会议上,主席台之下的一切座席均称为群众席。群众席的具体排座方式有两种。

(1)自由式择座,即不进行统一安排,由大家各自择位而坐。

(2)按单位就座,它指的是与会者在群众席上按单位、部门或者地位、行业就座。它的具体依据,既可以是与会单位、部门的汉字笔画的多少,汉语拼音字母的前后,也可以是其平时约定俗成的序列。按单位就座时,若分为前排后排,一般以前排为高,以后排为低;若分为不同楼层,则楼层越高,排序越低。在同一楼层排座时,又有两种普遍通行的方式:一是以面对主席台为基准,从前往后进行横排;二是以面对主席台为基准,自左而右进行竖排。

（七）会议物品的准备

会议用品的准备包括条幅、水杯、文具、纸张、簿册、标识与座位牌、多媒体与板书设备、签到处、音响和摄影摄像等。在开会前一天应逐一准备与调试,并在会议开始后半小时前到会检查。签到处应设在宽敞便于有次序进入的地方,可引导签到、领取资料、提供帮助和统计人数等。条幅常为红底白色,字间隔应为(宽度一字间隔)/(字数＋2)。桌签是会务人员在设有主席台的大会、座谈会和茶话会等会议上为就座人员标明座次及引导就座时使用的。会议条幅和桌签一定要确保准确无误。茶水为八分满,提前斟好,保证开会时水温适中。

四、会议服务的礼仪

在会议进行阶段,负责会议具体服务工作的商界人士,要做的工作主要有以下五项。

(1)会议例行服务。会议举行期间,一般应安排专人在会场内外负责迎送、引导和陪同与会人员。对与会的贵宾以及老、弱、病、残、孕者、少数民族人士、宗教界人士、港澳台同胞、海外华人和外国人等,往往还需重点照顾。对于与会者的正当要求,应有求必应。

(2)会议签到。为掌握到会人数,严肃会议纪律,凡大型会议或重要会议,通常要求与会

者在入场时签名报到。负责此项工作的人员,应及时向会议的负责人进行通报。

（3）餐饮安排。举行较长时间的会议,一般会为与会者安排会间的工作餐。与此同时,还应为与会者提供卫生可口的饮料。会上所提供的饮料,最好便于与会者自助饮用,不提倡为其频频斟茶续水。那样做往往既不卫生、安全,又有可能妨碍对方。

（4）会议记录。凡重要的会议,均应进行现场记录,其具体方式有笔记、打印、录入、录音和录像等,可单用一种,也可交叉使用。负责手写笔记会议记录时,对会议名称、出席人数、时间地点、发言内容、讨论事项、临时动议和表决选举等基本内容要力求做到完整、准确、清晰。

（5）编写会议简报。有些重要会议,往往在会议期间要编写会议简报。编写会议简报的基本要求是快、准、简。快,是要求其讲究时效;准,是要求其准确无误;简,则是要求文字精练。

五、会议主持人的礼仪

会议主持是一门学问、一门艺术,会议主持人应了解和具备基本主持礼仪,会议主持人的礼仪从以下五个方面得到体现。

（一）严肃会议作风

一要准时到会,不能迟到。二不准私下交谈,不允许做私活、早退席。三是发言不能信口开河,不能离题胡扯。四要集中时间和精力解决主要问题。五要发扬民主,不搞一言堂。与会者只有自由地说出自己的意见,才能更好地集思广益。主要结论应当场确认,会而有议,议而有决,决而必行。

（二）运用丰富幽默的主持语言

主持会议要通过语言表述来进行。因此,主持人应特别注意语言的礼仪规范。

（1）所有言谈都要服从会议的内容和气氛的要求,或庄重,或幽默。

（2）口齿清楚,思维敏捷,积极启发,活跃气氛。主持人一定要明确开会的目的,比如主持记者招待会,主持人、发言人要对记者提出的问题反应敏锐、流利回答、不能支支吾吾;开座谈会、讨论会等,主持人要阐明会议宗旨和待解决的问题,切实把握会议进程和会议主题,勿使讨论或发言离题太远,而应引导大家就问题的焦点畅所欲言。同时,要切实掌握会议的时间,不使会议拖得太长。

（3）会议进行过程中,主持人对持不同观点、想法的人,应允许其做充分解释,会议出现僵局时要善于引导,出现空场、冷场时应及时补白。要处处尊重别人的发言和提问,不能以任何动作、表情或语言来阻止别人,或表示不满。要用平静的语言、缓和的口气、准确的事实来阐述正确主张,使人心服口服。

（三）引导会议内容

遇到冷场,要善于启发,或选择思想敏锐、外向型的同志率先发言。有时可以提出有趣的话题或事例,活跃一下气氛,以引起与会者的兴趣,使之乐于发言。遇有离题情况,可根据具体情况,接过议论中的某一句话,或插上一句话做转接,巧妙柔和地使议论顺势回到议题上来。当发生争执时,如果因事实不清,可让与会者补充事实,如事实仍不甚清楚,可暂停该问题的争执。主持者应设法缓和冲突,而不能激化矛盾,更不能直接参加无休止的争吵。

主持者要善于观察与会者的性格、气质、素质和特点,并根据各类人员特点,区别对待,因势利导,牢牢掌握会议进程。

(四)减少会议时间

准时开会,不拖延时间。国外有的公司有如下经验:在办公时间不准开会,凡二级主管会议,大都在下午 6 点以后举行,并不得超过 60 分钟,否则将由主席负责,轻则扣薪,重则解聘;严格限制会议时间,站着开会,这可以抓住问题的核心;有的公司把一般会议安排在午餐前,这时,与会者饥肠辘辘,无心闲谈碎扯,会议很快抓住中心;限制发言时间,举世瞩目的南北首脑坎昆会议,每个发言者只有 25 分钟时间。

(五)掌握会议进程

主持人应随时掌握会议进程。在工作性会议中,主持人就像交响乐团的指挥,随时控制、掌握会议进程。为此,应做好下述几点。

(1)事先准备好一份会议议程表,并按照议程进行。

(2)提请与会者注意本次会议的目的,并使会议始终不离宗旨,以保证会议顺利进行,并达到预期目的。

(3)规定会议的开始时间,要准时开始,按时结束。

知识链接　　会议主持词的特点

(1)地位附属。主持词是为领导讲话和其他重要文件服务的,其附属性表现在两个方面:从形式上看,主持词的结构是由会议议程所决定的,必须严格按照会议议程谋篇布局,不能随意发挥;从内容上看,主持词的内容是由会议的内容所决定的,不能脱离会议内容。主持词的附属性地位决定了它只能起陪衬作用,不能喧宾夺主。因此,在撰写主持词的过程中,从结构到内容乃至遣词造句、语言风格、讲话口气等,都要服从并服务于整个会议,与会议相协调,相一致。

(2)篇幅短小。主持词的篇幅一般不宜过长,要短小精悍,抓住重点,提纲挈领。而篇幅过长,重复会议内容就会造成主次不分、水大漫桥。

(3)语言平实。与严肃的会议气氛相适应,会议主持词在语言运用上应该平实、庄重、简明、确切。要开门见山,直入主题,尽量不用修饰和曲笔。说明什么,强调什么,提倡什么,反对什么,有什么要求、建议和意见,都要一清二楚,一目了然,切忌含糊其词、模棱两可。

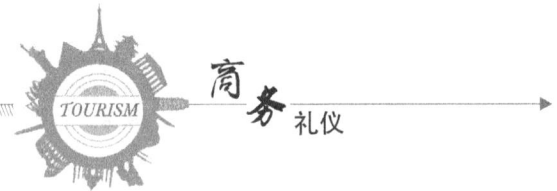

（4）重在头尾。会议主持词的主要部分在开头的会议背景介绍和结尾的会议总结任务布置两个部分，中间部分分量较轻，只要简单介绍一下会议议程就可以了。因此，会议主持词的撰写，重点在开头和结尾。

（5）结构独立。会议主持词分为开头、中间和结尾三个部分，而且每个部分都相对独立。

（资料来源：http://www.ruiwen.com/zhuchici/1623198.html.）

六、会议发言人的礼仪

会议发言人有正式发言和自由发言两种。前者一般是领导报告，后者一般是讨论发言。

领导报告者，应衣冠整齐，走上主席台步态自然，体现自信的风度与气场，不能只低头念稿，旁若无人。发言完毕，应对听众的倾听表示感谢。

自由发言者，应讲究发言的顺序，不能争抢发言，与他人发生分歧时，应以理服人，态度平和，听从主持人的指挥。如有会议参加者提问，应礼貌作答，对不能回答的问题，应机智而礼貌地说明理由。对提问人提出的批评，即使提问是错误的，也不能失态。

七、参会人员礼仪

对于参加会议的人员而言，在开会过程中，也应注意礼节的问题。

（1）出席会议应遵守时间。参加会议时，一般应提前5—10分钟入场就座。万一迟到，应该在不影响他人的基础上在靠边或后面的空位坐下。

（2）会议开始后，会场应迅速安静下来。应遵守会场有关规定，自觉关掉手机或把手机调整为静音；接听电话时，要离开会场，并尽量控制说话音量和通话时间。

（3）会议期间，不能在场内吸烟、打瞌睡、吃零食，不能让手中的会议材料发出声音。如要咳嗽、打喷嚏，应用手帕捂住嘴，不能发出过大的声音。

（4）会议期间，要专心听取发言，除适当进行记录外，应注视发言者，发言结束，给予鼓掌。不交头接耳、心不在焉、随便走动，更不能中途退场。

（5）会议期间，坐姿要保持端正，不东倒西歪、抖腿、把自己的身体陷到椅子里。

（6）会议结束后，应在主席台领导离座后，台下与会人员方能站起离开。在主持人还未宣布会议结束时，不应提前收拾会议文件材料及包袋等，甚至起立离开。

（7）会议着装应按会议要求执行，如会议未做特别要求，也要保持衣着整洁、大方，不着过分暴露、休闲的服装。

第二节　发布会礼仪

案例引导

"XT"成功的新闻发布会

香港某家公司研制出一种"XT"牌电影胶片,为了打开销路,该公司决定举办一次新闻发布会。该公司在会议请柬上冠之以"研讨会",其目的在于提醒与会者,这次会议的主要内容是对"XT"牌电影胶片的质量问题进行科学论证。同时,他们认为,既然是宣传电影胶片,就要显示出它与电影界的联系,争取电影界的合作和支持。因此,他们除了邀请新闻媒介的记者参加之外,又特意邀请了香港电影界的一些老板、著名导演与演员出席。在研讨会上,技术专家对"XT"牌胶片的质量进行了详细科学的论证后,公司放映了一部用"XT"牌胶片拍成的电影,片名为《梦中人》,是由一位著名摄影师拍摄,由香港当时最受欢迎的演员林某和周某主演的。

研讨会结束后,公司在香港最豪华的酒店举行答谢晚宴,他们将宴会厅原来的椅子全部撤走,换上一种由他们专门设计的导演折椅,使华丽的宴会厅增添了几分摄影棚的气息。此举使来宾们深感新奇。宴会结束后,公司把折椅作为礼物送给来宾,当那些电影编导和影星兴高采烈地搬着折椅走出宴会厅时,这给大大小小的报纸提供了许多精彩的特定镜头。

(资料来源:http://www.docin.com/p-1882980655.html.)

发布会又称新闻发布会或记者招待会,它是指以某社会组织的名义邀请新闻机构的有关记者参加,由组织专门人员以会议形式向新闻媒介的记者发布消息或介绍情况,并接受记者采访、回答记者提问的一种信息交流活动。利用发布会的影响力,组织可以扩大组织影响、传播各类信息,树立或维护组织形象,甚至处理一些棘手问题等。

一、发布会的筹备

发布会的筹备要围绕以下几个方面进行。

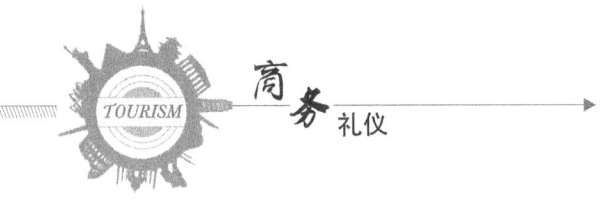

（一）确定举行发布会的由头、主题和最佳时机

由头，即理由，必要性。发布会是一种比较正规和隆重的专题活动，耗资较高，需要投入较多的人力、物力、财力，所以在开会前首先要确定举行发布会的必要性，判断所要发布的信息是否具有新闻价值。组织中具有举行新闻发布价值的一般包括企业集团成立；重要的庆祝活动或纪念日；有社会影响的新技术新产品的开发、投产与问世；组织成立或倒闭、合并或转产；经营管理方面的重大改革；对社会所做的重大公益事业；重大的危机事故；特殊事件等。这些具有举行新闻发布价值的由头，都可作为主题。整个发布会的始终都应紧密结合主题，切忌偏离主题。

（二）选择会议地点

会议地点的选择要注意考虑两个方面的因素：一是符合会议主题方面的要求。例如会议主题侧重于宣传性的，就适合在组织内部进行，便于语言宣传的同时进行实物宣传；若会议主题是侧重于说明性的，如澄清事实或解释情况，则可以选择在社会组织外部进行。二是会议场地方面的要求。会议场地应尽量选择设施良好、环境优雅，能为记者创造各种方便采访的条件，如录像、拍摄的辅助灯光，照明设备，视听设备，幻灯或电影的播放设备等，以便记者们联络和发布信息，以上几个方面的因素有时需综合考虑。

（三）确定时间

选择好发布会的时间并提前发出准确无误的通知。发布会的时间一般应避开节假日和重大的社会活动日，以免记者不能参加此次活动而去选择更重要的活动，这样一来就会降低会议的新闻价值，影响会议的效果。在一周之内，发布会的时间不宜安排在周末，在一天之内，发布会的时间最好安排在 10:00 和 15:00 左右，时间控制在一小时左右为宜。在日期和时间选定后，还应注意提前 3~4 天派专人把请柬送到应邀者手中，以便应邀者安排时间出席。

（四）确定邀请记者的范围

应根据所要发布新闻的内容和期望传播的范围来确定邀请记者的范围。一般来讲，邀请的记者覆盖面要广，各方新闻机构都要照顾到。对记者要一视同仁，不能厚此薄彼。邀请信发出后，临近会议举行时还应电话联系，落实记者的出席情况。发布会邀请的人员主要是记者，此外，还可以邀请一些知名人士及有关方面专家，以提高会议的规格和影响力，增强会议内容的可信度。

（五）确定不同的角色

组织举行发布会，一般要选派三种不同角色的专门人员出席：主持人、发言人和接待人。主持人一般由公共关系机构负责人担任。由于其对本组织的政策方针等整体情况有全面清楚的了解，而且其身份也决定了他们发言的权威性，因此，发言人一般由组织的高层领导担任，如正职或副职负责人。

（六）准备好会议所需材料

商界人士应根据发布会的主题事先准备好文字、图片、图表、实物、模型、影视、照片等各种材料。根据发布会的主题，成立专门的发言起草小组，全面收集有关资料，拟写发言稿和报道提纲供发言人参考。同时，还应准备新闻稿和新闻资料，发放给记者作为采访报道的参考。辅助宣传资料力求紧扣主题，尽量做到全面、详细、具体和形象。这些资料应在会议举行时现场摆放或分发、展示、播放、试用，以增强发布会的效果和可信度。

特别要注意的是，发布会前应将会议议题、新闻资料等在组织内部通报一下，以统一口径。

（七）制定发布会的程序

发布会的程序要求安排详细，内容紧凑。一般程序如下。

（1）来宾签到及分发会议资料。商界人士在迎接来宾的工作中，应让其感到备受尊敬和欢迎，对组织产生良好的第一印象。

（2）主持人宣布会议正式开始，简要介绍发布会的出席人员、发布会召开的目的和背景等。

（3）发言人讲话。发言应紧扣主题、简明扼要，切忌内容繁杂、时间长。若同时有几位发言人，应事先安排好发言顺序，并在发言的内容上各有所侧重。

（4）接受记者采访。在回答记者提问时应做到稳重大方、声音洪亮、吐字清晰、语言简明、应答机敏、态度友善。既要回答问题，又不能被记者控制。

（5）主持人宣布发布会结束。主持人应简短评述会议，对与会者和来宾致谢，并传达日后继续合作的意图，加强与新闻界的友好往来。

（八）做好费用预算工作

应该根据预先制定的发布会款项额度，做出合理的费用开支计划，有计划地分配资金。开支计划应有一定的余地，一般占总费用的 $5\% \sim 10\%$。

此外，还必须做好会务工作。主要包括出席人员请柬的提前发放，会场的考察与布置，与会者佩戴和桌上名牌制作及排列，灯具与电源的检修，电话、传真、录音、网络等其他通信辅助设备设施条件的检测和完善，各类会议宣传资料的送达现场并做出具体安排，工作人员的分工与配合等。整个会议程序应力求周密、紧凑。

知识链接　　**发布会会场的布置**

房子空间大、人员少，给人的印象是新闻发布会的新闻内容价值不大；满屋座无虚席，还有一些人站在过道里，给人的印象是有很重要的消息。不要让新闻发言人坐在镜子、窗户或其他反射光线的背景之前，以防镜头效果受损。会场应设有记

者或来宾签到处,签到处最好设在入口或入场通道处。会场座次安排要分清主次,特别是在有贵宾到会的情况下。在每个记者席上准备有关资料,供记者们深入细致地了解所发消息的全部内容。

(资料来源:徐美萍.商务公关与礼仪[M].北京:北京交通大学出版社,2012.)

二、发布会的注意事项

发布会的注意事项,主要针对组织出席发布会的3种角色提出的。这3种角色是接待人、主持人和发言人。

(一)接待人

接待人的任务是负责来宾签到、发放资料、引客入场,为摄影记者和摄像记者的工作提供必要的服务。因此,接待人员必须掌握一定的商务礼仪知识和人际技巧,待人接物热情大方、礼貌周到。

(二)主持人

主持人要充分发挥主持和组织作用,在把握会议主题的基础上,活跃会议气氛、积极引导记者提问,并控制会议时间。主持人必须善于辞令、反应灵活,要注意尊重别人的发言和提问,不能有任何阻止别人发言的表情、言语和动作。会议开始时,一般要由主持人说明召开会议的目的、所要发布的信息和有关情况的介绍说明,当发布会接近尾声时,主持人应该提醒记者"最后一个问题"。

(三)发言人

发言人必须具有敏锐的思维能力和高超的表达能力,既要保证所发布的信息准确无误,又要善于运用各种语言艺术,巧妙地改变被动对答的局面,对于一些棘手的问题和不愿传播和透露的或需要回避的问题,不要轻易地陷入对方的思维轨道,可以采用委婉、模糊、暗示、幽默等方法,艺术地转移话题。尤其要注意的是,不要随便打断记者的提问,也不要以各种动作、表情对记者表示不满。

另外,同新闻界协调关系的诀窍在于:① 主动传递本组织信息,真诚坦率提供情况,维护本组织和新闻媒介的良好信誉;② 尊重记者和新闻单位,为他们的工作提供方便,无论大报还是小报、知名记者还是一般记者,都要一视同仁,不能厚此薄彼;③ 指定专人负责,密切同新闻界人士的联系。

三、发布会的后续工作

发布会结束后的主要工作是会后对会议效果的评估反馈工作。

发布会结束后,商界人士首先要及时广泛收集所有内、外部的反应,如到会集合在各种媒体上的报到情况、与会人员的反应等。要认真分析记者所发稿件的内容及倾向性,对已经发稿的记者要致谢,若出现不利于本组织的报道,应积极做出反应,解释失误的原因或澄清被误解的事实。

其次,对照召开发布会的原拟主题,将媒体上的报道逐一分析,检查会议目标是否达到。要尽快整理出记录分析材料,写出对本次活动的评估总结报告,来评估发布会的得失,以便改进和弥补。作为会后效果检测的依据,总结经验教训并将总结材料归档备查。

此外,发布会还应该做好以下工作。

(1)准备组织记者参观。发布会应做好组织记者参观的准备,以增加记者对会议主题的认识。

(2)小型宴请的安排。为了营造轻松愉快的气氛,融洽组织与新闻界的关系,可以利用安排小型宴请的方式,在发布会结束后,举行茶话会、酒会、便餐、宴会等招待活动,创造一种非正式沟通的机会,以便记者们相互沟通或单独采访,走到善始善终,保持良好形象。

第三节　赞助会礼仪

案例引导

抢眼的中国赞助商

2018年,俄罗斯世界杯揭幕战上新人戈洛温一战成名,而世界杯上诸多中国赞助商新秀也格外抢眼。公开资料显示,本届世界杯的赞助商名单中,中国企业共有7家:一级赞助商万达,二级赞助商海信、蒙牛、vivo,三级赞助商雅迪、帝牌以及指点艺境。此外,还有一些企业赞助球队或者球星。比如,华帝电器赞助了法国队,长虹牵手比利时队,TCL签约内马尔作为品牌推广大使,国美手机则请来了苏亚雷斯作为代言人。

需要指出的是,8年前的南非世界杯上,才开始出现中国赞助商的身影,彼时仅有1家。4年前的巴西世界杯上,也只有1家中国赞助商。本届世界杯,中国赞助商激增至7家,并且很有气势。

一家市场研究公司日前发布的数据显示,在本届世界杯期间,中国企业的广告支出将达8.35亿美元,超过美国的4亿美元。这一方面是因为国际足联此前的贪腐丑闻导致不少赞助商退出,给中国赞助商腾出了位置;另一方面是因为中国企业经过数年的发展,已经有了赞助世界杯的国际视野和经济实力。

　　中国赞助商集中亮相世界杯,从宏观上看,是中国品牌建设取得了突破性进展。一批中国企业积极"走出去",提升品牌的国际影响力;从企业发展来看,在经济全球化背景下,一个企业要想取得更大突破,必须拥有国际化视野。而企业的国际化战略中,品牌在世界范围内的传播显得尤为重要。此外,在一些行业中,国内市场已经趋于饱和,拓展海外市场是不少企业的现实需要。

　　在和平年代,世界杯是国与国之间软实力的竞争和较量。而品牌的国际影响力同样是国家软实力的体现。尽管中国足球队又一次缺席世界杯,但是中国赞助商却可以在世界杯上展示中国软实力。从这个角度来看,中国赞助商也许可以称作是本届世界杯的第 33 支参赛队。

　　实际上,以往很多届世界杯都有诸多中国元素,比如中国制造的足球、中国制造的纪念品、中国制造的球衣等等。但是,彼时这些元素笼统地被称为"MADE IN CHINA",其背后的中国企业还没有能力独立站出来打造世界品牌,很难叫得上名字。

　　本届世界杯则不同,每个赞助商都展示出自己的名片。但是,这些独立的个体在提升自身国际影响力的同时,在世界杯上集体打出的是一张"中国名片"。这支中国赞助商队在世界杯以及今后的表现,值得期待。

　　(资料来源:https://news.sina.com.cn/o/2018-06-18/doc-iheauxvy8019386.shtml.)

　　所谓赞助,通常是指社会组织无偿地拿出自己的钱财、物品,来对其他单位或个人进行帮助和支持,以使组织塑造良好形象并扩大影响的一种活动。

一、赞助的意义

　　赞助活动总是同某项社会性、公众性的事业或事件紧密联系在一起的。因此,赞助活动对社会组织发展具有特别重要的意义。

(一)提高组织的美誉度

　　由于社会组织所赞助的社会性、公众性的事业或事件正是社会大众所关注和支持的,所以通过赞助,社会组织可以提高组织的美誉度,树立良好的关心公益的组织形象,改变营利性组织"唯利是图"的商人形象,从而更容易获得政府和社区的支持。

(二)提高组织的知名度

　　通过赞助活动,社会组织可以使组织的名字伴随所赞助的事件一起引起媒介的关注和报道,起到提高知名度的作用,尤其是对于一些知名度不高的社会组织。

（三）履行组织的社会责任

救灾扶贫、支持公益事业，对每个社会成员来说都是应尽的社会责任。赞助活动正体现了组织在建设精神文明、履行社会责任和义务方面的积极态度。

二、赞助的原则

（一）注重效益

虽然组织应该重视赞助活动的积极作用，不能把赞助活动视作组织的额外负担，也不能利用赞助活动极力宣传，刻意追求广告效应。但是，开展赞助活动，必须注重效益。通过赞助活动，应该能够体现出组织负责任和积极承担社会义务的形象，要注重增进社会公众，特别是社区和政府公众对组织的理解和支持，实现良好的社会效益。

（二）量力而行

组织的赞助行为要根据自身经济实力，量力而行，有计划地开展赞助活动。组织在权衡结合赞助对象的需要和企业自身的承受能力时，应选择符合自身承受能力的有效的赞助形式。

（三）长期稳定

组织的赞助行为不是一时兴起的随意行为，而应根据组织的发展战略，确定赞助的目的和赞助的对象，制订长期、中期、短期赞助计划体系，同时，还要注意赞助活动的稳定性和一贯性，开展长期的、多方位的赞助，并落实赞助资金。

（四）遵纪守法

在选择赞助对象和具体的赞助活动操作的过程中，组织都必须遵守相关法律法规。遵纪守法是赞助活动有效进行的必要前提。

三、赞助的类型

赞助的类型指的是赞助的具体形式。赞助的类型选择是否得当，大都对赞助的效果直接产生影响。根据不同的标准，赞助的类型可有各种不同的划分。其中最为常见的一种方式是依据赞助的项目划分赞助类型。

赞助的项目，在此具体所指的主要是受赞助对象。据此划分赞助的类型，往往可以对赞助单位的动机、品位进行直观而形象的了解。在目前情况下，社会组织通常所积极赞助的项目，大致分为以下七类。

（一）赞助体育事业

赞助体育事业是组织赞助活动的最常见形式。特别是通过赞助奥运会等世界性体育赛事的大型体育活动，可以展示组织实力，扩大自身的社会影响力。

阿迪达斯：让奥运成为品牌的 DNA

在所有的奥运赞助商里，阿迪达斯至少创造了两个之最：赞助了最多的运动员和最多的运动队。对于这家老牌体育用品公司来说，奥运就像 DNA 一样融入品牌里面。从 1920 年诞生到现在，阿迪达斯几乎从没有与奥运擦肩而过。

阿迪达斯最初参与奥运营销颇具传奇色彩。1928 年，阿迪·达斯勒得知荷兰阿姆斯特丹奥运会的消息之后，就带上手工缝制的样品鞋来到了阿姆斯特丹进行推销。当时他的想法很简单：只要有足够多的运动员在奥运会上穿他的鞋子，凭借"阿迪达斯"鞋的品质，就会使全世界的人肯定他的产品。这位年轻的作坊主成功了！在他的努力游说下，阿迪达斯跑鞋终于成为这届奥运会的比赛用鞋，并和奥运会运动员一起被人们津津乐道。

8 年以后，阿迪达斯抓住奥运会在本土柏林举行的机会，进行了一次后来载入奥运营销史册的经典传播。柏林奥运会举行前，阿迪找到极有希望夺冠的美国著名短跑运动员杰西·欧文斯，全力建议他试穿阿迪达斯钉鞋。这一试穿，让欧文斯如获至宝。最后，他穿着阿迪达斯的钉鞋连夺四枚奥运金牌，让全世界为之震惊。阿迪达斯也因此得以名扬五大洲。

针对北京奥运会，阿迪达斯组织了有史以来最大的一次营销活动，目标是借此在中国超越老对手耐克，最终它如愿以偿。除了空前的财力物力投入，阿迪达斯这次奥运营销活动时间长达四年之久，从雅典奥运会闭幕到北京奥运会闭幕一直都没有中断过。其中尤其让人称道的是，它把 10 万奥运志愿者都变成了自己的品牌代言人。阿迪达斯不仅为奥运志愿者提供服装，还跟他们一起开展活动，帮助他们更好地体验奥运会，最终通过这些"奥运会最前面的笑脸"，把阿迪达斯的品牌形象很好地传达给了每一个奥运参与者。

（资料来源：https://wenku. baidu. com/view/40f7bf7add88d0d232d46a0e. html.）

（二）赞助科技、教育与文化事业

组织通过赞助科技、教育与文化事业，也能达到提高知名度和美誉度的目的。如邵逸夫先生及其邵氏集团在中国各大高校兴建的逸夫楼就是很好的一个例子。

（三）赞助社会慈善和福利事业

帮助社会慈善和福利事业较常见的形式有赞助敬老院、孤儿院、康复中心、赈灾捐款捐物等，这是组织向社会表明其承担社会义务和责任的方式。

（四）赞助公益事业

赞助公益事业的途径很多，如赞助道路、桥梁、公共休闲娱乐活动场所及设施等。

（五）赞助环保事业

近年来，低碳环保问题成为全球关注的"焦点"，因此，赞助环保事业对于取得良好社会效益的作用是不言而喻的。

（六）赞助突发性和灾难性事件

这类赞助常见的有对地震、水灾、火灾、瘟疫等受害地区和公众提供物品、器械、技术、资金等帮助。

（七）赞助其他特殊领域

其他特殊领域的赞助如赞助人类和平事业；赞助保护文化遗产尤其是非物质文化遗产；赞助保护野生动物；赞助地方性的节日活动；赞助壮举和探险等等。

四、赞助的步骤

赞助的步骤指的是赞助活动运作过程之中的各个主要环节。任何社会组织意欲进行赞助活动时，均须按部就班地依照相应的步骤来进行认真的运作。

就一般情况而言，赞助活动中必须认真对待的重要步骤有以下几个方面。

（一）做好社会赞助的前期研究

研究赞助项目的必要性、可行性和有效性。社会组织主动选择赞助对象进行赞助可获得更好的信誉和赞助效果，但常见的赞助是组织接到某种请求后才被动做出反应的。不论是主动还是被动，都要对赞助项目进行前期研究和分析。即考虑赞助的必要性，要看所赞助的活动是否具有积极的社会意义和广泛的社会影响。能否帮助企业达到树立良好形象、扩大社会影响力、提高知名度和美誉度的目标。

（二）制订赞助计划

组织要使赞助活动取得最佳投资效果，必须做好赞助的总体计划和具体计划。赞助的总体计划是商界人士根据本组织的情况制定出切实可行的政策性文件，确定赞助的宗旨、目标、赞助对象选择标准或范围、款项比例等基本方针，提交决策层讨论通过后成为组织赞助工作的依据，并通过一定渠道传达给赞助对象所在领域。

决定赞助后，制订出此项目赞助的具体计划。其中，最关键的就是赞助形式，要考虑到赞助的东西是否为当时急需和赞助对象对本组织品牌核心价值是否有帮助。一般而言，主要的赞助形式有资金赞助、产品赞助、劳务赞助和场地提供等。不同的赞助形式对组织的影响差别甚大。

（三）赞助活动的实施

计划确定后，商界人士或赞助基金会人员负责进行详细的审核、评定，确定该项目赞助的可行性、赞助的具体方式、款项的落实以及赞助的时机。在此基础上，社会组织应有专门的商界人士精心策划，应用各种公共关系手段、技巧，充分借助媒介力量，尽全力扩大组织和该项赞助活动的社会影响。

（四）赞助项目的效果测定

赞助活动完成后，要对赞助效果进行认真测定和评估。进行赞助活动的评估工作，大致上要抓住以下四个方面的重点问题：一是要将实施效果与先期计划相比照；二是要掌握社会各界对赞助活动的认同程度；三是要及时发现赞助活动的所长及所短；四是要了解赞助活动在实施过程中所出现的问题，并写出书面材料存查，为今后工作的改进提供依据。

五、赞助会的礼仪

赞助活动实施之际，往往需要举行一次聚会，将有关的事宜公告于社会。这种以赞助为主题的赞助会，在赞助活动中，尤其是大型赞助中必不可少。赞助会一般由受赞助者操办，也可以由赞助者操办。举办赞助会时，要特别注意以下几点。

（一）场地的布置

赞助会的举办地点一般可选择受赞助者所在单位的会议厅，也可租用社会上的会议厅。会议厅要大小适宜、干净整洁。会议厅内的灯光亮度要适宜。在主席台的正上方，悬挂一条大红横幅，在横幅上应以金色或黑色的楷书书写"××单位赞助××项目大会"或者"××赞助仪式"的字样。赞助会会场的布置不可过度豪华铺张，略加装饰即可。

（二）人员的选择

参加赞助会的人员既要有充分的代表性，又不必在数量上过多。除了赞助单位、受赞助者双方的主要负责人及员工代表外，赞助会应该重点邀请政府代表、社区代表、群众代表以及新闻界人士参加。所有参加赞助会的人士与会时都要身着正装，注意仪表，动作举止要规范，以与赞助会庄严神圣的整体风格相协调。

（三）会议的议程

赞助会的会议议程应该周密、紧凑，全部时间加起来不应超过一小时。其议程是：

（1）宣布会议开始。赞助会的主持人一般应由受赞助单位的负责人或公关人员担任。在宣布正式开会之前，主持人应恭请全体与会者各就各位、保持肃静，并且邀请贵宾到主席台上就座。

（2）奏国歌。在赞助单位正式实施赞助之前，全体与会者需一致起立。在奏国歌之后，还可奏本单位标志性歌曲。

（3）赞助单位正式实施赞助。赞助单位代表首先出场，口头上宣布其赞助的具体方式或具体数额。随后，受赞助单位的代表上场，双方热情握手。接下来，由赞助单位代表正式将标有一定金额的巨型支票或实物清单双手交给受赞助单位代表。必要时，礼仪小姐要为双方提供帮助。在以上过程中，全体与会者应热烈鼓掌。

（4）双方代表分别发言。首先由赞助单位代表发言，其发言内容要重在阐述赞助的目的与动机。与此同时，赞助单位可将本单位的简况略做介绍。然后由受赞助单位代表发言，集中表达对赞助单位的感谢。

（5）来宾代表发言。根据惯例，赞助会上可以邀请政府有关部门的负责人讲话。其讲话主要是肯定赞助单位的义举，呼吁全社会积极倡导这种互助友爱的美德。该项议程有时也可省略。至此，赞助会结束。

会后，双方主要代表及会议的主要来宾应合影留念。此后，宾主双方稍事晤谈，来宾即可告辞。

六、赞助的注意事项

赞助是组织对社会承担社会责任和义务的一种表现形式，能为组织树立起高度责任感和有实力的社会形象。在进行赞助时，应考虑以下事项：

（1）应优先考虑赞助社会慈善福利事业和教育文化事业。

（2）在赞助计划制订时，要考虑保留一部分机动款项，以解决实施赞助过程中临时变动情况引起的费用增加。

（3）对不能满足或不能全部满足赞助对象要求时，应坦率相告，诚恳解释原因，以免引起矛盾。

（4）组织应重视赞助活动的积极作用，不能刻意追求广告效应而削弱社会组织的形象。但是，开展赞助活动时，必须要配合各种公共关系手段，尽量利用赞助活动展开宣传，体现出组织负责任和积极承担社会义务的形象，增进社会公众对组织的理解和支持，增加组织的社会影响力。

第四节　展览会礼仪

身价百倍的茅台酒

茅台酒本来并没有什么名气。有一次，厂家代表带它去参加在印度新德里举

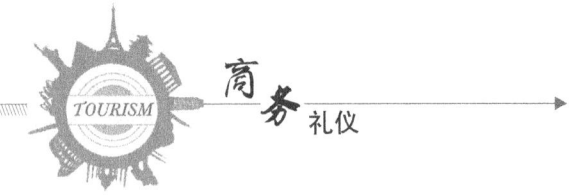

办的世界酒类饮料博览会。该博览会汇集了世界各国著名的各种饮料。而世界著名的酒类品牌也决不肯放弃这样的极好机会。茅台酒是首次参展，光是租展位，就是很大一笔开销。但厂家认为，只要能够提高知名度，还是值得的。然而，面对法国的香槟等西方传统的酒类饮料，人们对来自中国的茅台酒根本不屑一顾。展览的第一天，茅台酒基本无人问津。面对这样的尴尬局面，茅台酒展览工作人员急得团团转，他们决心要扭转这种受冷落的状况。于是，第二天的展览开始之后，在人流最高峰的时候，工作人员急中生智地拿着一瓶茅台酒走到展厅中央，装作在人群中不小心将它"打翻"在地。顿时，整个大厅充满了茅台的酒香。参观展览的人们立即被这从来没有闻到过的香味所吸引，好奇地相互打听这是什么牌子的酒香味。茅台展览人员抓住这一机会，向参观者介绍茅台酒。很快，茅台酒展位吸引了大批参观者，随即引起整个展览会的轰动，新闻媒介也闻风而动，纷纷予以报道。结果，茅台酒在本次展览会上获得了金牌。从此，它身价百倍。

（资料来源：https://wenku.baidu.com/view/26eb7e9931b765ce040814df.html.）

展览会在商务交往中往往发挥着重大的作用。它不仅具有很强的说服力、感染力，可以现身说法打动观众，为主办单位广交朋友，而且还可以借助于个体传播、群体传播、大众传播等各种传播形式，使有关主办单位的信息广为传播，提高其名气与声誉。正因为如此，几乎所有的商界单位都对展览会倍加重视，踊跃参加。

一、展览会的分类

根据展览性质、展览内容、展览规模、展览时间及呈现形式等不同分类标准，展览会可以划分为不同的类型。

（一）按性质划分

按性质划分可以分为贸易展览和消费展览。贸易展览是为制造业、商业等行业举办的展览，目的是交流信息、洽谈贸易；消费展览基本上都是展出消费品，目的主要是直接销售。展览的性质由展览组织者决定，同时也可以通过参观者的成分反映出来，对工商业开放的展览是贸易展览，对公众开放的展览是消费展览。

（二）按内容划分

按内容划分可以分为综合展览和专业展览。综合展览指包括全行业或数个行业的展览会，也被称作横向型展览会，比如工业展、轻工业展；专业展览指展示某一行业甚至某一项产品的展览会，比如钟表展。专业展览的突出特征是常常同时举办讨论会、报告会，用以介绍新产品、新技术等。

（三）按规模划分

从规模上可分为国际展览、国家展览、地区展览、独家展览等。指的是展出者和参观者所代表的区域规模，而不是展览场地的规模。这里的规模是指展出者和参观者所代表的区域规模，而不是展览场地的规模。不同规模的展览有不同的特色和优势。

（四）按时间划分

定期展览有一年四次、一年两次、两年一次等，不定期展览则视需要而定为长期和短期展览。长期展览可以是三个月、半年，甚至常设；短期展览一般不超过一个月。在发达国家，专业展览一般是三天。

（五）按展览地点划分

大部分展览会都在专用展览场地举办。展览场馆最简单的分类是分为室内场馆和室外场馆。室内场馆多适用于展示常规展品的展览会，比如纺织展、电子展等；室外场馆除适用于展示常规展品的展览会外，还可适用于展示超大超重展品的展览会，比如航空展、矿山设备展等。

（六）按呈现形式划分

按呈现形式划分可以分为虚拟展览和传统展览。随着商品经济和科学技术的发展，特别是网络时代的到来，各种各样的网上交易会不断涌现，虚拟展览的发展速度空前，被称为永不落幕的展览会。

而传统展览是人们将展品在一定的时间、空间条件下，通过直观展示来传递和交流信息的群众性社会活动。

同步案例

中国进出口商品交易会

中国进出口商品交易会即广州交易会，简称广交会。其创办于 1957 年春季，每年春秋两季在广州举办，由商务部和广东省人民政府联合主办、中国对外贸易中心承办。是中国目前历史最长、层次最高、规模最大、商品种类最全、到会采购商最多且分布国别地区最广、成交效果最好的综合性国际贸易盛会。自 2007 年 4 月第 101 届起，广交会由中国出口商品交易会更名为中国进出口商品交易会，由单一出口平台变为进出口双向交易平台。

广交会历经 62 年发展，加强了中国与世界的贸易往来，是中国企业开拓国际市场的优质平台，是我国外贸发展战略的引导示范基地。已成为中国外贸第一促进平台，是中国外贸的晴雨表和风向标，是中国对外开放的窗口、缩影和标志。截至第 121 届，广交会累计出口成交约 12635 亿美元，累计到会境外采购商约 803 万人次。目前，每届广交会展览规模达 118 万平方米，境内外参展企业近 2.5 万家，210 多个国家和地区的约 20 万名境外采购商与会。

广交会贸易方式灵活多样，除传统的看样成交外，还举办网上交易会。广交会以出口贸易为主，也做进口生意，还可以开展多种形式的经济技术合作与交流，以及商检、保险、运输、广告、咨询等业务活动。来自世界各地的客商云集广州，互通商情，增进友谊。

（资料来源：http://www.cantonfair.org.cn/en/index.aspx.）

二、展览会的组织

一般的展览会既可以由参展单位自行组织，也可以由社会上的专门机构出面组织。不论组织者由谁来担任，都必须认真做好具体的工作，力求使展览会取得完美的效果。主要包括以下几个方面。

（一）明确展览会的主题

任何一次展览会都应有一个鲜明的主题，如此才能明确展览会的对象、展览会的规模、展览会的形式等问题，并以此来进行展览会的策划、准备和组织实施，使展览会的宗旨和意图更加突出。

（二）确定时间和地点

要针对展览会的目的、对象、形式以及效果等多种因素综合考虑。展览会的目的是要在本地区扩大影响就在本地区举行，要在全国扩大影响就要在有影响的地区举行。时间的选择要对参观方和主办方都有利，并与商品的淡旺季相匹配。

（三）确定参展单位

在具体考虑参展单位的时候，必须两相情愿，不得勉强。按照商务礼仪的要求，主办单位应以适当的方式，对拟参展单位发出正式的邀请或召集。邀请或召集的主要方式有刊登广告、寄发邀请函或召开新闻发布会等。不管是采用哪种方式，均需将展览会的宗旨、展出的主要项目、参展单位的范围与条件、举办展览会的时间与地点、报名参展的具体时间与地点、联络方法、辅助服务项目、参展费用等信息一并如实告之参展单位，以便对方据此定夺。

(四)宣传展览内容

为了引起社会各界对展览会的重视,并且尽量地扩大其影响,主办单位有必要对其进行大力宣传。宣传的重点应当是展览内容,即展览会上的展示陈列之物。可以采用以下方式:

其一,举办新闻发布会;其二,邀请新闻界人士到场进行参观采访;其三,发表有关展览会的新闻稿;其四,公开刊发广告;其五,张贴有关展览会的宣传画;其六,在展览会现场散发宣传性材料和纪念品;其七,在举办地悬挂彩旗、彩带或横幅;其八,利用升空的彩色气球和飞艇进行宣传。以上方式,可以只择其一,亦可多种并用。

(五)展览会的布展制作

在布置展览现场时,基本的要求是展示陈列的各种展品要围绕既定的主题,进行互为衬托的合理组合与搭配。要在整体上显得井然有序、浑然一体。

所有参展单位都希望自己能够在展览会上拥有理想的位置。依照展览会的惯例,可以采用下列方法对展位进行合理分配:

一是对展位进行竞拍。由组织者根据展位的不同,而制定不同的收费标准,然后组织一场拍卖会,由参展者在会上自由进行角逐,由出价高者拥有自己中意的层位。

二是对展位进行投标。即由参展单位依照组织者所公告的招标标准和具体条件,自行报价,并据此填具标单,而由组织者按照"就高不就低"的常规,将层位分配给报价高者。

三是对展位进行抽签。即将层位编号、号码写在纸签之上,而由参展单位的代表在公证人员的监督之下,每人各取一个,以此来确定其各自的具体层位。

四是按"先来后到"分配。所谓按照"先来后到"进行分配,即以参展单位正式报名的先后为序,谁先报名,谁便有权优先选择自己所看中的层位。

(六)安全保卫事项

有关的安全保卫事项,组织者必须依法履行报批手续。此外,还需主动将展览会的举办详情向当地公安部门进行通报,以求得其理解、支持与配合。

举办规模较大的展览会时,最好聘请正规的保安公司,对展览会的保安工作全权负责。同时,展览会组织单位的工作人员均应自觉树立良好的防损、防盗、防火、防水等安全意识,为展览会的平安竭尽一己之力。

(七)辅助服务项目

主办单位作为展览会的组织者,有义务为参展单位提供一切必要的辅助性服务项目。具体而言,为参展单位提供的辅助服务项目,通常包括下述各项:其一,展品的运输与安装;其二,车、船、机票的订购;其三,与海关、商检、防疫部门的协调;其四,跨国参展时有关证件、证明的办理;其五,电话、传真、电脑、复印机等现代化的通信设备;其六,举行洽谈会、发布会等商务会议或休息之时所使用的适当场所;其七,餐饮以及有关展览时使用的零配件的提供;其八,供参展单位选用的礼仪、讲解、推销人员等。

三、参展单位的礼仪

参展单位在正式参加展览会时，必须要求参加展会的工作人员齐心协力、同心同德，为大获全胜而努力奋斗。在整体形象、待人礼貌、解说技巧等三个主要方面，参展单位尤其要予以特别的重视。

（一）要努力维护整体形象

在一般情况下，要求在展位上工作的人员应当统一着装。在大型的展览会上，参展单位若安排专人迎送宾客时，则最好请其穿色彩鲜艳的单色旗袍，并肩背写有参展单位或其主打展品名称的大红色绶带。为了说明各自的身份，全体工作人员皆应在左胸佩戴写明本人单位、职务、姓名的胸卡，唯有礼仪小姐可以例外。按照惯例，工作人员不应佩戴首饰，男士应当剃须，女士则最好化淡妆。

（二）要时时注意待人礼貌

参展单位的工作人员都必须真正地意识到观众是自己的上帝，为其热情而竭诚地服务则是自己的天职。展览一旦正式开始，全体参展单位的工作人员即应各就各位，站立迎宾。不允许迟到、早退，无故脱岗、东游西逛，更不允许在观众到来之时坐卧不起、怠慢对方。当观众走近自己的展位时，不管对方是否向自己打了招呼，工作人员都要面带微笑，主动地向对方说："您好！欢迎光临！"随后，还应面向对方，稍许欠身，伸出右手，掌心向上，指尖直指展台，并告知对方："请您参观。"当观众离去时，工作人员应当真诚地向对方欠身施礼，并道以"谢谢光临"，或是"再见"。

（三）要善于运用解说技巧

在实事求是的前提下，要注意对其扬长避短，强调"人无我有"之处。在必要时，还可邀请观众亲自动手操作，或由工作人员为其进行现场示范。不过，争抢、尾随观众兜售展品，弄虚作假，或是强行向观众推介展品，则不可取。

 **本章小结**

不同的会议对礼仪有不同的要求，但不管是哪一类会议，为确保会议的正常召开和顺利进行，商界人士在办会过程中一定要遵循有关的礼仪规范。本章主要讲解商务会议礼仪，包括一般商务会议礼仪、发布会礼仪、赞助会礼仪和展览会礼仪等。

（1）一般商务会议礼仪，主要包括会议的种类、功能、会议的筹备、会议服务的礼仪和会议主持人的礼仪等。

（2）发布会礼仪，又称新闻发布会，包括发布会的筹备、注意事项和发布会的后续工作等。

（3）赞助会礼仪，包括赞助的意义、赞助的原则、赞助的类型、赞助的步骤、赞助会的礼仪和赞助的注意事项等。

（4）展览会礼仪，包括展览会的分类、组织以及参展单位的礼仪等内容。

关 键 概 念

会议　发布会　赞助会　展览会

复习思考题

□ 复习题

1.简述一般会议的会前筹备工作。

2.如何选择最佳的会议时间和会议地点？

3.发布会通常应以何为主题？应如何协调与新闻单位间的相互关系？

4.简述赞助的步骤。

5.合理分布展览会的展位，一共有哪几种常规做法？

□ 思考题

通用会议礼仪主要包括哪几种类型？其特点分别是什么？需特别注意的有哪些地方？

案例解析

1.某服装集团为了开拓市场，拟召开一个服装展示会，推出一批夏季新款时装。秘书小李拟了一个方策，内容如下：

（1）会议名称：2008××服装集团夏季时装秀

（2）参加会议人员：上级主管部门领导2人；行业协会代表3人；全国大中型商场总经理或业务经理以及其他客户约150人；主办方领导及工作人员20名。另请模特公司服装表演队若干人。

（3）会议主持人：公司负责销售工作的副总经理。

（4）会议时间：2008 年 5 月 18 日上午 9:30 至 11:00。

（5）会议程序：来宾签到，发调查表；展示会开幕，上级领导讲话；时装表演；展示活动闭幕，收调查表，发纪念品。

（6）会议文件：会议通知、邀请函、请柬；签到表、产品意见调查表；服装集团产品介绍资料；订货意向书、购销合同。

（7）会址：集团小礼堂。

（8）会场布置：蓝色背景帷幕，中心挂服装品牌标识，上方挂展示会标题横幅；搭设 T 型服装表演台；会场外悬挂大型彩色气球及广告条幅。

（9）会议用品：纸、笔等文具；饮料；照明灯、音响设备、背景音乐资料；足够的椅子；纪念品。

（10）会务工作：安排提前来的外地来宾在市中心××大酒店报到、住宿；安排交通车接送来宾；展示会结束后安排工作午餐。

分析讨论：

请问小李的会议方案是否周全，有无需要改进的地方？

2.某机关定于××月××日在单位礼堂召开总结表彰大会，发了请柬邀请有关部门的领导光临，在请柬上把开会的时间、地点写得一清二楚。

接到请柬的几位部门领导按请柬上所写的时间提前来到礼堂开会。一看会场布置不像是开表彰会的样子，经询问礼堂负责人才知道，今天上午礼堂开的是某医学研讨会，某机关的总结表彰会并非在此召开。几位领导感到莫名其妙，一气之下，都回家去了。

事后，会议主办机关的领导才解释说，因工作人员粗心，在发请柬之前还没有与礼堂负责人取得联系，便把会议地点写在请柬上，等开会的前一天下午去联系，才得知礼堂已经租给别的单位，只好临时改换会议地点。但由于邀请单位和人员较多，来不及一一通知，结果造成了上述失误。尽管领导登门道歉，但造成的不良影响也难以完全消除。

分析讨论：

会务人员在会议准备时应特别注意什么问题？怎样才能做到万无一失？

◇**实训操练**

1.会务礼仪实训

实训目标：熟悉会务的一般流程，熟练掌握会务礼仪。

实训内容与要求：10 个人一组，自行设定身份，其中分别有会议的组织者、参与者和会务人员，模拟会议的会务人员进行会务准备工作，其他相关人员予以配合。

实训成果与检测：一组学生进行模拟训练，其他学生观摩学习，最后教师进行点评。

2.新闻发布会礼仪实训

实训目标:熟练掌握新闻发布会礼仪。

实训内容与要求:10个人一组,自行设定身份,1人担任新闻发布会主持人,1人担任发言人,其他为新闻媒体记者和观众,模拟一次新闻发布会场景。

实训成果与检测:一组学生进行模拟训练,其他学生观摩学习,最后教师进行点评。

◇**相关链接**

推荐进一步阅读文献:

1.白洁.叙说全国人大会议礼仪[J].秘书工作,2018(2).

2.刘丽辉.论坛活动对大型国际展会的重要性研究——中博会论坛活动的策划组织和实践探讨[J].现代商业,2017(16).

3.陈汉忠.会议茶礼仪的6个关键[J].办公室业务,2016(4).

4.田晓冰.浅析中西方商务会议礼仪的差异[J].科技视野,2015(31).

5.张茹.会议筹备礼仪[J].东方企业文化,2014(5).

6.北京良策文化有限公司.企业发布会的礼仪[J].中国商贸,2013(4).

第七章 →

商务仪式礼仪

学习目标

通过本章的学习,了解开业典礼的准备工作,理解开业典礼的程序,掌握开业典礼的基本礼仪;了解剪彩礼仪的准备工作和剪彩人员的准备工作,掌握剪彩程序;熟悉谈判礼仪的个人礼仪、座次礼仪,掌握谈判过程和谈判方针等;了解签字仪式礼仪的准备和基本程序等;能够利用所学相关知识策划组织大型商务仪式。

商务仪式是指企业为了庆祝或纪念某个重要日子、重大事件而举行的气氛热烈而又隆重的活动,如重大活动的开幕式和闭幕式、开业典礼、剪彩仪式和签字仪式等。商务仪式是企业最重要的形象塑造和公关礼仪活动。庆典活动往往能引起社会各界的关注,包括社会各界和媒体的介入,会在无形中扩大企业的影响力、提高企业的知名度。如果企业能够抓住这个有利时机,借助商务仪式的特点、内容、主题和活动气氛来树立企业形象,往往会收到事半功倍的效果。

作为商界人士,应该了解和掌握这类活动的规律和程序。这里主要介绍开业典礼、剪彩、谈判和签字等四种场合的仪式。

第一节　开业典礼礼仪

案例引导

请李市长下台讲话

某酒店举行盛大的开业典礼仪式,请来了李市长和当地各界名流嘉宾参加,请他们坐在主席台上,仪式开始时,主持人宣布:"请李市长下台讲话!"却见李市长端坐不动;主持人很奇怪,重复了一遍:"请李市长下台讲话!"李市长还是端坐不动,脸上流露出一丝恼怒。

主持人又宣布了一遍:"请李市长下台讲话!"李市长很不情愿地勉强站起来讲话,讲完话后随即离开。

（资料来源:罗树宁.商务礼仪与实训[M].北京:化学工业出版社,2008.）

开业典礼是现代商务活动中各类企业(公司、宾馆、商店、银行等)在成立或正式营业时,为表示庆贺或纪念,按照一定程序专门隆重举行的一种庆祝仪式。

开业典礼是企业在社会公众面前的第一次亮相,所以必须经过周密的策划和精心的安排,从而达到宣传自己、扩大影响、树立良好企业形象的目的。一个成功的开业典礼可以很好地体现企业的组织能力、社交水平以及文化底蕴,是企业发展的一个里程碑。

开业典礼的基本要求就是"热烈、欢快、隆重",历时不能太长,在极短的时间里要营造出如此气氛,给人留下深刻而美好的印象也绝非易事。筹办开业典礼的工作大致可归纳为准备工作、开业活动和结束工作三部分。

知识链接　　　掷　瓶　礼

新船正式下水前,都要由一位重要人士(在中国一般为男士,而西方传统一般由女士执行)将一瓶香槟掷在船首击碎,称为"掷瓶礼"。若香槟酒瓶一次性成功击碎,那么新船往后的航程也会一帆风顺。

"掷瓶礼"的由来可追溯至公元前。在古希腊,船舶下水时人们头上戴着橄榄枝做的花环,喝着酒表示对诸神的敬意,并将水倾注于刚完工的船上作为赐福的象征;巴比伦人则会宰杀一头阉牛作为祭品;土耳其人选择献上祭羊。这些带有宗教意味的仪式意在祈求海神保驾护航。

科技落后的古代,航海是一项艰苦又危险的职业,船员遇难事件频发。当有人遇难,船上尚且存活的人便会将想说的话写在纸上,装入酒瓶,封好口后抛入大海任其漂流,希望瓶子能被其他船只或岸上的人所看见。每当海上风暴骤起或航船逾期未归时,船员们的家属便集结在岸边,祈祷、期盼亲人能平安归来。然而残酷的事实却每每打碎人们的愿望,绝望中人们仅能偶尔见到那令人心碎的漂流瓶。

为了祈求平安,便有了"掷瓶礼",祝愿海上不再有那样的漂流瓶,并使酒的醇香布满船头,驱邪消灾。所以香槟在船头摔得越碎越好,如此就预示这艘新船将永远平安。

(资料来源:付秀彬.商务礼仪[M].成都:西南财经大学出版社,2010.)

一、开业典礼的准备

开业典礼一经决定举行,首先应成立筹备小组,对开业典礼全程负责。筹备小组成员通常由各方面的有关人士组成,他们应该是具有组织能力及协调能力的人。在筹备小组之内,应根据具体的需要,设若干专项小组,分别负责公关、会务、接待、财务等方面事宜,各司其职。

(一)时间的确定

确定开业时间主要考虑以下几个方面的问题:

关注天气预报。提前掌握最近天气情况,开业典礼最好是在阳光明媚的日子举行。

考虑主要嘉宾及领导的时间。提前向主要嘉宾或领导询问能够参加的时间。

考虑心理和习惯。在中国,数字 6、8、9 相对比较吉利,如果有外宾参加开业典礼,则应避开 13 和星期五。另外还要考虑不同民族的风俗习惯和传统节日。

考虑当地居民的生活时间。开业典礼的举行不能干扰到当地居民生活,安排在上午的 9—10 点最为恰当。

(二)地点的确定

在选择具体开业地点时,应结合庆典的规模、影响力及本企业的实际情况来决定。开业典礼举行的场地一般设在企业的经营场所或租用大型会议场所,如企业的礼堂、会议厅或门前的广场,以及外借的大厅等。场地要有足够的空间,场内空间与场外空间的比例要合适,同时也要考虑交通是否便利以及停车车位是否充足等。在室外举行庆典时,切勿制造噪音、妨碍交通或治安等。

（三）来宾的确定

除媒体记者外，开业典礼还要力争多邀请一些来宾参加。一般来说，庆典的出席者通常包括如下人士：

上级领导。如地方党政领导、上级主管部门的领导等，主要是为了表达企业对上级领导在以往工作中所给予的关心、指导的感谢之情，并希望能继续得到支持。

社会名流。邀请社会名流是希望通过他们的"名人效应"，更好地提高本单位的知名度。

合作伙伴。邀请合作伙伴的目的是分享成功的喜悦及表示希望彼此进一步合作、促进本行业共同发展的愿望。

社区负责人、客户及员工代表。邀请社区负责人及客户代表，通过他们协调好企业与本地区的关系，让更多的人关心、支持本企业的发展。邀请员工代表的目的是增强员工的归属感，更利于企业的内部管理。

除了出席者名单之外，还应列出本企业参加开业典礼的领导、员工代表和服务人员的名单。

嘉宾名单拟出并经领导同意后，应印制并认真填写请柬，然后将其装入精美的信封，在典礼进行的前一周发出或由专人送达对方手中，以便对方早做安排。

鉴于出席庆典的人员较多，牵涉面广，故不到万不得已，切不可将庆典取消、改期或延期。

（四）活动方案的制定

为使开业典礼顺利举行，在进行准备工作之时，必须要制定典礼活动方案。活动方案包括开业典礼的主题名称、规格、邀请嘉宾，典礼的基本程序，主持人及致辞人的选定，经费的安排，是否安排剪彩、宣传材料及新闻通讯材料的撰写等。

（五）做好舆论宣传工作

举办开业典礼的主要目的在于塑造企业的良好形象，所以要对其进行舆论宣传，以引起公众的注意，争取公众的认可和接受。舆论宣传的主要途径如下。

利用电视台、广播、报纸、杂志等大众媒体进行宣传。

运用微信、微博、搜索引擎、自媒体平台、手机 App 等新媒体手段进行传播。

运用自制广告或小纪念品，向公众散页传播。

在企业建筑物周围设置醒目的条幅、广告、宣传画进行宣传。

（六）活动现场的布置

现场布置。依据仪式礼仪的有关规范，商界人士在布置举行庆典的现场时，需要思考的主要问题有按开业典礼惯例，举行开业典礼时宾主一律站立，故一般不设置主席台或座椅；为显示隆重，可在来宾尤其是贵宾站立之处铺设红色地毯，摆放绿色植物，并在醒目位置放置来宾尤其是贵宾赠送的花篮、贺匾、纪念物等。

现场环境的美化。在反对铺张浪费的同时，应当量力而行，着力美化庆典现场的环境,为了烘托出热烈、隆重、喜庆的气氛,可在主席台悬挂"××商场开业典礼"或"××公司隆重开业"的横幅,在现场四周悬挂彩旗、彩带、横幅、标语、气球、宫灯等。届时还可以准备礼炮、鼓乐和飞鸽等加以烘托渲染,但要注意适度,尤其不能违反城市管理规定和有关公共秩序。

(七)各种物质设备的准备工作

设备准备。在举行庆典之前,务必要把音响设备准备好。尤其是供来宾讲话时使用的麦克风和传声设备,在关键时刻,决不能允许临阵"罢工",让主持人手忙脚乱、大出洋相。同时也要准备好一些经过审查的喜庆、欢快的乐曲供庆典举行前后播放。特别要注意照明设备的检查和调试,最好备有小型发电机,以应付临时停电。设计典礼所需的其他各种用具、设备也要准备并调试好。

礼品准备。赠予来宾的礼品,一般属于宣传性范畴之内的物品,若能选择得当,必定会产生良好的效果,主要有宣传性、荣誉性、价值性和实用性特点。一般来说选用本企业的产品,或购买礼品并在其外表或外包装上印上本企业的标志、产品图案及广告用语等作为礼品的居多。

交通工具准备。主要用于接送宾客和运送货物等。

就餐准备。统计好到会的人数,安排好就餐的座次,准备好就餐用具及食物等。可由本企业食堂负责或在酒店包场。

(八)宾客的接待安排

与一般商务交往中来宾的接待相比,对出席开业典礼的来宾招待,更应突出礼仪性的特点。负责礼宾工作的接待小组,可以说是庆典的"门面",应该特别重视。

一般来说,接待小组原则上应由年轻、精干、身材与形象姣好、口头表达与应变能力较强的男女青年组成。其工作包括以下方面:

一是来宾的迎送,即在举行庆典仪式的现场迎接或送别来宾。

二是来宾的引导,即由专人负责为来宾带路,将其送到指定地点。

三是来宾的陪同,对于某些非常重要的或者年事已高的来宾,应安排专人陪同始终,以便给予关心与照顾。

四是来宾的招待,要设置专门的接待室,以便仪式正式开始前让来宾休息、交谈,要有专人引导签到、留言以及后勤保障工作,包括茶水供应、纪念品发放、现场秩序维护和安保工作等。

(九)落实具体细微事宜

在准备工作中,筹备小组还要注意反复落实好有关具体细微的事宜,协调好各方面的关系,因为任何一个环节的具体工作出了差错,都会影响开业典礼的整体效果。比如,请柬是否及时发放并带有反馈;开幕词、致贺词等资料准备是否落实;现场接待人员佩戴的标志,来宾的胸花、饮品、礼物、迎宾车辆是否都已经安排妥当等等。

二、开业典礼的程序

（1）典礼开始。奏乐，邀请来宾就位，主持人宣布典礼开始，全体起立（不设座位时应立正），奏国歌。必要时，亦可随之演唱企业歌曲，然后宣读重要嘉宾名单。

（2）致答词及致贺词。按主持人的安排，由开业企业负责人致答词，简要介绍企业的主要经营特色和经营目标等，并向来宾及祝贺单位表示感谢；由上级领导和来宾代表先后致贺词，主要表达对开业单位的祝贺并寄予厚望。

（3）揭牌或剪彩。由上级主要领导、来宾代表及开业企业负责人揭去盖在牌匾上的红布，宣告企业正式成立。参加典礼的全体人员鼓掌祝贺。

剪彩仪式的具体做法参照"剪彩仪式"礼仪。

（4）余兴节目。揭牌或剪彩完毕，可助以歌舞表演等余兴节目，并播放热烈、喜庆的音乐，允许的话可燃放礼花、礼炮，增添喜庆气氛。余兴节目最好由企业的内部员工来进行，有助于增强员工的主人翁意识和自豪感。

（5）来宾参观。由开业企业负责人及相关人员引导来宾参观，边陪同参观边为来宾介绍本企业的主要设施、特色产品以及企业文化等，让来宾进一步了解企业，从而达到更好的宣传效果。

（6）典礼结束。根据宾客情况，可安排来宾进餐，参加舞会、座谈会及观看文艺表演等。这样，可以扩大企业与公众的直接交流，密切双方关系。

三、开业典礼人员的礼仪

（一）开业典礼组织者的礼仪

（1）仪容整洁，着装规范。所有出席和参加开业典礼的本企业人员，都应注意适当的修饰，女士要适当化淡妆，男士刮净胡须、梳好发型。有统一式样制服的企业最好统一着装；无统一制服的企业，应规定出席典礼的本企业人员必须穿正装。男士应该穿西装打领带；女士应该穿套装或套裙搭配高跟鞋。

（2）遵守时间，准备充分。出席本企业开业典礼的人员应严格遵守时间，不得迟到、无故缺席或中途退场。开业典礼应该准时开始并准时结束，以行动证明企业是言而有信的。

（3）举止文明，态度友好。出席典礼的所有人员都应该注意自己的言行举止，不可在典礼进行过程中玩手机、聊天或做其他与典礼无关的事情，不能嬉戏打闹、东张西望，也不能垂头丧气、心不在焉。在举行庆典的整个过程中，都要表情庄重，全神贯注。遇到来宾应该主动热情，对来宾的提问应该积极友善地答复。来宾发表贺词后，应主动鼓掌表示感谢，不能随意打断来宾的讲话或向其提出具有挑衅性质的问题等。

（二）来宾的基本礼仪

（1）修饰仪容。应邀参加开业典礼之前要修饰仪容，不能大大咧咧、随随便便。

（2）准时到场。对于应邀参加开业典礼的宾客来说，为表示对主办方的尊重，应准时到场,不要出现迟到的现象。一般情况下可以提早 10～30 分钟到场。如果有特殊情况不能到场,应尽早通知主办方,不要辜负对方一番好意。

(3)赠送贺礼。应邀参加开业典礼,按常规应带上贺礼,如花篮、牌匾、楹联等贺礼,并在贺礼上写明庆祝对象、庆祝缘由、贺词及祝贺单位。见到主办方负责人及相关人员时应主动表示恭贺。

(4)举止得体。在典礼过程中,要面对微笑、温和、谦恭、庄重。宾主相见,来宾应主动对主人表示恭贺。对来自其他单位的来宾代表也应主动打招呼,相互结识,不要只顾和主办单位人员说话,无视别人的存在。

(5)礼貌告辞。当典礼结束时,宾客在离开时应主动与主办方负责人、典礼主持人及相关服务人员等握手告别,并致谢意。切不可迫不及待地匆匆而走,或不辞而别。如遇紧急情况必须离开时,应向主办方负责人说明原因,并致歉意。

第二节 剪彩仪式礼仪

案例引导

剪彩仪式的由来

1912 年,美国一家大百货商店将要开业,老板为了讨个吉利,一大早就把店门打开,并在门前横系一条布带,以引人注目。可是,在离开店前不久,老板的一个 10 岁的小女儿牵着一条小哈巴狗从店里窜出来,无意中碰断了这条布带。顿时,在门外久等的顾客,鱼贯而入,争相购买货物。

不久,老板又开一家新店,他又让其女儿有意把布带碰断,果然又财源广进。于是,人们认为小女儿碰断布带的做法是一个好兆头,群起仿效,用彩带代替布带,用剪刀剪断彩带来代替小孩碰断布带,沿袭下来,就成了今天盛行的"剪彩"仪式。

(资料来源:https://wenku.baidu.com/view/d2d3e84a551810a6f424867b.html.)

剪彩仪式是指有关单位为了庆贺公司成立、企业开工、宾馆落成、商店开张、银行开业、大型建筑物启用、道路或航线首次通车、展销会或博览会开幕等而隆重举行的一项礼仪性活动。因其主要活动内容是约请专人使用剪刀剪断被称为"彩"的红色缎带,故称为"剪彩"。

剪彩可以单独举行,也可以在开业庆典中进行,是整个庆典仪式的高潮。

剪彩仪式一直长盛不衰的原因主要有以下三个方面:第一,剪彩活动热热闹闹、轰轰烈烈,既能给主人带来喜悦,又能令人产生吉祥如意之感。第二,剪彩不仅是对主人既往成绩的肯定和庆贺,同时还可以对其进行鞭策与鼓励,促使其再接再厉,再创佳绩。第三,可借"剪彩"这一契机向社会各界通报自己的"问世",引起社会各界对自己的关注。

剪彩仪式上有众多的惯例、规则必须遵守,其具体程序亦有一定的要求。目前所通行的剪彩礼仪主要包括剪彩的准备、剪彩人员的准备和剪彩的程序等三个方面。

一、剪彩的准备

剪彩仪式的筹备工作与开业典礼的准备工作有共同之处,如舆论宣传、发送请柬、场地布置、灯光与音响的准备、人员的培训等。除此之外,还应对剪彩仪式上所需使用的特殊物品,包括红色缎带、新的剪刀、白纱手套、托盘及红色地毯等,仔细地进行选择与准备。

(一)红色缎带

红色缎带即剪彩仪式中的"彩"。作为主角,它自然是万众瞩目之处。按照传统做法,它应由一整匹未曾使用过的红色绸缎在中间结成几朵等距离的大红花而成。目前,很多企业或单位为了厉行节约,而代之以长度为两米左右的细窄的红色缎带、红布条、红线绳或红纸条,也是可行的。一般来说,红色缎带上的花团不仅要生动、硕大、醒目,而且其具体数量与现场剪彩者的人数直接相关。按照惯例,红色缎带上的花团数量一般较现场剪彩者的人数多上一个,从而可以使每位剪彩者总是处于两朵花团之间,尤显正式。

(二)新的剪刀

新的剪刀是供剪彩者在剪彩仪式上正式剪彩时所使用的。它必须是每位现场剪彩者人手一把,而且必须崭新、锋利而顺手。事先一定要逐把检查将被用以剪彩的剪刀是否已经开刃、好不好用。因为剪彩讲究"手起刀落",寓意开张吉祥顺利、一帆风顺。在剪彩仪式结束后,主办方可以将每位剪彩者所使用的剪刀进行包装之后,送给对方以作纪念。

(三)白纱手套

白纱手套是专为剪彩者所准备的,以示郑重其事。在正式的剪彩仪式上,要保证剪彩者每人戴上一副白色薄纱手套,而且要基本保证其大小合适、崭新平整、洁白无瑕。

(四)托盘

托盘在剪彩仪式上是用来盛放剪下的彩球、剪刀、白色薄纱手套的,一般要是崭新洁净的,而且通常首选银色的不锈钢制品。有的时候,为了显示隆重,在使用托盘的时候可以铺上红色的绸布或绒布。

(五)红色地毯

红色地毯主要用于铺设在剪彩者正式剪彩时的站立之处。其长度视剪彩者人数的多少而定,宽度应在一米以上。在剪彩现场铺设红色地毯,主要是为了提升其档次,并营造出一种喜庆的气氛。当然,视情况也可以不予铺设。

二、剪彩人员的准备

在剪彩仪式上,剪彩人员主要由剪彩者与助剪者(即礼仪小姐)两类人员构成。

(一)剪彩者

剪彩者即在剪彩仪式上持剪刀剪彩之人。在剪彩仪式上担任剪彩者是一种很高的荣誉。剪彩仪式档次的高低往往同剪彩者的身份密切相关。按照惯例,剪彩者可以是一个人,也可以是几个人,但一般人数不宜过多。剪彩者主要在应邀的来宾中产生,多由上级领导、单位负责人、合作伙伴、社会名流、客户代表或员工代表担任。

确定剪彩者名单,必须是在剪彩仪式正式举行之前。名单一经确定,应尽早告知对方,使其有所准备。一般情况下,确定剪彩者时必须要尊重对方个人的意见,切勿勉强对方。需要熟人同时担任剪彩者时,应分别告知每位剪彩者届时他将与何人同担此任。这样做,是对剪彩者的一种尊重。千万不要"临阵磨枪",在剪彩开始前方才强拉硬拽,临时找人凑数。

必要时,可在剪彩仪式正式开始前将剪彩者集中在一起,告知对方有关的注意事项,并稍事排练。按照常规,剪彩者应着装规范,仪容整齐。不允许戴帽子、墨镜,也不允许穿便装、便鞋。

若剪彩者仅为一人,则其在剪彩时居中而立即可。若剪彩者不止一人时,则对其同时上场剪彩时位次的尊卑就必须给予重视。一般的排列位次的方法是中间高于两侧、右侧高于左侧、距离中间愈远位次则愈低。其中最重要的要求是主剪者应居于中间位置。需要说明的是,之所以规定剪彩者的位次"右侧高于左侧",是因为它是一项国际惯例,剪彩仪式理当遵守。其实,若剪彩仪式并无外宾参加时,执行我国的"左侧高于右侧"的传统做法也是可以的。

(二)助剪者

助剪者是指在剪彩者剪彩的一系列过程中从旁为其提供帮助的人员。一般而言,助剪者多由东道主一方的女职员担任。现在,人们对她们的常规称呼是礼仪小姐。

具体而言,在剪彩仪式上服务的礼仪小姐又可以分为迎宾者、引导者、服务者、拉彩者、捧花者、托盘者。有时,亦可一人身兼数职。

对礼仪小姐的基本要求是相貌姣好、身材修长、年轻健康、气质高雅、音色甜美、反应敏捷、机制灵活、善于交际。礼仪小姐的最佳装束是化淡妆,盘头发,穿款式、面料、色彩统一的单色旗袍,配肉色连裤丝袜、黑色高跟皮鞋,少戴首饰。当然,有的时候礼仪小姐也可以穿素色套装,但是她们的穿着打扮应尽可能整齐划一。必要时,也可以向外单位临时聘请礼仪小姐。

三、剪彩的程序

在正常情况下,剪彩仪式应在行将启用的建筑、工程或者展销会、博览会的现场举行。

正门外的广场、正门内的大厅,都是可以优先考虑的。活动现场必须适当装饰,在剪彩之处悬挂写有剪彩仪式具体名称的喷绘和横幅,更是必不可少。

一般来说,剪彩仪式应紧凑、忌拖沓,在所耗时间上愈短愈好,短则15分钟,长则不超过一个小时。

根据惯例,剪彩既可以是开业仪式中的一项具体程序,也可以独立出来,由其自身的一系列程序所组成。作为一项独立的仪式,剪彩仪式一般包括以下五项基本程序。

(一)嘉宾就位

在剪彩仪式上,通常只为剪彩者、来宾和本单位的负责人安排座席。剪彩仪式开始前五分钟,嘉宾便应在礼仪小姐的引领下集体入场。座位上应事先放好席卡。一般情况下,剪彩者应就座于前排,若不止一人时,则应使之按照剪彩时的具体顺序就座。

(二)仪式开始

在主持人宣布仪式开始后,乐队应演奏音乐,现场可以燃放鞭炮,全体到场者应热烈鼓掌。此后,主持人应向全体到场者介绍到场的重要来宾。

(三)宾主发言

发言者的依次顺序为东道主单位的代表、上级主管部门的代表、地方政府的代表、合作单位的代表以及重要来宾的代表等。发言内容应言简意赅,以每个人不超过三分钟为宜。

(四)进行剪彩

其具体做法:当主持人宣布剪彩后,礼仪小姐在欢快的乐曲声中从两侧同时或从右侧率先登台,这时拉彩者与捧花者应当站成一行,拉彩者处于两端拉直红色缎带,捧花者各自双手捧一朵花团。托盘者须站立在拉彩者与捧花者身后一米左右,并且自成一行。

在剪彩者登台时,引导者应在其左前方进行引导,使其各就各位。当剪彩者均已到达既定位置之后,托盘者应向前一步,到达剪彩者的右后侧,以便为其递上剪刀、手套。剪彩前,须向全体到场者介绍剪彩嘉宾。剪彩时,剪彩者右手持剪刀,表情庄严地把红色缎带一刀剪断。若多名剪彩者同时剪彩时,其他剪彩者应该留意主剪者的动作,和其协调一致,力争各位同时把红色缎带剪断。剪彩后全体应热烈鼓掌,必要时还可奏乐或燃放鞭炮。

(五)后续活动

剪彩结束后,主人应陪同来宾参观被剪彩之物。仪式至此,即宣告结束。随后,主办单位可安排一些文艺、联谊、座谈、签名、题词、就餐等后续活动,具体做法可因剪彩内容而定,最后可以向来宾赠送一些纪念性礼品,热情欢送他们离去。

第三节　商务谈判礼仪

案例引导

"利"和"弊"

　　美国钢铁大王卡耐基曾经有过这样一个谈判。有一段时间,他每个季度都有10天租用纽约一家饭店的舞厅举办系列讲座。后来在某个季度开始时,他接到这家饭店的一封信,要求将租金提高2倍。卡耐基当然不愿意支付提高的那部分租金。他去见饭店经理,他说:"收到你的通知,我有些震惊。但是,我一点也不埋怨你们,如果我处在你们的地位,可能也会写一封类似的通知。作为一个饭店经理,你的责任是尽可能多地为饭店谋取利益,如果不这样,你就可能被解雇。如果你提高租金,那么让我们拿一张纸写下将给你带来的好处和坏处。"接着,他在纸中间画了一条线,左边写"利",右边写"弊",在利的一边写下了"舞厅,供租用"。然后说:"如果,舞厅空置,那么可以出租供舞会或会议使用,这是非常有利的,因为这些活动给你带来的利润远比办系列讲座的收入多。如果我在一个季度中连续20个晚上占有你的舞厅,这意味着你失去一些非常有利可图的生意。现在让我们考虑一个"弊"。首先你并不能从我这里获得更多的收入,只会获得的更少,实际上你是在取消这笔收入,因为我付不起你要求的价,所以我只能被迫改在其他的地方办讲座;其次,对你来说,还有一弊。这个讲座吸引很多有知识、有文化的人来你的饭店。这对你来说是个很好的广告,是不是? 实际上,你花了5000美元在报纸上登个广告也吸引不了比我讲座更多的人来这个饭店,这对于饭店来说是很有价值的。"

　　卡耐基把两项"弊"写了下来。然后交给经理说:"我希望你能仔细考虑一下,权衡一下利弊,然后告诉我你的决定。"第二天,卡耐基收到一封信,通知他租金只提高原来的1.5倍,而不是2倍。

　　卡耐基一句也没提自己的要求和利益,而始终在谈判对方的利益以及怎样实现才对对方更有利,但却成功地达到了自己的目的。关心对方的利益,站在对方的角度设身处地地为对方着想,指出他的利益所在,对方会欣然与你合作。

　　(资料来源:https://wenwen.sogou.com/z/q704748546.htm.)

217

商务谈判也称商务洽谈,是指业务双方为协调彼此的关系,满足各自的需求,通过协商对话以争取达到意见一致的行为和过程。简单地说,就是指业务双方之间为实现一定的经济目的,明确相互的权利、义务关系而进行协商的活动。

商务谈判礼仪既是一门学问,又是一门艺术。优秀的谈判者,不仅要求精通专业知识,掌握社会学、心理学、语言学等方面的知识,还要求通晓礼仪知识,这样才能在谈判中得心应手,应付自如。商场上的较量是文质彬彬地进行的,即使双方有争议,相持不下,一切言行也必须是彬彬有礼的。

一、商务谈判人员的礼仪

参加谈判时,商界人士一定要讲究自己的穿着打扮,重视仪容。要想获得理想的谈判结果,必须重视谈判细节。

(一)重视仪表

参加谈判前,应认真修饰个人仪表,尤其是要选择端庄、雅致的发型。一般情况下,头发不宜染成彩色。男士通常还应当剃须。

(二)规范着装

商界人士在参加正式谈判时的着装一定要简约、庄重。一般选择深色套装、白色衬衫,并配以黑色皮鞋,这是最佳的搭配。

(三)保持风度

在整个谈判进行期间,每一位谈判者都应当自觉保持风度。谈判者的风度体现在其言谈举止和在谈判桌上的素质表现。在商务谈判中,对举止的要求是适度。从椅子的左边入座,坐下后,身体应尽量保持端正,并把两脚平行放好。坐在椅子上转动或将腿向前伸或向后靠,都是违反正常礼仪的表现。

(四)尊重对手

尊重对手就是要对对手真诚、礼貌、尊重。在谈判过程中,不管发生什么事情,始终坚持尊重对手,无疑能给对方留下良好的印象,而且在今后进一步的商务交往中,还能发挥潜移默化的功效,换得对方与己方的真诚合作。

(五)遵守时间

商务谈判人员要遵守谈判时间,一般适当提前 5～10 分钟到达谈判地点,以尽快适应环境为宜。

二、商务谈判的座次礼仪

在选择谈判地点时,应由双方各抒己见,最后再由双方协商确定。而很多研究表明,在谈判中要想获得对方的合作或取得某种效果,座位的安排大有学问。

（一）台桌和椅子的大小选择及安排原则

英国谈判学家比尔·斯科特指出,台桌和椅子的大小会给谈判中被动的一方造成心理压力。经理前面的写字台越大,越显示出他的处境和权力的优越感。而被动的一方坐在远离那张大写字台的一条小凳子上,则越感受到自己的不利。

在谈判场合,双方的主谈者应该居中坐在平等而相对的位子,台桌和椅子的大小应当与环境和谈判级别相适应。会议厅越大,或谈判级别越高,台桌和椅子通常也相应较大、较宽绰。

（二）谈判桌的布置

1.桌形的选择

桌子形状有长方形和圆形两种。

（1）长方桌——人员面对而坐,显得正规肃穆,有时会产生对立的情绪。一般来讲,比较大型、重要的谈判,谈判桌可选择长方形的,双方代表各居一面,主谈者居中相向而坐。

（2）圆桌——双方人员团团而坐,给人以和谐一致的感觉,而且彼此交谈方便。谈判规模较小,或双方人员比较熟悉,选择圆形谈判桌,可消除长桌那种正规、不太活泼的感觉。

选择方桌还是圆桌,要考虑谈判中有效传递信息和语言行为表达的需要。

2.座次的安排

举行正式谈判时,有关各方在谈判现场具体就座的位次,要求非常严格,礼仪性是很强的。安排正式谈判的座次,总体上可分为两种基本情况。

（1）双边谈判。

双边谈判是指由两个方面的人士所举行的谈判。在一般的谈判中,双边谈判最为常见。双边谈判的座次排列,主要有两种形式可供酌情选择。第一种是横桌式。横桌式座次排列是指谈判桌在谈判室内横放,客方人员面门而坐、主方人员背门而坐。除双方主谈者居中就座外,各方的其他人士则应依其具体身份的高低,各自先右后左、自高而低地分别在己方一侧就座。双方主谈者的右侧之位,在国内谈判中可坐副手,涉外谈判中则应由译员就座。第二种是竖桌式。竖桌式座次排列是指谈判桌在谈判室内竖放。具体排位时以进门时的方向为准,右侧由客方人士就座,左侧则由主方人士就座。在其他方面,则与横桌式排座相仿,如图7-1所示。

（2）多边谈判。

多边谈判是指由三方或三方以上人士所举行的谈判。多边谈判的座次排列,主要可分为两种形式。第一种是自由式。自由式座次排列指各方人士在谈判时自由就座,而无须事先正式安排座次。第二种是主席式。主席式座次排列是指在谈判室内面向正门设置一个主席之位,由各方代表发言时使用。其他各方人士,则一律面对主席之位分别就座。各方代表发言后,亦须下台就座。

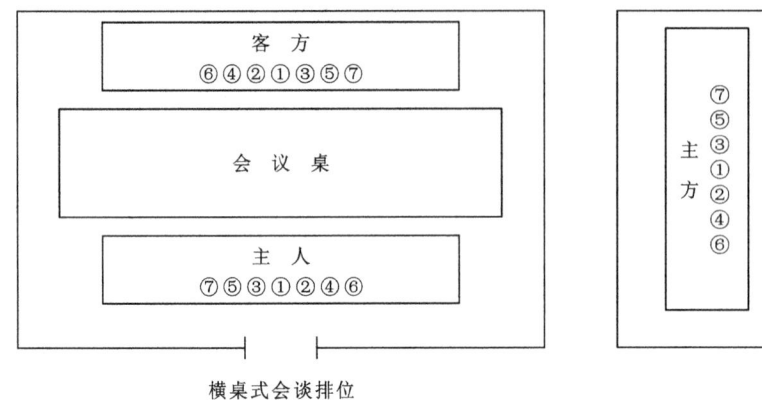

横桌式会谈排位

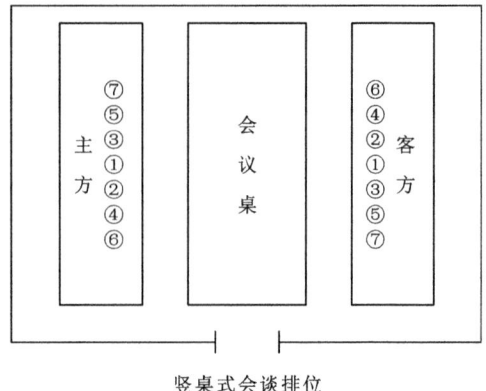

竖桌式会谈排位

图 7-1 双边谈判的座次安排

三、商务谈判的过程

主场谈判、客场谈判在礼仪上习惯称为主座谈判和客座谈判。主座谈判因在我方所在地进行,为确保谈判顺利进行,我方(主方)通常需做一系列准备和接待工作;客座谈判因到对方所在地谈判,客方则需入乡随俗、入境问禁。

(一)主座谈判的接待准备

1.成立接待小组

接待一般是由企业的行政办公室负责,涉外谈判还应备有翻译。

2.了解客方基本情况,收集有关信息

可向客方索要谈判代表团成员的名单,了解其姓名、性别、职务、级别及一行人数,以此作为确定接待规格和食宿安排的依据。

还需了解客方对谈判的目的要求、食宿标准、参观访问、观光游览的愿望。掌握客方抵离的具体时间、地点、交通方式,以安排迎送的车辆和人员及预订、预购返程车船票或飞机票。

3.拟订接待方案

根据客方的意图、情况和主方的实际,拟订出接待计划和日程安排表。还要将其他的活动内容项目及具体时间一一拟出,如迎送、会见、宴请、游览观光和娱乐等,其间最好能穿插谈判,以利于调节谈判的心态和气氛。

日程安排表拟出后,可传真给客方征询意见。待客方无异议确定以后,即可打印。如是涉外谈判,则要将日程安排表译成客方文字,以便于双方沟通。日程安排表可在客方抵达后交由客方副领队分发,亦可将其放在客方成员住房的桌上。

根据接待计划,具体安排、落实客方的食宿行等方面的事项。在食宿安排中,应充分注意到对方的文化、风俗和特殊习惯,特别是对一些有特殊禁忌的人员要十分尊重。

主座谈判时,东道主可根据实际情况举行接风、送行、庆祝签约的宴会或招待会。而客方谈判代表在谈判期间的费用,通常都是由其自理的。当然,如主方主动邀请,并事先说明承担费用的则是例外。还应根据实际情况安排好礼品、纪念品的准备工作。

4.迎送工作

如客方是远道而来的,主方要在到达前15分钟赶到,接站时为方便双方确认,最好举个小牌,牌子上可以写上"某某公司欢迎你们"的字样。对于客方身份特殊或尊贵的领导,还可以安排献花。

献花必须用鲜花,可以扎成花束、编成花环,或送两枝名贵的兰花、玫瑰花,但不能用黄色的菊花。献花通常由年轻女职员在参加迎送的主要领导人与客方主要领导人握手后,将鲜花献上。

此外,涉外谈判接待时,接待人员还要考虑到客方所在国对服饰颜色上的接受习惯,选择颜色合适的服装去参加接待活动。例如,欧美大部分国家都将黑色视为丧葬象征,接待人员穿着黑色套裙或连衣裙去接待,就会引起不愉快;在中国人眼里喜庆的红色,在泰国人看来是不吉利的;还有日本人忌绿色衣服;摩洛哥人忌穿白色;比利时人忌黄色;伊朗、伊拉克则讨厌蓝色。

主方迎接人员可以按身份职位的高低顺序列队迎接,并由主方领导人先将前来迎接的人员介绍给客方人员,再由客方领导介绍其随行人员,双方人员互相握手致意、问候寒暄。客方抵达或离开时,主方应有迎送人员陪同乘车,关照好客方的人员和行李的安全。主方陪同乘车,应该请客方主要领导坐在其右侧。如客人先上车,坐到了主人的位置上,则不必请客人挪动位置了。

(二)客座谈判的礼仪

客座谈判时,有一点需谨记的是"入乡随俗、客随主便",主动配合对方接待,对一些非原则性问题采取宽容的态度,以保证谈判的顺利进行。

谈判期间,对主方安排的各项活动要准时参加,通常应在约定时间的5分钟之前到达约定地点。到主方公司公务拜访或私人访问时要先预约,不做不速之客。对主方的接待,在适当的时间以适当的方式表示感谢。

知识链接   商务谈判的技巧——多听少说

多听少说是商务谈判中必须记住的技巧。缺乏经验的谈判者的最大弱点是不能耐心地听对方发言,他们认为自己的任务就是谈自己的情况,说自己想说的话和反驳对方的反对意见。因此,在谈判中,他们总在心里想下面说的话,不注意听对方发言,许多宝贵信息就这样失去了。成功的谈判者在谈判时把50%以上的时间用来听。他们边听、边想、边分析,并不断向对方提出问题,以确保自己完全正确地理解对方。有

效地倾听可以了解对方的需求,找到解决问题的新办法,修改己方的发盘或还盘。"谈"是任务,而"听"则是一种能力。在谈判中,要尽量鼓励对方多说,要向对方说:"嗯""您请继续",并提问题请对方回答,尽量多了解对方的目的。

(资料来源:徐美萍.商务公关与礼仪[M].北京:北京交通大学出版社,2012.)

四、商务谈判的方针

商务礼仪规定,商界人士在参加谈判会时,首先要更新观念,树立正确的指导思想,并且以此来指导自己的谈判表现,这就是所谓谈判的方针。谈判方针的核心,依旧是一如既往地要求谈判者在庄严肃穆、剑拔弩张的谈判会上,以礼待人。具体来说,分为以下六点。

(一)礼敬对手

商务谈判中,礼敬对手要求谈判者在谈判过程中,排除一切干扰,始终如一地对自己的谈判对手讲究礼貌,时时、处处、事事表现得对对方不失真诚的敬意。

在谈判过程中,不管发生了什么情况,始终坚持礼敬对手,无疑能给对方留下良好的印象。而且在今后的进一步商务交往中,还能发挥潜移默化的功效,即所谓"你敬我一尺,我敬你一丈"。调查结果表明,在谈判会中,能够面带微笑、态度友好、语言文明礼貌、举止彬彬有礼的人,有助于消除对手的反感、漠视和抵触心理。在谈判桌上,保持"绅士风度"或"淑女风范",有助于赢得对手的尊重与好感。

与此相反,假如在谈判的过程中,举止粗鲁、态度刁蛮、表情冷漠、语言失礼,不知道尊重和体谅对手,则会大大加强对方的防卫性和攻击性,无形之中伤害或得罪对方,为自己不自觉地增添了阻力和障碍。

同步案例

周总理的谈判礼仪

在 1972 年以前的 15 年里,中美大使级会谈共进行了 136 次,全都毫无结果。中美之间围绕台湾问题、归还债务问题、收回资金问题、在押人员获释问题、记者互访问题和贸易前景问题等进行了长期的、反复的讨论与争执。对此,基辛格说:"中美会谈的重大意义似乎就在于,它是不能取得一项重大成就的时间最长的会谈。"然而,周恩来总理以政治家特有的敏锐思维和高超娴熟的谈判艺术,把握住了历史赋予的转机。他在洒脱的举止和富有魅力的谈笑中,有条不紊地、成功地安排了举世瞩目的中美建交谈判,在 1972 年的第 137 次会谈中,中美终于打破了长达 15 年的僵局。美国前总统尼克松在其回忆录中对周恩来总理的仪容仪态、礼貌礼节、谈判艺术、风格作风都给予了高度的赞赏。尼克松说,周恩来待人很谦虚,但沉着坚定,他优雅的举止、直率而从容的姿态,都显示出巨大的魅力和泰然自若的风度。他外貌给人的印象是亲切、直率、镇定自若而又十分热情。双方正式会谈时,他显得机智而谨慎。谈判中,他善于运用迂回的策略,避开争议之点,通过似乎不重要的事情来传递重要的信息。他从来不提高讲话的调门,不敲桌子,也不以中止谈判相威胁来迫使对方让步。他总是那样坚定不移而又彬彬有礼,他手里有"牌"的时候,说话的声音反而更加柔和了。

周恩来总理在全世界面前树立了中国政府领导人的光辉形象,他不愧是一位将国家尊严、个人人格与谈判艺术融洽地结合在一起的伟大人物。谈判的成功固然应归结于谈判原则、谈判时机、谈判策略、谈判艺术等多种因素,但周恩来无与伦比的人格魅力给人们留下了最深刻而鲜明的印象,他极佳的礼节礼仪无疑也是促成谈判成功的重要因素之一。

(资料来源:陆克斌,李玲玲,靳艳.商务礼仪[M].北京:北京理工大学出版社,2015.)

(二)依法办事

在商务谈判中,利益是各方关注的核心。对任何一方来说,大家讲究的都是"趋利避害"。在不得已的情况下,则会"两利相权取其大,两害相权取其轻"。虽则如此,商界人士在谈判会上,既要为利益而争,更需谨记依法办事。所谓在商务谈判中应当依法办事,是要求商界人士自觉地树立法制思想,在谈判的全部过程中提倡法律至尊。谈判者所进行的一切活动,都必须依照国家的法律办事,唯有如此,才能确保通过谈判获得既得利益。法盲作风、侥幸心理、铤而走险、目无法纪,都只会害人、害己,得不偿失。有一些人在实践中,喜欢在谈判中附加人情世故。如果是指注重处理与对手的人际关系,争取促进双方之间的理解与尊重,那么则是正确的。假若指的是要在谈判中搞"人情公关",即对对方吹吹打打,与对手称兄道弟,向对方施以小恩小惠,则是非常错误的。实际上,这是小农意识在作怪,而且无济于事。因为人情归人情,生意归生意,任何有经验的商界人士,都是不会在谈判桌上让情感战胜理智的。在谈判中,过多地附加人情,甚至以此为重点,实在是误入歧途。说到底,犯了这种错误的人,是没有法制观念,而且不懂得应当怎样做生意的。

(三)平等协商

简单来说,谈判就是有关各方在合理合法的情况下进行的讨价还价。由此可见,谈判实际上是观点各异的各方经过种种努力,从而达成某种程度上的共识或一致的过程。换言之,谈判只能在观点各异的有关各方之间的平等协商中进行。所以,假如离开了平等协商,便难以设想谈判的成功与否。

在谈判中,要坚持平等协商,重要的是注意两个方面的问题:一方面,是要求谈判各方在地位上要平等一致、相互尊重,不允许仗势压人、以大欺小。如果在谈判的一开始,有关各方在地位上便不平等,那么是很难达成让各方心悦诚服的协议的。另一方面,则是要求谈判各方在谈判中要通过协商,即相互商量求得谅解,而不是通过强制、欺骗来达成一致。

在谈判会上,要做到平等协商,就要以理服人。要进行谈判,就要讲道理。要以理评理、无理找理,说理坚持一成不变。这样的话,就容易"自成一说",从而说服对方。

(四)求同存异

有一位驰名世界的谈判大师说过:"所谓谈判,就是一连串的不断的要求和一个又一个的不断的妥协。"这句话有助于商界人士对谈判本质的理解。

在任何一次正常的谈判中,都没有绝对的胜利者和绝对的失败者。相反,有关各方通过谈判,多多少少都会获得或维护自身的利益。也就是说,大家在某种程序上达到了妥协,彼此都"山重水复疑无路,柳暗花明又一村"。有经验的商界人士都清楚,有关各方既然同意坐下来进行谈判,那么在谈判桌上,就绝对不可以坚持"一口价"、一成不变、一意孤行,否则就是作茧自缚、自欺欺人。原因十分简单,在谈判桌上,有关的一切议题都是大可一谈的。

在谈判会上,妥协是通过有关各方的相互让步来实现的。所谓相互让步,意即有关各方均有所退让。但是这种相互让步,却不等于有关各方的对等让步。在实践中,真正的对等让步总是难以做出的。在谈判会上所达到的妥协,对当事的有关各方只要公平、合理、自愿,只要尽最大努力维护或争取了各自的利益,就是可以接受的。

(五)互利互惠

一场商务谈判最圆满的结局,应当是谈判的所有参与方都能各取所需,都取得了一定的成功,获得了更大的利益。也就是说,商务谈判首先是讲究利益均沾、共同胜利的。如果把商务谈判视为"一次性买卖",主张赢得越多越好,甚至要与对手拼个"你死我活",争取以自己的大获全胜和对手的彻底失败,来作为谈判会的最终结果,则必将危及与对方的进一步合作并且使社会上对己方产生"心狠手辣""不能容人"的恶劣印象。

因此,商界人士在参加谈判会时,必须争取的结局应当是既利己,又利人。现代的商界社会,最讲究的是伙伴、对手之间同舟共济。既要讲竞争又要讲合作。自己所获得的利益不应当建立在有害对手或伙伴的基础上,而是应当彼此两利。对于这种商界的公德,商界人士在谈判中务必应当遵守。

(六)人事分开

在谈判会上,谈判者在处理己方与对手之间的相互关系时,必须要做到人事分开,各自分别而论。

在谈判中,要将对手的人与事分开,即是要求商界人士与对方相处时,务必要切记朋友归朋友,谈判归谈判,对于两者之间的界限不能混淆。正确的认识,是应当在谈判桌上,大家彼此对既定的目标都志在必得、义不容辞。因此,既不能指望对手之中的老朋友能够"不忘旧情"、良心发现,对自己"手下留情",或是"里通外国",也不要责怪对方"见利忘义""不够朋友"、对自己"太黑"。

商务谈判并不是一场你死我活的人与人的战争,因此商界人士对它应当就事论事,不要让自己对谈判对手主观上的好恶,来妨碍自己解决现实的问题。商界人士在谈判会上,应当理解谈判对手的处境,不要对对方提出不切实际的要求,或是一厢情愿地渴望对方向自己施舍或回报感情。商界人士在谈判会上,对"事"要严肃,对"人"要友好。对"事"不可以不争,对"人"不可以不敬。不然的话,商界人士要是在商务谈判中"小不忍则乱大谋",那可就怪不得旁人了。

第四节　商务签字仪式礼仪

案例引导

10 分钟的代价

中国一家拥有职工约 6000 人的大型国有企业,为了避免濒临破产的局面,想寻找一家资金雄厚的企业做合作伙伴。经过多方努力,这家企业终于找到了一家具有国际声望的日本大公司。经过双方长时间艰苦地讨价还价,终于可以草签合约了,全厂职工为之欢欣鼓舞。本以为大功告成的中方人员,没想到在第二天的签字仪式中,公司领导因官僚作风,到达签字地点的时间比双方正式的约定晚了10 分钟。待他们走进签字大厅时,日方人员早已排成一行,正恭候他们的到来。中方领导请日方人员坐上签字台,日方的全体人员却整整齐齐、规规矩矩地向他们行了一个鞠躬礼,随后便集体退出了签字厅,中方领导目瞪口呆,不知何故。事后,日方递交中方一份正式的信函,其中写道:"我们绝不会为自己寻找一个没有任何时间观念的生意伙伴。不遵守约定的人,永远都不值得信赖。"无疑,双方的合作搁浅了,中方为了自己迟到的 10 分钟付出了沉重的代价——破产倒闭,近 6000 人下岗。

(资料来源:https://wenku.baidu.com/view/2c63e681d4d8d15abe234e67.html.)

签字仪式通常是指订立合同、协议的各方在合同、协议正式签署时所正式举行的仪式。企业之间通过谈判,就某项商务活动达成协议时,一般都要举行签字仪式。举行签字仪式不仅是对谈判成果的一种公开化、固定化,而且也是有关各方对自己履行合同、协议所做出的一种正式承诺。

一、签字仪式的准备

(一)确定参加人员

参加签字仪式的人员基本上应是双方参加会谈的全体人员。一般礼貌的做法是出席签字仪式的双方人数大体相等,级别一般也是对等的。有时为表示对本次商务谈判的重视或对谈判结果的庆贺,双方更高一级的领导人也可出面参加签字仪式。

(二)协议文本的准备

谈判结束后,双方应组织专业人员按谈判达成的协议做好文本的定稿、翻译、校对、印刷、装订、盖火漆印或单位公章等。作为东道主,其应为文本的准备工作提供准确、周到、快速、精美的方便条件和服务。

(三)签字场所的选择

签字仪式举行的场所一般视参加签字仪式的人员规格、人数,以及协议中的商务内容重要程度等因素来确定。多数是选择客人所住的宾馆、饭店,或者东道主的会客厅、洽谈室作为签字仪式的场所。有时为了扩大影响,也可商定在某个新闻发布中心或著名会议、会客场所举行。

(四)签字场地的布置

签字仪式的会场布置有两个方面的内容,一是签字仪式会场的装饰,二是签字仪式的座次礼仪。

1.签字仪式会场的装饰

(1)签字仪式的会场要庄严、整洁、清净。

(2)室内应铺设地毯,一般正规的签字桌都是长方形,桌面铺设暗红色的绒布,桌后放两把椅子,供双方签字人入席就座。

(3)签字桌上,应事先放好待签的合同文本以及签字笔、吸墨器等签字时所用的文具。

(4)需要在签字仪式会场布置双方国旗或标志的,应遵循礼宾序列。

2.签字仪式的座次礼仪

座次礼仪是各方最为在意的。双边合同的座次,一般由主方代为安排。主方安排时,应按照国际礼宾序列,注意以右为尊、为上,即将客房主签人安排在签字桌右侧就座,主方主签人在左侧就座,各自的助签人在其外助签,其余参加人在各自主签人的身后列队站立。站立时,各方人员按职位高低由中间向边上依次排列。签字仪式的座次安排可以分为并列式和相对式两种,如图 7-2 所示。

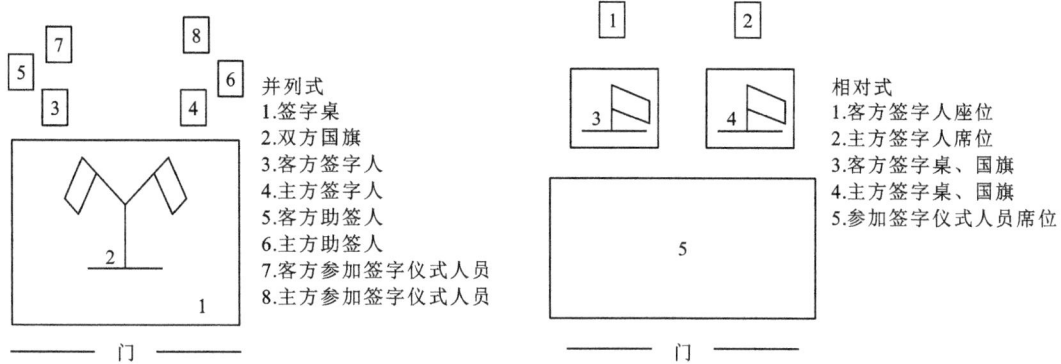

并列式
1.签字桌
2.双方国旗
3.客方签字人
4.主方签字人
5.客方助签人
6.主方助签人
7.客方参加签字仪式人员
8.主方参加签字仪式人员

相对式
1.客方签字人座位
2.主方签字人席位
3.客方签字桌、国旗
4.主方签字桌、国旗
5.参加签字仪式人员席位

图 7-2　签字仪式的座次礼仪

二、签字仪式的程序

在具体操作签字仪式时,可以依据以下基本程序进行运作。

(一)宣布仪式正式开始

有关各方人员步入签字厅,在各自既定的位置上各就其位。双方签字人同时入座,助签人在其外侧协助打开合同文本和笔。

(二)正式签署合同文本

通常的做法是首先签署应由己方所保存的文本,然后再签署应由他方所保存的文本。依照礼仪规范,每一位签字人在己方所保留的文本上签字时,应当名列首位。因此,每一位签字人均需首先签署将由己方所保存的文本,然后再交由他方签字人签署。此种做法,通常称为"轮换制"。它的含义是在文本签名的具体排列顺序上,应轮流使有关各方均有机会居于首位一次,以示各方完全平等。

(三)交换各方已经签好的合同文本

各方主签人起身离座至桌子中间,正式交换各自签好的合同文本,同时热烈握手,互致祝贺,并互换签字用笔,以作纪念。其他人员则热烈鼓掌,以表示祝贺之意。

(四)饮香槟酒庆祝

交换合同文本后,全体成员可合影留念,服务接待人员及时送上倒好的香槟酒。各方签字人员和成员相互碰杯庆祝,当场干杯,将气氛推向高潮。这是国际上所通行的增加签字仪式喜庆色彩的一种常规性做法。

本章小结

　　商务仪式礼仪是一个单位宣传自身良好形象的重要机会,有助于单位商务活动的顺利开展。本章内容涉及四个方面,包括开业典礼礼仪、剪彩仪式礼仪、商务谈判礼仪和商务签字仪式礼仪等等。

　　(1)开业典礼礼仪主要包括三个方面的内容:开业典礼的准备、程序和开业典礼人员的礼仪。

　　(2)剪彩仪式礼仪主要阐述剪彩的准备、剪彩人员的准备和剪彩的程序等。

　　(3)谈判礼仪。谈判礼仪包括商务谈判人员的礼仪、商务谈判的座次礼仪、商务谈判的过程和方针等四个方面的内容。

　　(4)商务签字仪式礼仪主要包括签字仪式的准备和程序等。

关键概念

　　开业典礼　剪彩　商务谈判　签字仪式

复习思考题

　　1.简述开业典礼前的准备工作。

　　2.简述开业典礼的程序。

　　3.剪彩仪式的程序是什么?

　　4.商务谈判的方针是什么?

　　5.签字仪式有哪些程序和步骤?

　　□ **思考题**
　　谈谈如何筹备一次成功的开业典礼仪式。

案例解析

1.7 月 15 日是国能电力公司与美国 PALID 公司在多次谈判后达成协议,准备正式签字的日期。国能电力公司负责签字仪式的现场准备工作,国能电力公司将公司总部十楼的大会议室作为签字现场,在会计室摆放了鲜花,长方形签字桌上临时铺设了深绿色的台呢布,摆放了中美两国的国旗,美国国旗放在签字桌左侧,中国国旗放在右侧,签字文本一式两份放在黑色塑料的文件夹内,签字笔、吸墨器等文具分别置放在两边,会议室空调温度控制在 20℃,办公室陈主任检查了签字现场,觉得一切安排妥当,他让办公室张小姐通知国能电力公司董事长、总经理等我方签字人员在会议室等待,自己到楼下准备迎接客商。

上午九点,美方总经理一行乘坐一辆高级轿车,准时驶入国能电力公司总部办公楼,司机熟练地将车平稳地停在楼前,陈主任在门口迎候,他见副驾驶座上是一位女宾,陈主任以娴熟优雅的姿势先为前排女宾打开车门,并做好护顶姿势,同时礼貌地问候对方。紧接着,陈主任迅速走到右后门,准备以同样动作迎接后排客人,不料,前排女宾已经先于他打开了后门,迎候后排男宾,陈主任急忙上前问候,但明显感觉女宾和后排男宾有不悦之色。陈主任一边引导客人进入大厅,来到电梯口,一边告知客人董事长在会议室等待,电梯到达十楼后,陈主任按住电梯控制开关,请客商先出,自己后出,然后引导客人到会议室,在会议室等待的国能电力公司的签字人员在客人进入会议室时,马上起立鼓掌欢迎,刘董事长急忙从座位上站起,主动向对方客人握手,不料,美方客人在扫视了会议室后,似乎非常不满,不肯就座,好像是临时改变了主意,不想签字了,问题出在哪里呢?

分析讨论:

(1)国能电力公司安排的这次签字活动有不当之处吗?

(2)陈主任在迎接礼仪的安排和自己的迎送过程中是否有不到之处?

(3)外方客人不悦和临时变卦的主要原因是什么?

2.有一次,印度尼西亚在爪哇岛修建一座电站,要购买一台非常大的发电机。为此,政府举行了公开招标。世界上只有五六家公司能供应这样的电机。

印尼采购官员一开始就想从德国购买,可一直不把德国制造商列入名单,又一直不接见他,德国制造商觉得失去了这笔生意。在其他国家的制造商提出报价后,这位印尼采购官员却邀请了德国制造商,这位官员在要他发誓保密后,把竞争对手的报价单给他看,并补充说,如果他提出一个比最低价还少 10% 的报价,就可能得到订货。

这样,印尼官员就在德国制造商心中建立了一个打了折扣的期望。如果一开始也邀请德国制造商参加投标,德国人一定会报出最高的价格。这个报价一经提出,就很难改变它了。印尼官员不邀请他们使其报一个低价。德国制造商反复磋商,勉为其难地提出了一个符合印尼方面的报价表。

229

接着,印尼采购官员又什么也不做。既不见制造商本人,也不接他的电话。德国制造商又一次觉得要丢失这桩买卖。这时,印尼采购官员接见了他。这位采购官员首先对拖延了这么长的时间表示歉意,然后解释说,根据政府的政策,必须等到最后一个报价出来,这个报价刚刚到,很不巧,比德国的报价低2.5%。因此,如果德方若能把价格再降低3%,他们就能将合同交政府批准。当时国际市场上大型设备的销路不太好,德国人反复商量后,只好同意把价格继续降低3%。

那位采购官员非常高兴地向制造商表示祝贺,并提议第二天双方讨论支付条件。"什么支付条件?"德方惊讶地问道。这个官员解释说,在高通货膨胀和高利率的情况下,德国公司必须同意印尼采用通常的分期付款方式。经过许多争论,制造商在德国政府贷款的帮助下同意提供整整18个月的信贷,这是一个相当大的让步。

分析讨论:

印尼官员在谈判中运用了什么谈判策略?请加以分析。

◇ **实训操练**

1.剪彩礼仪

实训目标:掌握剪彩仪式的礼仪。

实训内容与要求:以全班同学为单位,筹备一个剪彩仪式,剪彩仪式所需要的物品可以由学生自己准备,有条件的学校可以由学校提供。

实训成果与检测:学生进行现场展示,邀请相关老师进行现场点评。

2.谈判会礼仪

实训目标:掌握举办谈判会的礼仪。

实训内容与要求:2个人一组,写一份谈判会策划,请同学相互检查策划方案的流程是否完整,不能遗漏环节,忽视礼仪规范。

实训成果与检测:每组同学分别上台汇报,其他同学及教师进行点评建议。

◇ **相关链接**

推荐进一步阅读文献:

1.邵易珊.跨国商务礼仪文化的差异[J].经贸实践,2018(9).

2.邵易珊.商务谈判礼仪中的形象塑造与语言技巧探讨[J].环渤海经济瞭望,2018(7).

3.徐兰.商务礼仪基于谈判开局阶段的实践分析[J].纳税,2017(11).

4.王爽.礼仪在商务谈判中的应用[J].中国商论,2016(14).

5.李倩.浅谈商务礼仪在商务谈判中的重要性[J].科教导刊,2013(10).

6.张东.浅谈商务剪彩的礼仪规范[J].秘书之友,2011(4).

7.洪刚.商界开业礼仪[J].理财,2010(3).

8.张建宏.签字仪式礼仪[J].秘书,2009(12).

第八章

涉外商务礼仪

学习目标

通过本章的学习,理解涉外商务礼仪的基本原则,在涉外交往中,要牢记涉外礼仪的基本原则;掌握世界主要国家的礼仪习俗,包括亚洲、欧美、大洋洲、非洲和拉丁美洲等主要国家的礼仪习俗。与外国友人交往,要了解各个国家的礼仪与禁忌,并充分尊重对方的信仰和习俗。

俗话说,"十里不同风,百里不同俗"。礼仪习俗是指一个民族在物质文化、精神文化等社会生活各方面的传统,是各族人民历史上相沿已久而形成的风尚、习俗。礼仪习俗受到宗教信仰、文化背景、民族习惯、地域、国别、社会风俗、经济状况和政治制度等多方面的影响。

尊重各国家、各民族的礼仪习俗,已成为国际交往的基本原则。而作为一名商界人士,在对外经济交往工作中,熟悉并灵活运用礼仪习俗,做到入乡随俗、因人施礼,不仅是对交往对象的理解和尊重,更能使对方对你留下深刻的良好印象,从而让商务活动的效果事半功倍。

第一节　商务涉外礼仪的原则

案例引导

船长的驭人之道

一群商人在一条船上谈生意,船在中途出了事故,只有跳水逃命。

船长命令大副通知各位先生穿上救生衣,从甲板上跳下去。可是,大副怎么劝说都不起作用,大家谁也不愿意跳下去。

船长经验丰富,对各国人个性了如指掌,于是他转身对一名英国商人说:"跳水是一种体育运动。"英国商人听了,纵身跳入水中,因为英国人喜欢体育运动。

他对法国商人说:"跳水是一种时髦,你没看英国人已经跳下去了吗?"法国人爱赶时髦,也随之跳入水中。

船长面对德国人,一脸的严肃,"我是船长,现在你必须跳水,这是命令!"德国人一向遵守纪律,服从了船长的命令,也跳入水中。

船长走到一向具有叛逆心理的意大利人面前说:"乘坐别的船遇险可以跳水,但今天你坐的是我的船,我不允许你跳!"对于意大利人来讲,你越不让我跳,我就非跳不可,于是也纵身跳下。

现在只剩下了美国人和中国人。只见船长对美国商人说:"我听说这只船已经办理了人寿保险,跳吧你没有吃亏!"美国人一向现实,听罢也跳了下去。

最后,船长对中国商人说:"先生,你家里还有一位80岁的老母吗?你不跳对得住她老人家吗?"中国商人听罢也跳了下去。

(资料来源:徐美萍.商务公关与礼仪[M].北京:北京交通大学出版社,2012.)

涉外礼仪是对涉外交往礼仪的简称。它是指在对外交往中,逐渐形成的用以维护自身形象,同时向交往对象表示尊敬与友好的约定成俗的做法。涉外礼仪的基本内容就是国际交往的惯例,就是商界人士在涉外交往中所应了解并遵守的国际惯例。所以,熟悉和了解相关的商务涉外礼仪原则,是非常有必要的。

一、维护形象原则

个人形象指的是一个人在交际交往中留给他人的总体印象，以及由此而使他人形成的总的评价和总的看法。在国际交往中，人们普遍对交往对象的个人形象较为关注，并且都十分重视遵照规范的、得体的方式来塑造、维护自己的个人形象。

商界人士必须时刻注意维护自身形象。因为每个人的个人形象都直接体现着一个人的个人教养和品位；同时也展现了他对交往对象的重视程度；另外，个人形象代表其所在单位的整体形象；更重要的是，它还代表了其所属国家和民族的整体形象。

在涉外交往中，每个人都必须时时刻刻注意维护自身形象，尤其是要注意维护自己在正式场合留给外国友人的初次印象。心理学研究表明，人们在初次见面给他人留下的第一印象对他们后来的交往有着极大的影响。

二、不卑不亢原则

商务人士在涉外交往时，都必须意识到，自己在外国人的眼里代表着自己的国家，代表着自己的民族，代表着自己所在单位的整体形象。因此其言行应当从容得体，堂堂正正。一方面，商界人士应该要以自尊、自重、自爱和自信为基础，在尊重外国人风俗习惯的同时，虚心地向外国学习一切长处。在外国人面前，一方面既不应该表现得畏惧自卑，低三下四，也不应该表现得狂傲自大，放肆嚣张。另一方面，还应注意对任何交往对象都要一视同仁，一律平等，给予同等的尊重与友好，不要对大国小国、强国弱国、富国穷国亲疏有别，或是对大人物和普通人有厚有薄。

三、求同存异原则

这里所谓的求同存异，简言之就是指在涉外文化交流中，既要遵守相关礼仪的国际惯例，即重视礼仪的"共性"；又要对交往对象所在国家的礼仪与习俗有所了解并予以尊重，即兼顾礼仪的"个性"。如在涉外交往中见面采用的握手礼，是适用于任何国家的见面礼节，这是遵守"共性"惯例。但是不同国家和地区的人们往往还使用不同的见面礼节，我们也应了解并尊重。较为常见的有欧美人的吻面礼、吻手礼和拥抱礼，韩国人的跪拜礼，泰国人的合十礼，日本人的鞠躬礼以及阿拉伯人的抚胸礼等。

四、入乡随俗原则

入乡随俗的含义是指商界人士在涉外交往中，要真正做到尊重交往对象，尊重对方独有的风俗习惯。由于地域、种族、文化、历史等差异，各国、各地区、各民族在衣、食、住、行等方面形成了自己独特的文化传承。因此，在涉外交往中，必须对外国友人特有的习俗予以尊重，这对于促进中外双方人士的相互理解与沟通至关重要。例如，在大部分欧美国家，鲜花被当作最有情趣的礼品之一，但是并非所有鲜花都能享受这一"待遇"。比如，在我国备受青睐，甚至被许多城市选为市花的菊花在不少欧美国家都是被打入"另册"的。原因是在这些国家，菊花通常是用于丧葬仪式的"葬礼之花"。

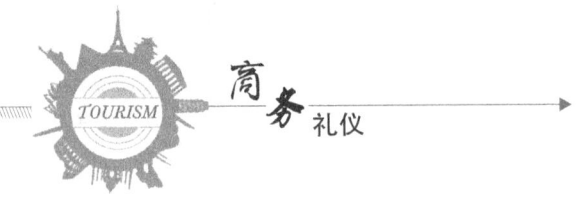

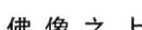

同步案例

佛 像 之 上

　　一家外国电讯公司在泰国曼谷设立一分公司选地址时,看中了一处房价适中、交通方便且游人众多的地段,而这幢楼的对面竖着一尊并不十分高大但又非常显眼的如来佛像。有关心者警告公司经理说,贵公司若在此开业,生意会很糟糕的。但公司经理非常自信,认为这不可能,因为公司在中东地区开设的另外几家公司,业务开展都很红火。所以,公司没听劝阻,就在这里如期开业了。

　　几年来,这家公司果然生意清淡。公司经理终于面对现实,不得不挪动了公司地址,生意这才明显地好起来。经理本人对此始终大惑不解,到处打听原因,得到的解释是,业务不景气的根源在于公司的大楼高度超出了对面的如来佛像两层,也就是说,公司的位置在如来佛像之上——这在一个信仰佛教的国家是严重犯忌的,没有尊重当地人对佛祖的信仰和敬畏,他们自然会产生情感上的不快甚至愤怒,当然也就不愿意与该公司有生意往来了。

　　(资料来源:陆克斌,李玲玲,靳艳.商务礼仪[M].北京:北京理工大学出版社,2015.)

五、信守约定原则

　　信守约定是指在一切正式的国际交往中,都必须认真而严格地遵守自己的所有承诺,说话务必算数、许诺必须兑现、约会必须如期。在一切有关时间的约定中,尤其需要严格遵守。

　　在涉外交往中,要真正做到"信守约定",我们要在三个方面严格要求自己。其一,对于必须做出的承诺或约定要慎之又慎,要字斟句酌、考虑周全,既不要含糊不清、模棱两可,也不要信口开河、承诺满天飞。其二,对于已经做出的约定,务必认真遵守。承诺一旦做出就必须兑现,约定一经做出就必须如约而行,真正做到"言必信,行必果"。其三,万一约定有变,则需要尽早向对方如实说明情况,还要郑重向对方表达歉意,并按照规定和惯例主动地承担给对方造成的损失。千万不要避而不谈、搪塞推诿甚至企图赖账。

六、热情适度原则

　　热情有度是指人们在参加涉外交往,直接同外国人打交道时,不仅仅要待人热情而友好,更重要的是要把握好待人热情友好的具体分寸,否则就会事与愿违、过犹不及。对于这个"度"的最精确解释,就是要求大家在对待外国友人热情友好的时候,要切记,自己所做的一切都必须以不影响对方、不妨碍对方、不给对方添麻烦、不令对方感到不快、不干涉对方的私生活为限。在进行商务涉外交往中，要做好热情有度，就应特别注意以下三点：第一，关心有度。不宜对外国人表现得过于关心，不要让对方觉得我方商界人士碍手碍脚、干预过多。第二，距离有度。也就是说，与外国人进行交往应酬时，应当与对方保持双方关系相适度的距离。第三，举止有度。也就是说，与外国人相处之时，务必要对自己的举止动作多多自省，切勿因为自己举止动作过分随意，引起不必要的误会。

七、谦虚适当原则

谦虚适当原则要求我们在国际交往中涉及自我评价时，虽然不应该自吹自擂，自我标榜，一味地抬高自己，但是也绝对没有必要妄自菲薄，自我贬低，自轻自贱，过度地对外国人进行谦虚、客套。中国人的待人接物大多讲究的是含蓄和委婉。可是实践证明：中国人的这种过分谦虚、不敢正面肯定或评价自己的做法，在涉外交往中并不为外国人所理解和认可。当外国人赞美自己的相貌，称道自己的工作、技术或服务时，一定要记住落落大方地说声"谢谢"，这样既表现了自己的自信，也接纳了对方的认可，大可不必极力地进行否定；当身为东道主设宴款待外国友人时，应当有意识地说明"这是本地最有特色的菜""这是特地为你精心准备的菜"，千万不要过谦地说"没有准备什么好菜""实在不成敬意，凑合着吃吧"；当向外国人赠送礼品时，要说明是为对方精心选择和认真准备的，切勿说"这些礼品不像样子""实在拿不出手"或"没来得及挑选"等。中国人这种习惯自谦的说法会造成很大的误会，让外国人误以为自己不被重视、我们不够友好。

八、静观其变原则

静观其变原则的基本要求是在涉外交往中，面对自己一时举棋不定，或者不知道到底怎样做才好的情况时，如果有可能，最明智的做法是尽量不要急于采取行动，若有可能的话，面对这种情况时，不妨先按兵不动，再静观一下周围人的所作所为，并与之采取一致的行动。这么做就不至于弄巧成拙。有鉴于此，"静观其变"原则在很多时候也被称为"紧跟"原则或"模仿"原则。

九、尊重隐私原则

所谓个人隐私，就是指一个人出于个人尊严和其他方面的考虑，因而不愿意公开，也不希望外人了解或是打听的个人秘密、私人事宜。在国际交往中，人们普遍讲究尊重个人隐私原则，并且将尊重个人隐私与否，视为一个人在待人接物方面有没有教养，能不能尊重和体谅交往对象的重要标志之一。

因此，中国商界人士在涉外交往中，务必要严格遵守尊重个人隐私这一涉外礼仪的重要原则，在与国外商界人士来往时，要充分尊重对方的个人隐私。一般而言，在国际交往中，经济状况、年纪大小、婚姻状况、健康状况及个人经历、家庭地址和私宅电话以及政见信仰等均被外国人视为个人隐私问题，与人交谈中应避免涉及这些问题，不应随意询问、探听或讨论。

235

十、女士优先原则

女士优先是目前国际社会所公认的一条重要礼仪原则，它主要适用于成年的异性进行社交活动之时。"女士优先"的含义是在一切社交场合，每名成年男子都有义务主动、自觉地以自己的实际行动去尊重、照顾、保护女士，要想方设法为女士排忧解难，倘若因为男士的不慎而使女士陷于尴尬或处于困难境地，就意味着男士在这一方面的失礼。

在国外的社交应酬中，女士优先作为一条礼仪的基本原则，早已逐渐演化成一系列具体的、可操作的做法，不仅已是世人皆知，而且在社会舆论的督促下，每一名成年男子均须将其认认真真地付诸实践。

十一、爱护环境原则

爱护环境的主要含义是：在日常生活里，每一个人都有义务对人类赖以生存的环境，自觉地加以爱惜和保护。爱护环境，严格地讲，属于社会公德的范畴。因此，它是不会因国别不同而有所区别的。与外国人打交道时，在爱护环境的具体问题上要好自为之，严于律己。不可毁坏自然环境、不可虐待动物、不可损坏公物、不可乱堆乱挂私人物品、不可乱扔乱丢废弃物品、不可随地吐痰、不可到处吸烟、不可任意制造噪声等。

十二、以右为尊原则

在国际交往中，按照惯例，大到政治磋商、文化交流，小到商务往来、私人接触，凡有必要确定位置主次时，都要遵循"以右为尊"的原则。在操作、处理这类问题时，只要参照"以右为尊"原则，就肯定不会有失敬于人的事件发生。我国古代的传统做法是"以左为尊"。按照老子《道德经》里的说法，即"吉事尚左"，也就是以左为上，以右为下。我国国内的官方活动依旧按照此种方式排定座次，但同时又有单数与双数之别。但是，在国际交往中还是需要"内外有别"，应该遵守"以右为尊"的国际惯例。

第二节　世界主要国家的礼仪习俗

案例引导

"骏马外交"

1月8日，作为2018年中国迎来的第一位外国元首，法国总统马克龙向习近平主席赠送一匹国礼马作为礼物。据报道,一匹名为"维苏威火山"的棕色公马,已于1月4日在兽医陪伴下乘飞机抵达中国,被安置在北京郊区的一个马厩中。

"马克龙又出了一个新奇主意",法国媒体1月8日纷纷报道,他将一匹法兰西共和国卫队的骏马送给习近平主席做礼物。这是总统希望进一步加强与中国友谊的象征,也是对中国"熊猫外交"的一种回应。该纯种马今年8岁,来自法国北部海岸地区。而中国也在2012年借给法国一只大熊猫,马克龙夫人于2017年11月为该熊猫的新生幼仔主持了命名仪式。

中国媒体称,作为柔性外交的能手,马克龙试图用"骏马外交"赢得中国领导人的心。这个"史无前例的外交姿态",缘起于习近平上次访问法国时对法国骑兵的称赞。这是法国第一次将其精英骑兵队伍的马送人,也是对中国"熊猫外交"的一次响应。以马为国礼有多重喻义。"在中法两国传统文化中,马都代表着积极向上,尤其是在中国有一马当先、马到成功等喜闻乐见的含义。"马克龙以马为国礼显然是精心筹划,不但契合中华文化,并寄望此次访华"马到成功"。另外,马是古丝绸之路上重要的交通工具,以中国在国际上倡议的"一带一路"为背景,以马为礼相赠,在一东一西的中法两国之间更具深意。

(资料来源:http://news.ifeng.com/a/20180109/54951289_0.shtml.)

一、亚洲主要国家的礼仪习俗

亚洲位于北半球,太平洋西岸,地处热带、亚热带、温带,气候温和湿润,是世界上人口最多的大洲,同时也是世界三大宗教即基督教、伊斯兰教、佛教的发源地。因受多种因素的影响,特别是宗教信仰的影响,亚洲各地区、各国的礼仪习俗差别非常大,在进行商务活动时要特别注意。在亚洲影响范围较大的宗教是佛教和伊斯兰教,其次还有印度教、天主教、犹太教等。

(一)日本

日本全名为日本国。在日本居民中,神道和佛教较为盛行,国花为樱花,日语为通用语言,首都位于东京。

1.礼仪规范

日本人办事显得慢条斯理。对自己的感情常加以掩饰、不轻易流露,不喜欢伤感的、对抗性的、针对性的言行和急躁的风格。在与日本人打交道的过程中,没有耐性的人常常会闹得不欢而散。

日本人普遍很讲究礼节,尤其外出参加各种活动,男士一般是西装革履,女士必须穿和服。在正式活动或上班时男士大都穿西装、打领带,女士穿西服套裙或连衣裙,化淡妆。

日本人平时见面要互相问候,行鞠躬礼。如果是熟人或老朋友,也可以主动握手或拥抱。不能用名来称呼日本人,只有家人和非常亲密的朋友才能这样做。称呼"××先生"要使用他的姓。日本人的时间观念很强,习惯于在会面或拜访时事前约定,并按约定的时间准时到达,比较忌讳迟到或突然到访。

在日本送礼之风盛行。同事的荣升、结婚、生孩子、生日、过节等都会赠送礼物。给日本客人送一件礼物,即使是小小的纪念品,他都可能铭记在心。礼品包装纸也很有讲究,黑白色代表丧事,绿色为不祥,也不宜用红色包装纸,最好用花色纸包装礼品。日本人不喜欢在礼品包装上系蝴蝶结。另外,不要给日本人送有动物形象的礼品。

2.商务习惯

日本商人带有典型的东方人风格。一般比较慎重而且有耐心,自信心、事业心和进取心都比较强。日本人在商务谈判中往往不明确表态,常使对方产生模棱两可、含糊不清的印象。他们在签订合同前一般都很谨慎,且考虑时间很长,但一般重视合同的履行,同时对对方履行合同也很严格。如果他们觉得对方的信誉方面有问题,就可能很难与之长期合作。日本是内向型的民族,日本人尊敬强者。同他们打交道、做生意,必须多花时间去了解他们的理念和想法,这样会有效地促进合作的长期发展。

在日本,名片的使用非常普遍,尤其在商务活动中,初次见面都有互换名片的习惯。一般年轻的或身份低的先递上名片。递交名片时,要将正面正对着对方。如果没有名片,要自我介绍姓名、工作单位和职务等。

到日本进行商务活动,以春季(2—6月)和秋季(9—11月)为宜。日本虽四季分明,但属海洋性气候,长年不干不燥。

3.餐饮礼仪

日本的饮食包括日本固有的"日本料理"、从中国传去的"中华料理"和从欧洲传去的"西洋料理"等。尤其是日本的"怀石料理"以精美昂贵闻名,讲究菜肴质精量小,注重菜品的营养价值。

日本的特殊地理环境决定了他们独特的饮食习惯。日本是岛国,海产品多,所以日本人爱吃鱼并且吃法也很多,如蒸、烤、煎、炸等。他们尤其喜欢吃生鱼片,吃的时候一定要配辣味以解腥杀菌。

他们的主食是米、面,最具代表性的食物是"寿司""拉面"等。日本人早餐喜欢吃稀饭,由于受外来影响也喝牛奶,吃面包。午餐、晚餐一般吃米饭,副食以鱼类和蔬菜为主。日本人还爱吃面酱、酱菜、紫菜、酸梅等。吃凉菜时,他们喜欢在凉菜上撒上少许芝麻、紫菜末、生姜丝等,起调味点缀作用。他们逢年过节总喜欢吃红豆饭,以示吉祥。他们很喜欢酱和酱汤,因为它含有大量的蛋白质和铁质,且容易消化,适合老弱病残者食用,同时也是日本人家庭中不可缺少的菜肴之一。

日本人使用筷子有很多讲究,有"忌八筷"之说,即忌舔筷、迷筷、移筷、扭筷、插筷、掏筷、跨筷和剔筷。

日本人在进餐过程中忌讳也颇多。招待客人忌讳将饭盛得过满过多,也不可一勺就盛好一碗;忌讳客人吃饭一碗就够,第二碗象征性也应再添一点,因为只吃一碗,他们认为是象征无缘;忌讳用餐过程中整理自己的衣服或用手抚摸、整理头发,因为这是不卫生和不礼貌的举止。日本人一般不吃肥肉和猪内脏,也有人不吃羊肉和鸭子。

4.礼仪禁忌

日本人不喜欢紫色,最忌讳绿色。送花时,忌送荷花。在探望病人时忌用山茶花及淡黄色、白色的花,也不能送玫瑰和盆栽植物。日本人一般不接受菊花和带有菊花图案的东西或礼品。

在语言与数字方面,忌讳"苦"和"死",甚至连谐音的一些数字也忌讳,如与"死"相近音的"4"、与"苦"相近音的"9"等数字。此外还有 3、13、14、19、24、42 等。

另外,忌讳三人一起合影,认为中间被左右夹着,是不幸的预兆;日本人送礼之前一般将礼品放在手提袋中,礼品不当面打开,忌红色信件,包括圣诞贺卡,因为在日本,讣告用红纸印制。

（二）韩国

韩国素有"礼仪之国""君子之国"的称号,韩国人主要信奉佛教,官方的语言是韩语,首都为首尔。

1.礼仪规范

韩国人的民族自尊心很强,反对崇洋媚外,倡导使用国货。在赠送礼品时,最好选择鲜花、酒类和工艺品,韩国人喜欢中国特色的礼品,不喜欢日本货。不宜送外国香烟给韩国友人。酒是送韩国男人最好的礼品,但不能送酒给妇女。韩国人用双手接礼物,但不会当着客人的面打开。应邀出席宴请一般不要带夫人参加,而且做好饮酒的准备。在韩国,一再推辞主人的劝酒,会引起主人的不满。如果应邀到韩国人家中做客,进屋之前需要脱鞋时,不要将鞋尖直对房间之内,不然会令对方极度不满。接受韩国人宴请后,要设法回请一次,以示礼貌。

韩国有男尊女卑的讲究,进入房间时,女人不可以走在男人的前面,女人须帮助男人脱下外套,坐下时,女人要主动坐在男子的后面且不可在男子面前高声谈笑。

2.商务习惯

韩国商人非常讲究预先约定,遵守时间,并且十分重视名片的使用。在正式的场合,韩国人都采用握手作为见面礼节。在行握手礼时,他们讲究使用双手,或单独使用右手。当晚辈、下属与长辈、上级握手时,后者伸出手来之后,前者须先以右手握住,随后再将自己的左手轻置于后者的右手之上。韩国人的这种做法,是为了表示自己对对方的特殊尊重。韩国妇女在一般情况下不与男子握手,而往往代之以鞠躬或者点头致意。同他人相见或告别时,若对方是有地位、身份的人,韩国人往往要多次行礼,行礼三次,也不算多。韩国人在称呼他人时爱用尊称和敬语,但很少会直接叫出对方的名字,要是交往对象拥有能够反映其社会地位的头衔,那么韩国人一定会多次使用。

在商务活动中,韩国人着装很讲究朴素、整洁、庄重。韩国男子都会穿深色的西服套装,系领带,皮鞋锃亮,而韩国妇女的着装优雅大方。在韩国,衣冠不整的人和着装过露、过透的人,都会让人看不起。

3.餐饮礼仪

韩国人饮食讲究"色、香、味、意、形、器"的搭配,以"五味"和"五色"为主要特点。其中,"五味"指的是酸、甜、苦、辣、鲜;而"五色"指的是红、白、黑、绿、黄。韩国人主食是米饭、冷面,爱吃的菜肴包括泡菜、烤牛肉、烧狗肉、人参鸡等。特别对于泡菜情有独钟,有"没有泡菜,吃饭没味"的说法。在韩国,衡量家庭主妇烹饪手艺的好坏,主要就看她家的泡菜做得好不好吃。

韩国人一般不吃过腻、过油和过甜的东西,而且不吃鸭子、羊肉和肥猪肉。韩国男子通常酒量不错,妇女则多不饮酒。

韩国人讲究用餐礼仪,吃饭时应先为老人或长辈盛饭上菜,老人动筷后,其他人才能吃。不能用筷子对别人指指点点,在用餐完毕后要将筷子整齐地放在餐桌的桌面上。为了环保,韩国餐馆往往只向用餐者提供铁筷子。用餐时不能随便出声,不能边吃边谈。韩国人在自己家里设宴招待来宾时,一般宾主都是围在一张矮腿方桌周围,盘腿席地而坐。在这种情况下,切勿用手摸脚、悄悄脱袜子或双腿叉开等。

4.礼仪禁忌

韩国人珍爱白色。国花是木槿花,松树为国树,喜鹊为国鸟,老虎为国兽。忌讳数字是"4"和"13"。

韩国人一般不轻易流露自己的感情,公共场所不大声说笑,尤其是妇女,笑时需要用手帕捂嘴,防止出声失礼。与韩国人交谈时,可以谈韩国文化、国家经济成就和足球等。需要对其国家或民族进行称呼时,不要将其称为"南朝鲜""南韩"或"朝鲜人",而宜分别称为"韩国"或"韩国人"。在韩国,不宜谈论的话题有政治腐败经济危机、意识形态、南北分裂、韩美关系、韩日关系、日本之长等。

(三)新加坡

新加坡全名为新加坡共和国,国花为万代兰,马来语为国语,英语、华语、马来语、泰米尔语为官方语言,英语为行政语言。新加坡76%的人口为华人,华人多信奉佛教,马来人多信奉伊斯兰教。

1.礼仪规范

新加坡人的着装非常讲究,正式的场合,男子一般要穿白色长袖衬衫和深色西裤,并且打上领带;女子则穿套装或深色长裙。在对外交往中,新加坡人则大多按照国际惯例要穿深色的西装或套裙。在国家庆典和其他一些隆重的场合,新加坡人喜欢穿自己的国服,即一种以胡姬花为图案的服装。

由于新加坡曾长期是英国的殖民地,所以其社会文化受西方影响很大,在社交礼仪方面已经西化。新加坡人最常用的见面礼为握手礼;在商界普遍使用名片,双方首次会面要交换名片,商务名片最好中英文对照。但新加坡政府规定,当地政府官员不使用名片。在新加坡商人之间没有送礼物的习惯,但人们很喜欢公司纪念品,可以考虑作为小礼品赠送。如果到新加坡人家里去做客,可以带一束鲜花或一盒巧克力作为礼物。由于受中国文化的影响,吉祥字画在新加坡家庭随处可见。最受他们喜爱的吉祥字有"喜""福""吉"

"鱼"等;最受他们欢迎的吉祥画,则有表示"平安"的苹果、表示"和平"的荷花和表示"力量"的竹子等。

2.商务习惯

新加坡商人中以华商居多,他们很乐意回中国经商,并且"乡土观念"极强。如果能用"家乡话"与其进行交谈,肯定会大受欢迎,有助于商务合作的成功。另外,他们大都很讲"面子",与其进行交往时,不妨多说几句"多多指教""多多关照"的谦言。但现代商人大都在新加坡出生长大,与传统的华商有显著的不同,他们吸收了许多现代西方的经营思想,比较强调事实、技术细节和合同的周密,因而在交易磋商阶段一般都很慎重,不喜欢草率签订合同,但一旦签约后,总是恪守信誉、认真守约。

新加坡商人一向有勤奋、诚实、谦虚、可靠的美德。同时以勤俭节约著称,反对挥霍浪费。宴请对方不要过于讲究排场,尤其是在商务活动中,答谢宴会不宜超过主人宴请的水平。宴会一般安排在中午或晚上,中午是最佳选择。宴请聊天时,要避免谈论政治、宗教等话题,可以谈谈旅行见闻,你所去过的国家和新加坡的经济成就等。

到新加坡从事商务活动的最佳月份是 3—11 月,以避开圣诞节及华人传统的节日。

3.餐饮礼仪

新加坡华人喜欢清淡的口味,偏爱甜味,讲究营养,平日爱吃米饭和各种生猛海鲜,不太喜欢吃面食,最有名的美食是"肉骨茶"。粤菜、闽菜和上海菜都很受欢迎。而新加坡的马来西亚人一般以米饭、糕点、椰浆、咖喱为主食;喜欢带有辣味的菜肴。马来西亚风味"沙爹"是宴席必备的佳肴。他们吃中餐的兴趣似乎比吃西餐更浓。用餐一般都以手抓食,只有在西式宴会时,才偶尔用刀叉和勺子。马来人忌食猪肉、狗肉、自死之物和动物的血,不吃贝壳类动物、忌饮酒。

新加坡人,特别是新加坡华人,大都喜欢饮茶。当客人到来时,新加坡人通常都会以茶相待。鹿茸酒、人参酒等也是他们喜欢的杯中之物。

4.礼仪禁忌

由于新加坡以华人居多,他们一般很喜欢红色、绿色、蓝色,视紫色、黑色为不吉利的颜色,白色、黄色则为禁忌色。在数字方面,人们不太喜欢"4"与"7"这两个数字,因为,在华语中"4"的发音与"死"相仿,而"7"则被视为一个消极的数字。在新加坡华人看来,"3"表示"升","6"表示"顺","8"表示"发","9"则表示"久",都是吉祥的数字。新加坡人在商业上反对使用如来佛的形态和侧面像,也禁止使用宗教用语和象征性标志。

新加坡是一个非常讲究礼仪的国家,在他们看来,不讲礼貌不仅让人瞧不起,并且还会寸步难行。与新加坡人交谈时,不能口吐脏字,要多使用谦语、敬语;不准嚼口香糖;过马路时不能闯红灯;"方便"之后必须拉水冲洗;在公共场合不准吸烟、吐痰和随地乱扔废弃物品等。否则,就要受到严厉的处罚,需要交纳高额罚金,甚至可能会吃官司。

新加坡人对"恭喜发财"这句话非常反感,认为是"不义之财",因此与新加坡人交往时要格外注意。此外,新加坡人对于蓬头垢面、衣冠不整、胡子拉碴的人非常反感。

（四）泰国

泰国全名为泰王国，国花为睡莲，泰语是通用语言，首都位于曼谷，泰国90％以上的居民信仰佛教，佛教为国教，马来族信仰伊斯兰教，还有少数人信奉基督教、新教、天主教和印度教。

1.礼仪规范

泰国人见面行双手"合十礼"。行礼时，须站好立正，低眉欠身，双手十指相互合拢，同时问候"您好"。一般来说，年幼的先向年长的打招呼，而年长的随后回礼。合十礼有四种姿势：平民拜见泰王之时，须双手举过头顶；晚辈向长辈行礼时，双手举到前额之下；一般平辈相见时，双手举到鼻下即可；双手举于胸前，一般多用于长辈向晚辈还礼。但现在泰国的政府官员、知识分子、华商等见面时常握手问好。

泰国人在正式场合中注重着装，女士一般穿深色的套装或套裙，男士宜穿西装。

在社交场合，泰国人习惯以"小姐""先生"等国际上流行的称呼彼此相称。比较特殊的是，他们在称呼交往对象时，不习惯称呼其姓，而是习惯称呼其名。

2.商务习惯

泰国商人喜欢诚实而富有人情味的合作伙伴。同泰国人打交道，不要夸耀自己国家的经济，否则他们会认为你太傲慢，从而给以后的交往带来麻烦。因此，在泰国商人的面前，表现得越谦虚越好，这样才能愉快地合作。

拜访大公司或政府部门必须提前预约时间，最好持有英文、泰文和中文对照的名片。另外，在商务活动中，接受邀请后，一般不能随意改变主意，否则会显得极不礼貌。西方贸易方式被泰国商人普遍接受，因此贸易谈判一般按西方方式进行。泰国人喜欢互赠礼物。他们喜欢对方送些小礼品给孩子，如玩具、书画等。送泰国人礼物时，对方一般不会当面打开。如果泰国人送你礼物，只需向其表示感谢即可，不要当面打开，以示礼貌。

如果进行商务活动，最好安排在当年的11月至次年的3月，4—5月当地商人多半外出度假。

3.餐饮礼仪

泰国是一个临海的热带国家，这里气候炎热，雨量充沛，阳光充足。绿色蔬菜、海鲜、水果极其丰富。由于特殊的气候条件，造成了泰国人民对酸味和辣味的依赖，在用餐时，他们喜欢在菜肴之中加入辣酱、鱼露或味精。具有民族特色的"咖喱饭"是他们最爱吃的食物，其他的美食还有冬阴功汤（酸辣海鲜汤）、椰汁嫩鸡汤、咖喱鱼饼、绿咖喱鸡肉、炭烧蟹、炭烧虾、猪颈肉、咖喱蟹和芒果香饭等。

泰国大米颗粒长，两头尖，颜色白，煮成米饭香柔滑嫩，在世界粮食市场上享有很高的声誉。泰国人以大米为主食，每日三餐。大部分泰国人正餐中都是以一大碗米饭为主食，佐以一道或两道咖喱料理，一条鱼，一份汤，以及一份沙律，随个人的喜好以任何先后次序吃都可以，餐具则是叉子和大匙。餐后点心通常是时令水果或各式甜点。

4.礼仪禁忌

泰国人非常喜爱红色和黄色，对蓝色也有好感。他们认为蓝色象征着"永恒"与"安定"。

泰国人比较忌讳褐色。泰国人一般不喜欢茉莉花,因为在泰语里,它的发音与"伤心"一词类似。

泰国人在举止动作上的禁忌很多。泰国人的头部尤其是孩子的头部,一般绝对不准触摸。拿着东西从泰国人的头上通过,被视作一种侮辱。在睡觉时,他们忌讳"头朝西,脚向东",因为在泰国只有停尸才那么做。在泰国不准用脚指示方向,不准用脚尖朝着别人,不准用脚踏门,或是踩踏门槛。

与泰国人接触时,千万不要用手拍对方或用左手接触对方,讲话时以手指对对方指指点点也是不允许的。

(五)菲律宾

菲律宾全名为菲律宾共和国,国花为茉莉花,菲律宾语为国语,英语为通用语言,首都位于马尼拉,约84%的菲律宾人信奉天主教。

1.礼仪规范

菲律宾人多数信奉天主教,因多年受西班牙的殖民统治,在文化和习俗上带有明显的西班牙色彩。菲律宾人很讲礼貌,同辈人日常见面时,无论男女都握手,男人之间有时也拍肩膀。遇见长辈时,要吻长辈的手背,或者拿起长者的右手碰自己的前额,以示尊敬。在商务活动中一般采用握手礼。

菲律宾人善于交际,各种应酬非常多。菲律宾人极其好客,对只逗留一夜的客人往往也给安排最好的卧室;如果送礼的话,可以选择鲜花,可以在到达时就送给女主人。按惯例,在参加宴会或其他社交活动之后一定要给主人送去一件小礼品或一封感谢信以示尊重。

2.商务习惯

菲律宾商人比较随和,无论何时何地他们都显得愉快乐观,跟他们打交道不能"面无表情"或是"三缄其口",否则他们会认为你不好相处,或是不愿意跟他们打交道。商务洽谈中,即使对方提出无理要求都需要予以明确地回答,不能含糊不明。

在菲律宾,拜访商界或政府机构应着西服套装,而稍微正式一点的宴请,请柬上就会注明着装要求,可以按规定着装。如果没有注明,穿西装或当地的传统服装即可。

3.餐饮礼仪

在饮食习惯上,大多菲律宾人以大米为主食,以各类蔬菜、海鲜、蛋禽及肉类为副食。一日三餐中,早餐爱吃西餐,午餐和晚餐爱吃中餐,但上层人士一般爱吃西餐。菲律宾人一般喜欢用香辣调味品,但不宜太辣。他们爱吃各类水果,尤其偏爱甘蔗。菲律宾人在日常生活中爱嚼槟榔,社交应酬中,也总少不了以槟榔来招待客人。除此之外,菲律宾人还喜欢咀嚼烟叶。

菲律宾的伊斯兰教徒忌食猪肉和使用猪制品;也不喝牛奶和烈性酒,男士都特别喜欢喝啤酒。菲律宾人不爱吃生姜;也不喜欢吃兽类内脏和腥味大的东西;对整条鱼也不感兴趣。在当地选举期间禁止喝酒,商店里也禁止售酒。

4.礼仪忌讳

菲律宾人家庭观念很强,一般都特别喜欢谈论和赞美他们的家庭。上层社会人士普遍

爱穿西装；一般百姓，男子喜穿白色衬衫和西装裤，女子喜穿无领的连衣裙或沙笼；老年人仍爱穿着或麻或草或木制的拖鞋。他们喜爱茉莉花，认为茉莉花芳香四溢，是纯洁、情操和友谊的象征。好客的菲律宾人，在迎接宾客时，往往把茉莉花串成美丽的花环，敬献给客人挂在脖子上，以表示他们对来访客人的一片纯真友谊之情。

菲律宾人很忌讳"13"，认为"13"是厄运和灾难的象征，是令人极为厌恶的数字。他们忌讳左手传递东西或食物，认为左手是肮脏、下贱之手，使用左手是对人的极大不敬。他们一般都不愿谈论政治、宗教及本国的腐败问题等。

二、欧美主要国家的礼仪习俗

欧美是指欧洲和北美洲，习惯称其为西方国家，现有 47 个国家和地区，大部分属于经济发达国家和地区。主要以白种人为主。居民大部分信奉基督教，其余信奉伊斯兰教和犹太教等。由于文化背景和宗教信仰相近，在礼仪习俗上虽受各种因素的影响有所差别，但共性较多。

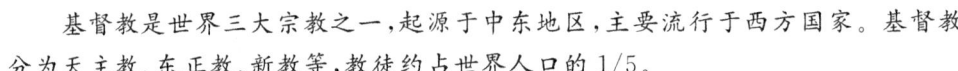

| 知识链接 | 基 督 教 |

基督教是世界三大宗教之一，起源于中东地区，主要流行于西方国家。基督教分为天主教、东正教、新教等，教徒约占世界人口的 1/5。

天主教（又称罗马公教）主要流行于意大利、法国、西班牙、葡萄牙、比利时、爱尔兰、奥地利、波兰等欧洲国家。

东正教主要流行于保加利亚、罗马尼亚、俄罗斯和希腊等国。

基督教新教（又称基督教或耶稣教）主要流行于美国、加拿大、英国、德国、瑞士、芬兰、澳大利亚、新西兰等国。

（资料来源：王爱英，徐向群.现代商务礼仪规范与实务[M].北京：北京大学出版社，2009.）

(一)法国

法国全名为法兰西共和国，国花为鸢尾花，法语为通用语言，首都位于巴黎。约 81.4% 的法国公民信奉天主教。

1.礼仪规范

法国巴黎是时装之都，一直引领世界时装的潮流。同时，法国又是世界香水之都、化妆品之都，法国人都是使用香水、化妆品的高手。法国人非常重视服饰礼仪，衣着一般都十分讲究,在他们看来,衣着代表一个人的修养、身份和地位。法国女人以优雅格调著称,无论在什么年纪,都会执着地穿上考究的衣物,擦上最喜欢的唇膏,容光焕发地去咖啡厅喝一杯咖啡,吃一个刚出炉的羊角面包。

法国商界盛行握手礼,被介绍与人相识时,通常都应握手致意,在告辞时也应与被介绍的所有人一一握手告别。应注意的是男女见面时,男士要等女士先伸手后才能与之相握,若女士没有主动握手之意,男士就应点头鞠躬致意,不可主动。如需自我介绍,介绍自己的姓名及职务即可。在与法国人进行商务交往时,切忌随意以名字称呼对方,可以称呼"先生""小姐""夫人"等,不用加上对方的姓。熟人、同事之间可直呼其名。

法国人除非关系比较融洽,一般不互相送礼。送花通常要送单数,但别送不吉利的"13"。法国本土出产的奢侈品,如香槟酒、白兰地、香水等,也是好礼品;一些有艺术性和美感的礼品如唱片、画或一些书籍(如传记、历史、评论及名人回忆录等)也很受欢迎。

2.商务习惯

法国商人保守而正式,你得表现得格外正式。在法国从事商务活动,宜穿保守式西装,访问公司单位,绝对要预约。在法国,礼节上要求你把自己的身份列在名片上。商务活动要严守时间,商务活动在圣诞节及复活节前后两周不宜往访。法国人对"商业机密"很敏感,商谈时做出决定的速度较慢。

法国人在贸易谈判中立场非常坚定,坚持在谈判中使用法语,明显地偏爱横向式谈判。也就是说,他们喜欢先为协议勾画出一个轮廓,然后再达成原则协议,最后确定协议上的各个方面。法国人很珍惜人际关系,据说,商业上也一样,在尚未交成朋友以前,是不会跟你做大宗生意的。因此,与法国人谈判时切忌急于求成。

3.餐饮礼仪

法国烹饪誉满全球。"法国菜"与"中国菜""土耳其菜"并称为"世界三大菜系"。法国人非常讲究吃,吃是法国人的一大快事。法国人对菜肴的要求很高,讲究选料严格,加工精细,花样繁复,保持原味和营养合理。菜式崇尚精美,讲究款式搭配、颜色组合,讲究饮食环境与就餐氛围,对"吃"的里里外外都追求美感和意境。法式鹅肝是与鱼子酱、松露齐名的世界三大美食珍品之一,是法国的传统名菜,在欧美其他国家的菜谱上极为少见。

宴请法国人时须注意,他们讲究菜肴的鲜嫩和质量,偏爱酸、甜口味。而且,法国人一般喜欢晚宴,不喜欢午餐,并且忌讳在宴会上谈生意。

法国人酷爱饮酒,爱喝葡萄酒、白兰地和威士忌等,法国的葡萄酒举世闻名。而且讲究在餐桌上要以不同品种的酒水搭配不同的菜肴。除酒水之外,法国人平时还爱喝生水和咖啡。

法国男士十分浪漫周到。到餐馆用餐时,男士应走在女士的前面为其打开门,帮女士将椅子挪好;坐好后,征得女士的同意方可开始点菜;餐毕,男士应请女士先行。

4.礼仪禁忌

法国人比较喜欢蓝色、粉红色,把它们看成是宁静、祥和与积极向上的颜色,忌讳墨绿色,因为容易使人联想到二战时期的德国纳粹。另外,对黑色的使用也比较谨慎,因为黑色是葬礼上使用的颜色。

在法国,菊花和康乃馨被看作是不祥之花,还忌用桃花和杜鹃花作为商标图案。法国人忌讳"13"这个数字,商品不标"13"的价格,没有"13"层楼,门牌没有"13"号,就餐时不能"13"人同桌。他们还认为"星期五"是不吉利的日子,如果"13"日与"星期五"碰在一起,这一天被称为"黑色星期五",商人在这一天一般都不活动。法国人对类似纳粹的图案都极为反感,也不喜欢商品上出现宗教性的标志图案。

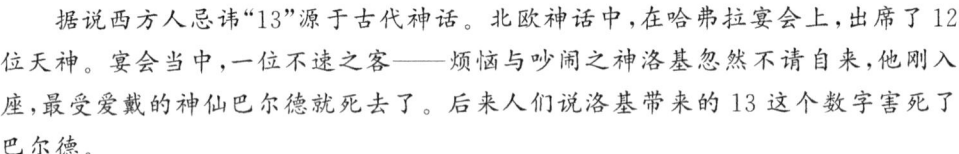

知识链接　　为什么西方人忌讳 13 这个数字

据说西方人忌讳"13"源于古代神话。北欧神话中,在哈弗拉宴会上,出席了12位天神。宴会当中,一位不速之客——烦恼与吵闹之神洛基忽然不请自来,他刚入座,最受爱戴的神仙巴尔德就死去了。后来人们说洛基带来的13这个数字害死了巴尔德。

传说耶稣受害前和弟子们共进了最后一次晚餐。参加晚餐的第13个人是耶稣的弟子犹大。就是这个犹大为了30块银元,把耶稣出卖给犹太教当局,致使耶稣受尽折磨而死。参加最后的晚餐的是13个人,晚餐的日期恰逢13日,"13"给耶稣带来了苦难和不幸。从此,"13"被认为是不幸的象征。"13"是"背叛"和"出卖"的同义词。

西方人千方百计避免和"13"接触。在荷兰,人们很难找到13号楼和13号门牌。他们用"12A"取代了13号。在英国的剧场,你找不到13排和13座。法国人聪明,剧场的12排和14排之间通常是人行通道。此外,人们还忌讳在13日出游,更忌讳13人同席就餐,13道菜更是不能接受的了。

(资料来源:付秀彬.商务礼仪[M].成都:西南财经大学出版社,2010.)

246

(二)意大利

意大利全名为意大利共和国,国花为雏菊。意大利语为通用语言,部分边境地区讲法语和德语,首都位于罗马。居民中绝大多数信奉天主教。

1.礼仪规范

意大利的服装享誉世界,米兰时装被誉为世界三大服装流派之一。意大利人对着装非常讲究,既时髦又极富个性。但在正式场合,他们一般都身着西服套装,尤其在参加重大活动时,喜欢穿三件套西装。与他人初次见面时,意大利人大都施以握手礼,并且会向对方问好。亲朋好友久别重逢会热情拥抱,甚至亲吻。

为了向交往对象表示恭敬之意,意大利人往往会对对方以"您"相称。另外,由于意大利人的名字难发音、难记忆,名片被广泛使用。初次见面时,双方要互换名片。

意大利人说话时靠得比较近些,双方间隔一般在30～40厘米,有时几乎靠在一起。交谈时他们不喜欢对方盯视,认为这种目光是不礼貌的。

意大利人的时间观念有些特殊,与别人进行约会时,往往都会晚到几分钟。据说,意大利人认为这既是一种礼节,也是一种风度。

2.商务习惯

意大利商人大多善于交际,并很重视友谊。如果能与其建立深厚的友情,就具备了扩大生意的稳固基础。初次面谈时,意大利商人往往表现得很客气,回答都比较模棱两可,但见过几次面以后,彼此间打消了隔阂,生意的洽谈也就顺利多了。在意大利做生意,一旦取得他们的信任,生意就会持续不断。同意大利商人做生意,通常经过面谈才会使生意成交,较少用电话来订货或接受订货。

在商务活动中,意大利人有着送礼的习惯,精美典雅的物品,如鲜花、名著、书画、工艺品、葡萄酒与巧克力等都是深受欢迎的。但忌送红玫瑰、手帕、丝织品与亚麻织品。送花不能送菊花,菊花是葬礼上用的,还要注意不送双数送单数。

3.餐饮礼仪

意大利美食与法国菜齐名,是当今西餐的主流。意大利的美食就像它的文化一样高贵、典雅、味道独特。精美可口的意大利面食、奶酪、火腿和葡萄酒是世界各国美食家追求的极致。意大利人善用米饭、面条做菜,而不是将其作为主食。在中国最有知名度的意大利美食就是比萨和意大利面。

意大利最著名的甜点是冰淇淋和提拉米苏。同时,泡沫咖啡卡普奇诺与浓缩咖啡是意大利独有的餐桌上的精品饮料。

意大利人大都嗜酒,在饮酒时,他们注重与菜肴的搭配。他们最爱喝葡萄酒。意大利拥有全世界最悠久的气泡酒酿造历史。除饮酒之外,意大利人还爱喝咖啡和酸奶。

一般情况下,意大利人以午餐为主餐。他们认为,拒绝他们的邀请是很不礼貌的。在席间,他们主张莫谈公事,以便专心致志地品尝美味佳肴。

4.礼仪禁忌

意大利人最喜爱的色彩是绿色和灰色,也比较欣赏蓝色和黄色。而对于紫色,他们则较为忌讳。

在意大利,动物与鸟类的图案是最受欢迎的,意大利人尤其是对狗和猫异常偏爱。而仕女图案、十字花图案则为其所忌。

在数字方面,意大利人最忌讳的数字与日期分别是"13"与"星期五"。就餐时不能有"13"人同桌。除此之外,他们对于"3"这一数字也不大有好感,特别是不能用一根火柴或一个打火机同时给3个人点烟。

(三)德国

德国全名为德意志联邦共和国,国花为矢车菊,德语为通用语言,首都位于柏林。居民

中 33.7%的人信奉基督教新教,33.2%信奉罗马天主教。

1.礼仪规范

德国人比较讲究穿戴,着装严谨整齐,在官方、半官方的邀请信中,往往会注明衣着要求。一般男士穿深色的三件套西装,打领带,并穿深色鞋袜,女士多穿长过膝盖的套装或连衣裙。不允许女士在商务活动中穿低胸、紧身、透明的性感上装和超短裙,也不允许佩戴过多的首饰。

会面或拜访均需事先预约,德国人的时间观念极强,约会非常准时。因此,我们要注意切忌迟到,如果中途有变或由于某种原因不能准时到达,一定要提前打电话告知。

见面时多实行握手礼,伸手动作要大方。如果对方身份高,须等他先伸手,再与之握手。要注意的是,不可4个人交叉握手,这样会被认为不吉利。

问 路 德 国

一位中国同胞在法兰克福急着赶路,中途向德国人打听还要走多久才能抵达目的地。德国人看着他一言不发,这位同胞以为对方听不懂自己说话,便低头继续赶路。不曾想没走几步,那个德国人便追上来告诉他说,大概 20 分钟就能到了。

中国同胞感到很好奇,问为什么刚才不回答。德国人认真地说:"我不知道你走路的速度,怎么能估算出时间呢?"

(资料来源:王玉苓.商务礼仪[M].北京:中国邮电出版社,2014.)

2.商务习惯

与德国商人初次见面一般不送礼。如果送礼,礼品不可太贵重,否则有受贿之嫌,而且有单位标识的物品不宜作为礼品。可选择有民族特色、有文化品位的物品作为礼品。礼品不要用白色、黑色和棕色的包装纸包装,外面也不要扎彩带,更不要把自己的名片放在礼品中,最好自己另外写一张卡片附上。如果受德国人之邀上门做客,不要空手而去,最好给女主人准备一束鲜花。

德国商人非常讲究效率,在商务谈判前要做好充分的准备,包括议程安排,他们非常讨厌"临阵磨枪"、漫无目标地闲谈,愿意单刀直入。在谈判中德国人一般比较固执,难以妥协,交易中很少让步。但他们重合同、守信誉,严格执行合同。同时一旦合同签订,一般不接受对合同的任何更改。因此,与德国人签约前要非常谨慎,签约后要严格遵守。

3.餐饮礼仪

相较于欧洲中南部的精致饮食,德国菜在口味上较重,材料上则较偏好猪肉、牛肉、肝脏类、香料、鱼类、家禽及蔬菜等;调味品方面使用大量芥末、白酒、牛油等,而在烹调上较常使用煮、炖或烤的方式。传统菜肴如烤猪肘、烤猪膝,常佐以酸苹果泥、马铃薯泥、酸甜甘蓝食用,也能让人胃口大开。

德国酷爱肉类菜肴,尤其爱吃猪肉,大部分有名的德国菜都是猪肉制品,例如香肠。香肠可谓是德国菜肴的代表作,不下百种的德国香肠吸引了世界各地美食家的目光。吃香肠必有面包与之相配,在面包的生产方面德国也可称得上是质量和数量的世界冠军。另外,德国人酷爱喝酒,尤其是啤酒,德国人的人均年啤酒消耗量位居世界第一。德国盛产葡萄酒,大多在莱茵河区域;但啤酒的产量更大,每年约产二十亿加仑。德国于每年的九、十月间在慕尼黑市举办盛大的啤酒嘉年华会,每年吸引数百万世界各地的观光客前来参与。

4.礼仪禁忌

德国人忌用棕色、红色、深蓝色和黑色做包装色,一般不喜欢红色和黑色。因为红色被认为是色情的颜色,黑色是悲哀的颜色。同其他的基督教国家一样,忌讳"13"和"星期五"。在社交场合忌用一根火柴连续给3个人点烟,否则第三个人会很生气。交谈时,德国人忌讳4个人交叉式谈话,也不喜欢在公共场合窃窃私语,认为这是非常不礼貌的行为。另外,谈话时不要用眼睛盯视对方。切忌送菊花、玫瑰和蔷薇,花的枝数不能是"13"或双数,鲜花不要用纸包扎。

(四)英国

英国全名为大不列颠及北爱尔兰联合王国,国花为玫瑰,英语为官方语言,首都位于伦敦,居民多信奉基督教新教。

1.礼仪规范

英国人最讲究"绅士风度"和"淑女风范",在参加社交应酬时,身穿燕尾服,头戴绅士帽,手持"文明棍"或雨伞的英国绅士形象给世人留下了很深的印象。虽然现在英国人在穿戴方面有了很大的变化,但他们在正式场合的穿着仍然十分庄重而保守。一般男子要穿三件套的深色西装,女士则要穿深色的套裙,而且英国男子讲究天天刮脸。因此,在和英国人打交道时要注意自己的仪表着装,干净整洁,服饰得体,男士不可胡子拉碴,女士不可穿过于暴露的服装,宜化淡妆。

英国人最常使用的见面礼节是握手礼,但切忌交叉握手,因为这样会构成英国人十分忌讳的十字形。如果被介绍与一位女士相识,一定要等女士先伸手,如果对方没有握手之意,切不可强行握手。

英国人在生活中奉行"女士优先"的风俗,无论是行走、乘电梯、乘车都优先礼让女士。另外,英国人很有教养,"请""谢谢""对不起""你好""再见"一类的礼貌用语天天不离口。

赠送礼物同其他的西方国家基本相同,只是他们更喜欢瓷器或银器这类物品。如果晚上请他们看歌剧、芭蕾舞等作为礼尚往来的形式,他们会非常高兴。

2.商务习惯

英国客商有很强的时间观念,喜欢按预先的计划行事。无论是谈判还是上门拜访都要事先约定,他们会准时赴约。他们不喜欢突然到访,更反感约会迟到或随意占用晚上的私人时间。

英国人的性格比较保守、谨慎,在待人接物上讲究含蓄和距离。在谈判中习惯于非此即彼的态度,往往不允许讨价还价,因此,和他们做生意不能操之过急,要避免硬碰硬地讨价还价。

3.餐饮礼仪

英国菜可以用一个词来形容——简单。简而言之,其制作方式只有两种:放烤箱烤,或者放火锅里煮。口味上喜爱清淡、酥香,做菜时什么调味品都不放,吃的时候再依个人爱好放些盐、胡椒或芥末、辣酱油等。菜肴油少、清淡,选料注重海鲜及各式蔬菜,菜量要求少而精。烹调讲究鲜嫩,口味清淡,连调味时也较少用酒。这种质朴的烹饪方式,有家庭美肴之称。

英国人对早餐非常讲究,英国餐馆中所供应的餐点种类繁多,有果汁、水果、蛋类、肉类、麦粥类、面包、果酱及咖啡等。另外,英国人还嗜茶如命,每天的下午3点到4点,英国人都必须喝茶,尤其爱喝加糖的浓红茶。时下所流行的下午茶也是传自于英国,其较知名的有维多利亚式,内容包括各式小点、松糕、水果塔及三明治等。晚餐对英国人来说也是日常生活中最重要的一部分,他们选择的用餐时间通常较晚,而且都是边吃边喝边聊,以促进用餐人之间的情谊,而一顿晚餐对他们来说可能要花上好几个钟头。

英国人喜欢喝酒,如啤酒和威士忌等。

4.礼仪禁忌

英国人喜欢蓝色和白色,反感墨绿色。红色也不大受欢迎,因为英国人认为红色代表凶险。黑色多被用在葬礼中,因此使用时要慎重。

同其他的基督教国家一样,英国人忌讳"13""3"以及"星期五"。视"13"和"星期五"为厄运和凶兆的数字和日期,如果13号恰好是星期五,则被认为是"黑色星期五",这天人们一般都不举行活动。同时他们也不喜欢"3"这个数字,注意在给英国人点烟时,不能连续给3个人点。

英国人讨厌的动物有山羊、大象、黑猫和孔雀,但非常喜欢狗。玫瑰是英国的国花,另外,他们也非常喜欢蔷薇,但忌讳菊花,因为英国人认为菊花是"丧葬之花"。

另外,英国人忌讳随便将任何英国人都称为英国人,一般称英国人为"不列颠人"或"英格兰人""苏格兰人"等;英国人忌讳谈论英国皇室及其成员;英国人忌讳打喷嚏,因为他们非常怕流感。

同步案例

伦敦沙威酒店的木制黑猫卡斯帕

伦敦沙威酒店以精美可口的菜肴、贴心周到的服务和富丽堂皇的装修而闻名遐迩，当然，酒店的名声大震也离不开那只 3 英尺高的木制黑猫卡斯帕。1898 年，一位名叫伍尔夫·乔尔的英国商人在酒店订了一个 14 人座的桌子。不巧的是，他的一名客人在最后时刻因故未能入席，所以只剩下了 13 人共同进餐。据传如果 13 人围坐在一起吃饭是不吉利的，但伍尔夫决定不理会这个无稽之谈，照常宴请宾客。三个星期后，他到南非旅行，在一桩骇人听闻的谋杀案中不幸中弹身亡。在接下来的几十年里，沙威酒店不再允许 13 人在酒店共同进餐，如果的确出现了这样的预订，他们就会安排一名员工加入。很明显，酒店再也不想冒险跟另一宗谋杀案扯上关系了。到了 20 世纪 20 年代，酒店邀请设计师巴塞尔·隆尼兹创作了一尊雕像来取代真人版的"吉祥物"，卡斯帕由此诞生。从那以后，这件华美的黑猫装饰艺术品就一直陪伴富有的 13 位贵宾一起进餐。每一次，酒店都会为卡斯帕准备餐巾和全套的餐具，并且给它上跟其他宾客完全一样的美食佳肴。很显然，卡斯帕也是英国首相温斯顿·丘吉尔的最爱，在第二次世界大战期间，一群傲慢狂妄的军官在酒店就餐时抢走了卡斯帕，丘吉尔特意伸出援手把它给找了回来。

（资料来源：付秀彬.商务礼仪[M].成都：西南财经大学出版社，2010.）

（五）俄罗斯

俄罗斯全名为俄罗斯联邦，国花为向日葵，俄语是国语。主要宗教是东正教，其次是伊斯兰教。

1.礼仪规范

俄罗斯人十分注重仪表，出门时总是衣冠楚楚，因此，与他们打交道切忌衣冠不整。在正式场合最好穿传统的西服套装。

与俄罗斯人会谈或拜访，一般要提前 3 天约定，他们的时间观念很强，会准时赴约，最好提前 5 分钟到达约会地点，切忌迟到。

初次与俄罗斯人见面一定要行握手礼，告辞时也要握手。如果是老朋友相见，他们常常会行亲吻拥抱礼。

在正式的场合，陌生人相互介绍时，最好用对方的正式头衔或全称。同时要准备足够的俄英两种文字的名片。俄罗斯人的文明程度很高，相互之间称呼时常用"您"，以示尊敬。与其交谈时要注意礼貌周全，语言文明。

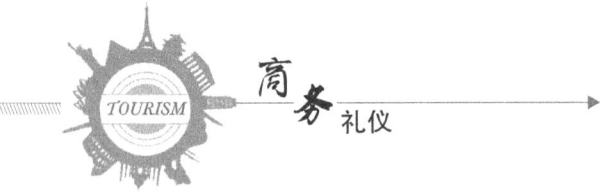

2.商务习惯

俄罗斯商人是国际商务谈判的高手,在谈生意之前,他们会做好充分的准备,在谈判中他们精于讨价还价,还会使用各种方式达到目的。因此,在与俄罗斯商人谈判时,要精确使用合同用语,初次报价不可太低,在标准价格上要加上一定的溢价。另外,俄罗斯人办事往往比较稳重,切忌急功近利,急于求成。

同俄罗斯商人交往时,要注意不要谈论俄罗斯的国内政治问题、民族问题、宗教问题和经济问题,也不要询问个人的收入和婚姻等私人问题。

3.餐饮礼仪

俄式菜肴受西餐影响较大,沙皇俄国时代的上层人士非常崇拜法国,不仅以讲法语为荣,而且饮食和烹饪技术也主要学习法国。但经过多年的演变,逐渐形成了自己的烹调特色。鱼子酱、罗宋汤,还有传统小煎饼,都是非常有特色的。最受当地人喜欢的食物是土豆和面包。俄罗斯人迎接贵宾的方式是"面包加盐",以此来表示最高的敬意和最热烈的欢迎。

另外,因为气候寒冷,大部分俄罗斯人养成了"大块吃肉、大碗喝酒"的饮食习惯。通常,在俄罗斯餐桌上最常见的就是各种肉类食品,几乎每餐都会有牛肉、羊肉、牛排或香肠等。俄罗斯人爱喝酒是世界闻名的,尤其爱喝烈性酒,伏特加是他们的最爱。俄罗斯人喜欢的饮料有蜂蜜、格瓦斯等。俄罗斯人有喝茶的习惯,主要饮用红茶。

4.礼仪禁忌

俄罗斯人忌讳黑色,认为黑色是死亡的颜色,普遍喜欢红色。同多数国家一样也忌讳"13",认为它是预示着凶险和灾难的数字;俄罗斯人喜欢"7",认为它可以带来好运和成功。

俄罗斯人讨厌兔子和黑猫,认为如果这两种动物从自己的眼前经过,则预示着不幸将来临。但他们喜欢马,认为马可以祛邪避灾。

与俄罗斯人初次见面一般不用送礼。但如果到对方家里做客或赴宴要给女主人送上一束鲜花,注意不宜送菊花、杜鹃花、石竹花和黄色的花。送花时必须是单数,但不能是"13"枝。

(六)美国

美国全名为美利坚合众国,国花为玫瑰,英语为通用语言,首都位于华盛顿。56%的美国人信奉基督教新教,28%的人信奉天主教。

1.礼仪规范

美国人天性浪漫、随和,甚至有些不拘小节。平时不大讲究穿戴,崇尚自然、偏爱轻松、体现个性是美国人穿着打扮的特点。但在正式场合,美国人却非常注意整洁,强调着装,一般选择质地较好的西装,搭配制式皮鞋,而且讲究衬衣、袜子和领带每天更换。美国人不喜欢穿肮脏、有异味衣服的人。因此,在一般的社交场合,着装不必过于拘谨,但要注意整洁。正式谈判或公务活动中,最好身着正式的两件套或三件套西服。女士切忌浓妆艳抹。

美国人的时间观念很强,约会一定要事先约定,并且准时赴约。美国人的见面礼非常简单,点头微笑致意即可,即使是初次见面,也不一定要握手。在称呼别人时,美国人极少使用尊称,他们更喜欢对方直呼其名,以表示双方的关系密切。另外,美国人谈话时不喜欢双方离得太近,习惯两人的身体保持120～150厘米,最少也不得小于50厘米。

2.商务习惯

美国商人大都比较注重实效,喜欢直来直去。与美国人打交道时,表现得过于委婉含蓄,一般不会有太好的效果。与他们谈生意,事前要有充分的准备,谈判时可以直接进入主题,切忌闲谈。在成交时切忌含含糊糊,"是"与"否"必须分得很清楚,不必讲客套,否则他们会不讲情面地追问到底。美国商人的法律意识很强,在商务谈判中要十分注意推敲每一个条款,否则容易引起法律纠纷。另外,需要特别强调的是,不要有意无意指名批评某人或某公司,会引起他人反感。

商务交往中,宴请和送礼宜在双方关系融洽和谈判成功之后。礼品最好是价格合适的中档商品,一定要有讲究的礼品包装。如果应邀去美国人家中做客,可以携带糖果、巧克力、白兰地或鲜花作为礼物,所送的鲜花应是单数,而且要避免"13"这个数字。

3.餐饮礼仪

美国人在饮食上如同他们的脾气秉性一样,一般都比较随便,没有过多的讲究。他们喜欢"生""冷""淡":"生"是爱吃生菜,因其特别重视菜肴的鲜、嫩;"冷"是乐于吃凉菜,不喜欢过烫过热的菜肴;"淡"是喜欢少盐味,味道忌咸,稍以偏甜为好。

美国人不习惯烹调中多用调料,而习惯在餐桌上备用调料自行调味。一般都是一日三餐,早、午餐从简,晚餐内容比较丰富,基本上是一两道菜,加上点心和水果等。特别喜欢热狗、炸鸡、土豆片、三明治、汉堡包、面包圈、比萨饼、冰淇淋等。美国人对中餐是普遍欢迎的,要注意的是美国人忌吃狗肉、猫肉、蛇肉、鸽肉,动物的头、爪及内脏以及生蒜、韭菜、皮蛋等食品。

美国人爱喝白兰地、威士忌酒,也爱喝葡萄酒和啤酒等。汽水、咖啡、牛奶、可可和中国的香片花茶都是他们喜欢的饮料。另外,美国人不喜欢在餐碟中剩食物,宴请的菜量要适度。不要在进餐时发出声响,不要替他人取菜,不要吸烟,不要劝酒。

4.礼仪禁忌

同其他的西方国家一样,美国人也忌讳"13""3"和"星期五"。美国人忌讳蝙蝠图案,认为蝙蝠是吸血鬼的象征。美国人偏爱猫头鹰和白猫的图案。他们忌讳同性人结伴跳舞。因为在他们眼里,异性结伴跳舞是天经地义不容违背的。同性结伴跳舞必有不轨之嫌,甚至可能会是"同性恋者"。他们忌讳黑色,认为黑色是肃穆的象征,是丧葬用的色彩。他们还忌讳有人当众挖耳朵、抠鼻孔、打喷嚏、伸懒腰和咳嗽等,认为这些都是不文明、缺乏教养的行为。美国人有较强的个人意识,切忌询问年龄、个人收入和政治倾向等私人问题。

三、大洋洲主要国家的礼仪习俗

(一)澳大利亚

大洋洲又称为澳洲。"澳大利亚"一词来源于西班牙文,意思是"南方的陆地"。人们在南半球发现这块大陆时,以为这是一块直通南极洲的陆地,便取名"澳大利亚"。

澳大利亚居民约占世界总人口的 0.5%，是世界上除南极洲外人口最少的一个洲。70%以上的居民是欧洲移民的后裔。绝大部分居民信基督教，少数信天主教，印度人多信印度教。绝大部分居民通用英语。

1.礼仪习俗

大多数澳大利亚人，不论其地位多高，都很平易近人，会真诚而专注地倾听他人的意见。他们讨厌任何依仗地位来摆架子的作风。澳大利亚人很讲究礼貌，在公共场合从来不大声喧哗。在银行、邮局、公共汽车站等公共场所，澳大利亚人都是耐心等待，秩序井然。握手是一种相互打招呼的方式，拥抱亲吻的情况罕见。澳大利亚同英国一样有"妇女优先"的传统。澳大利亚人注重公共场所的仪表，出席正式场合时，男士大多西装革履，女士则选择套装或深色连衣裙。

在澳大利亚，体力劳动者享有较高的地位。在澳大利亚必须注意不乱掷东西，因为他们希望来访的客人尊重澳大利亚人高标准的整洁要求。他们大多数人有强烈的社会责任感，倾向于高度重视集体的努力。澳大利亚人的时间观念很强，约会必须事先联系并准时赴约，最合适的礼物是给女主人带上一束鲜花，也可以给男主人送一瓶葡萄酒。

跟人初次见面时，许多澳大利亚人不愿被问及年龄、婚姻状况、孩子或金钱问题。

澳大利亚人喜欢体育活动，游泳和日光浴是国民共同的爱好，如果有谁不会游泳，还会成为众人嘲讽的对象。他们认为邀请朋友一同外出游玩是密切关系的捷径之一，所以不能轻易拒绝。

2.商务习惯

澳大利亚商人讲究效率。遇有商谈时，他们派出来洽谈的人一定都是有决定权的人。因此，对方也应该派出同样的具有决定权的人，否则他们会不高兴，甚至不理你。因为他们很重视效率，不愿把时间浪费在不能决策的空谈上。

与澳大利亚商人谈生意时，对方在价格上往往不太计较，但对产品质量要求相当严格，一旦发现质量问题，对方将不客气地提出索赔。澳大利亚的商务活动大多在小酒店进行。要仔细记住哪一顿饭由谁付钱，付钱过于积极或忘记付钱都是不好的。

商务活动最好于 3—11 月去访。12 月至次年 2 月为休假期。圣诞节及复活节前后一周不宜去访。

3.餐饮礼仪

澳大利亚国内居民 95% 为英国移民的后裔。因此生活及饮食习惯基本与英国人相似，其口味喜清淡，忌食辣味菜肴，有的人还不吃酸味的食品。他们的菜肴一般以烤、焖、烩的烹饪方法居多。在就餐时，他们喜欢将各种调味品放在餐桌上，任其自由选用调味。澳大利亚的食品素以丰盛和量大而著称。

他们爱喝牛奶，喜食牛羊肉、精猪肉、鸡、鸭、鱼、鸡蛋、乳制品及新鲜蔬菜，喜欢喝啤酒和葡萄酒，对咖啡十分喜爱，也爱喝红茶和香片花茶。

4.礼仪禁忌

避免批评任何与澳大利亚有关的事情，包括澳大利亚离欧洲相当遥远这个事实。不要随便对别人的观点表示同意，澳大利亚尊重有自己见解的人。行为举止要随意，任何装腔作势都只会产生笑料。在社交场合,忌讳打哈欠、伸懒腰等小动作。

澳大利亚人最喜爱袋鼠。他们认为袋鼠是澳洲古大陆最早的主人;他们还喜欢用各种金属制成形状不同的袋鼠纪念章等物品。他们偏爱素有"篱笆树"之称的金合欢花,视其为大洋洲的象征,并尊之为国花。他们喜欢琴鸟,爱其貌美,鸣声宛转,善于模仿,并将其誉为国鸟。

四、非洲主要国家的礼仪习俗

非洲位于东半球的西南部,地跨赤道南北,西北部的部分地区延伸至西半球。非洲是"阿非利加洲"的简称。希腊文"阿非利加"是阳光灼热的意思。赤道横贯非洲的中部,非洲34％的土地受到太阳的垂直照射,年平均气温在 20 摄氏度以上的热带占全洲的 95％,其中有一半以上地区终年炎热,故称为"阿非利加洲"。以下介绍埃及的相关礼仪习俗。

埃及全名为阿拉伯埃及共和国,它地跨非、亚两洲。埃及在希腊语意为"黑色或辽阔的国家"。有"金字塔之国""尼罗河的礼物"的美称。首都为开罗。人口 5000 多万,阿拉伯人占 90％。伊斯兰教为国教,阿拉伯语为国语。

(一)礼仪习俗

埃及人与宾朋相见或送别时,一般都习惯握手礼、拥抱礼甚至亲吻礼。"吻手礼"往往是对恩人行亲吻礼的另一种形式。"亲脸"多是妇女们相见时的一种礼节,即先亲一下右颊,后亲左颊,若亲戚或关系亲密者,再亲一下右颊。男人间也亲吻,不过他们是先亲左颊,后亲右颊,若亲戚或关系亲密者,再亲一下左颊。

埃及人受历史、宗教等因素的影响,形成了独特的生活习惯。埃及人很勤劳,埃及的乡间田园,到处都可以看到汗流浃背、默默耕耘的农民。

埃及人工作时间比较特殊,星期六到下星期四是埃及人上班的时间,星期五是伊斯兰教的休息日。埃及的社交聚会比较晚。晚饭可能十点半以后吃。应邀去吃饭,可以带些鲜花或巧克力。

(二)商务习惯

埃及商人比较保守。因此与埃及商人见面时,宜随时穿着保守式样的西装。拜访须先预约。埃及人比较重视来访的客人,因此,在面谈当中,若有不速之客到来,他们也会简单地迎接。一笔生意的洽谈往往需要很长的时间。在埃及,持用印有阿拉伯文对照的名片颇有帮助,在当地 2～3 天内即可印妥。

到埃及从事商务活动,最好于 10 月至次年 4 月前往。每年伊斯兰教假日不同,行前需先查明。在古迹地点拍照,有很多场合是禁止的。以摄像机拍摄时通常会要求付费,埃及货币禁止进出关。外国货币不限,先报数额,出境时可携所申报的外汇。

(三)餐饮礼仪

埃及人通常以"耶素"为主食,这是一种不用酵母发酵的平圆形面包。另外,他们喜食羊肉、鸡、鸭、鸡蛋以及豌豆、洋葱、南瓜、茄子、胡萝卜、土豆等。在口味上,一般要求清淡、甜、

香、不油腻。串烤全羊是他们的待客佳肴。

埃及人喜吃甜食,正式宴会或富有家庭正餐的最后一道菜都是上甜食。

埃及人喜欢晚餐在日落以后和家人一起共享。在这段时间内,勉强请人来谈生意是失礼的。

埃及人在正式用餐时忌讳交谈,否则会被认为是对神的亵渎行为。他们习惯用右手就餐,认为左手不洁净,忌用左手与他人接触或给别人递送食物及其他物品。埃及人一般都遵守伊斯兰教教规,忌讳饮酒,但可饮茶。他们有饭后洗手、饮茶聊天的习惯。他们爱喝加入薄荷、冰糖、柠檬的绿茶,认为这是解渴提神的佳品。他们忌吃猪肉和狗肉,也忌谈猪和狗。不吃虾、蟹等海味、动物内脏(除肝外)、鳝鱼和甲鱼等怪状的鱼。

(四)礼仪禁忌

在埃及,人们大都忌讳针。一到下午 3 点至 5 点,商人决不卖针,人们也不买针,即使有人愿出 10 倍的价钱买针,店主也会婉言谢绝,绝不出售。埃及人喜欢绿色、白色,而不爱紫色与蓝色,喜欢金字塔形莲花图案。禁穿有星星图案的衣服,除了衣服,有星星图案的包装纸也不受欢迎,禁忌猪、狗、猫和熊等。"3""5""7"和"9"是人们喜爱的数字,人们忌讳"13",认为它是消极的。吃饭时要用右手抓食,不能用左手。无论是送给别人礼物,或是接受别人礼物时,都要用双手或者右手,千万不能用左手。和埃及人相处,谈话时可多赞美其古老的文明如金字塔等,避免讨论中东政局。

五、拉丁美洲主要国家的礼仪习俗

拉丁美洲是指美国本土以南的所有美洲地区,共有 43 个国家和地区。拉丁美洲人热情豪放,热忱好客,能歌善舞。拉丁美洲人大多数信奉天主教,其次是信仰基督教、原始宗教、印度教、伊斯兰教和犹太教。

(一)墨西哥

墨西哥全名为墨西哥合众国,国花为仙人掌,西班牙语为官方用语,首都位于墨西哥城。在墨西哥,92.6%的居民信奉天主教。

1.礼仪规范

墨西哥人平时的穿着打扮具有浓厚的民族特色和现代气息,但工作期间和正式场合着装又非常讲究严谨与庄重,一般穿西装或西式套裙。

与墨西哥人会谈或上门拜访一定要事先约定,但他们赴约时一般要晚到 15—30 分钟,这是他们的风俗习惯。

墨西哥人热情、活泼、率直,又不失文雅、礼貌。在一般情况下,墨西哥人所采用的见面礼节,不是与对方握手,就是代之以微笑。熟人相见之时所采用的见面礼节主要是拥抱与亲吻礼。

墨西哥人非常看重自己的身份和地位,在正式的场合,他们忌讳对方直接称呼自己的名字,最常用的方式是在姓氏前加上"先生""小姐"或"夫人"之类的尊称,如"博士""教授""医生""法官""律师""议员""工程师"等可以体现身份头衔的称呼。

2.商务习惯

墨西哥商人很健谈,要认真核实对方在资信方面的相关信息。如为防止不守信用的情况发生,可要求他们开出银行支票的同时,再出具一张汇票。在商务活动中,墨西哥人使用名片的频率非常高,因此在赴约时要准备充足的名片。与墨西哥商人谈判切忌急于求成,因为他们办事比较沉稳。另外,在与墨西哥商人交往时切忌谈论墨西哥国内的政治、宗教、社会状况等问题,也不宜询问他们的私人问题。

3.餐饮礼仪

墨西哥菜以辣为主,特殊的辛香料为食材增添了许多美妙滋味,食材以玉米饼皮、豆子及青椒为主。当地居民常以龟、蛇、斑鸠、松鼠、石鸡入菜,家常蔬菜要数炒仙人掌、仙人球最富特色。

墨西哥人还以嗜酒闻名于世。墨西哥的龙舌兰酒是与威士忌、白兰地、伏特加齐名的四大蒸馏名酒之一。龙舌兰酒被墨西哥人称为国酒,"龙舌兰酒＋柠檬＋盐"是龙舌兰最正统的喝法,据说盐可以促使人产生更多的唾液,而柠檬可以缓解烈酒带来的对喉咙的刺激。这种喝法可以使龙舌兰酒爱好者们获得龙舌兰入喉的美好感觉。玛格丽特是用龙舌兰酒调配出来的最著名的鸡尾酒之一。

4.礼仪禁忌

墨西哥人喜爱红色、绿色、蓝色、白色等颜色,忌讳紫色,认为紫色是不祥之色。同其他的西方国家一样,讨厌的数字是"13"与"星期五"。忌讳的鲜花有黄花、红花、紫花,因为,在墨西哥人看来,黄花暗示死亡,红花表示诅咒,紫花是不祥之色。而墨西哥人喜欢白花,认为白花可驱邪,同时还非常偏爱仙人掌和大丽菊。墨西哥人忌讳蝙蝠图案,偏爱骷髅,认为它象征公正,并喜欢以其图案进行装饰。他们也很喜欢仙人掌和雄鹰的图案。切忌用掌心向下比画孩子身高的手势,在墨西哥人看来这一动作带有侮辱的意味,仅可用以表示动物的高度。

（二）巴西

巴西全名为巴西联邦共和国,国花为毛蟹爪兰,官方语为葡萄牙语,首都位于巴西利亚。

1.礼仪规范

巴西人不仅热情好客、健谈善谈,而且生活多姿多彩、能歌善舞,桑巴舞就是巴西人的一个标志。在其着装上,这一点也表现突出。巴西妇女的服装色彩艳丽、款式丰富。这种艳丽的服装在日常休闲、庆典活动时更多见一些。

巴西人在社交场合通常都以拥抱或者亲吻作为见面礼节。只有十分正式的活动中,他们才相互握手为礼。当然,行亲吻礼时,并非真的亲吻,只是发出亲吻的声音。除此之外,巴西人还有一些独特的见面礼,如握拳礼、贴面礼和沐浴礼等。

2.商务习惯

巴西商人穿着十分考究。他们讲究穿戴整齐,而且主张在不同的场合里,人们的着装应当有所区别。在重要的政务、商务活动中,巴西商人主张一定要穿西装或套裙。

与巴西商人进行商务谈判时要准时赴约。和巴西人打交道时,主人不提起工作,客人不要先谈工作。

3.餐饮礼仪

巴西是欧亚非三洲移民集聚之地,巴西饮食融合各个移民国的饮食习惯而成为独一无二的奇迹。烤肉是巴西最著名的美食之一。巴西烤肉主要以烤牛肉、火腿肠等为主,刷过酱汁的原材料被串在一个特制的器具上,放到火上翻烤,其间随着火势翻转,并刷上油,直至金黄,扑鼻的香气将会使你胃口大开。

另外,巴西以咖啡质优、味浓而驰名全球,是世界上最大的咖啡生产国和出口国,素有"咖啡王国"之称。巴西咖啡因其优秀的品质、浓郁的香味和绝佳的口感而备受世界人民青睐。

4.礼仪禁忌

与巴西人打交道时,不宜向其赠送手帕或刀子。巴西人大多数信奉天主教,另外也还有少部分人信奉基督教新教、犹太教以及其他宗教。巴西人忌讳数字"13",他们普遍认为"13"为不祥之数,是会给人带来厄运或灾难的数字。对当地的政治问题最好闭口不谈,适于谈论的话题有足球、笑话、趣闻等等。忌讳紫色、棕黄色。忌用大拇指和食指联成圆圈,并将其余的三指向上伸开,形成"ok"的手势。送礼忌讳送手帕。

258

 **本章小结**

在涉外交往中,遵守国际惯例和一定的礼节,可以赢得人们的尊重,有利于展现中国礼仪之邦的风范。本章主要讲解涉外商务礼仪,包括涉外商务礼仪的基本原则和世界主要国家的礼仪习俗两个方面的内容。

(1)涉外商务礼仪的基本原则,主要涉及涉外礼仪应遵循的十二项原则。各个国家的习俗礼仪有很大的差异,也有一定的共性。在涉外交往中,要牢记涉外礼仪的基本原则。

(2)世界主要国家的礼仪习俗,包括亚洲、欧美、大洋洲、非洲和拉丁美洲等主要国家的礼仪习俗。与外国友人交往,要了解各个国家的礼仪与禁忌,并充分尊重对方的信仰和习俗。

 **关键概念**

涉外交往　求同存异　热情有度　不卑不亢

 复习思考题

□ **复习题**

1.简述涉外商务交往的基本原则。

2.与日本人进行商务合作时要注意什么礼仪礼节?

3.与澳大利亚人做生意,在商务礼仪方面有哪些需要注意的?

4.欧洲与北美洲的人们在礼仪上的相似之处有哪些? 请举例说明。

5.拉丁美洲人的礼仪禁忌有哪些?

□ **思考题**

1.亚洲国家与欧美主要国家的礼仪规范有哪些相同之处和不同之处?

2.在商务交往中,与欧美国家人士交换礼品时,应注意哪些主要禁忌?

 案例解析

1.国内某家专门接待外国游客的旅行社,有一次在接待来华的意大利游客时准备送每人一件小礼品。于是,该旅行社从杭州订购了一批纯丝手帕,是名厂名产,每个手帕上绣着菊花等花草图案,十分美观大方。手帕装在特制的精美纸盒内,盒上印有旅行社社徽。中国丝织品闻名于世,料想会受到客人的喜欢。

旅游接待人员到机场迎接来自意大利的游客。欢迎致辞热情、得体。在旅游车上,接待人员代表旅行社赠送给每位游客两盒包装甚好的手帕作为礼品。没想到车上一片哗然,议论纷纷,游客显出很不高兴的样子。特别是一位夫人,大声叫喊,表现得极为气愤,还有些伤感。旅游接待人员心慌了,好心好意送的礼物,不但得不到感谢,还出现这般景象。这些外国人是怎么了?

分析讨论:

在与外商交往的时候,应该选择赠送什么礼品? 请举例说明。

2.王先生随团到泰国进行考察。抵达目的地后,受到东道主的热情接待,并举行宴会招待。席间,为表示敬意,主人向每位客人递上一杯当地特产饮料。轮到王先生接饮料时,一向是"左撇子"的王先生不假思索地伸出左手去接。主人见此情景脸色骤变,不但没有将饮料递到王先生的手中,而且非常生气地将饮料重重地放在餐桌上,并再未理睬王先生。

分析讨论:

王先生的失礼之处在哪里? 应该如何补救?

◇**实训操练**

1.涉外礼仪实训

实训目标:掌握美国人的商务礼仪特点。

实训内容与要求:4个人一组,布置谈判场景,准备所需道具,要求服饰符合商务人员身份,遵守美国人的商务礼仪规范。

实训成果与检测:一组学生进行模拟训练,其他学生观摩学习,最后教师进行点评。

2.涉外接待礼仪实训

实训目标:掌握对日本人的接待礼仪。

实训内容与要求:5个人一组,自行设定身份,3人担任日本商人、商人妻子和秘书,2人担任我方接待人员,模拟机场接机时,称呼、握手并进行问候这一过程。

实训成果与检测:一组学生进行模拟训练,其他学生观摩学习,最后教师进行点评。

◇**相关链接**

推荐进一步阅读文献:

1.张国斌.从涉外礼仪文化传播看十八大以来的公共外交[J].公共外交,2017(1).

2.李长华,徐辉.中美文化差异下商务礼仪行为中时间观念的比较[J].对外经贸,2017(7).

3.赵泽宏,刘晓晗,张淼.中俄经贸活动中的商务礼仪和社交技巧[J].内蒙古煤炭经济,2017(1).

4.韦婉莉.基于跨文化视角的中国—东盟商务礼仪对比分析[J].现代经济信息,2017(5).

5.王晓薇.浅谈中外文化交流应遵循的基本涉外礼仪[J].河北省社会主义学院学报,2016(4).

6.周斌.试论商务礼仪在国际商务活动中的应用[J].佳木斯职业学院学报,2016(2).

References | 参考文献

[1] 白洁.叙说全国人大会议礼仪[J].秘书工作,2018(2).

[2] 陈汉忠.会议茶礼仪的6个关键[J].办公室业务,2016(4).

[3] 陈敏.浅谈商务礼仪在商务活动中的重要性[J].文化交流,2017(12).

[4] 程宝元.浅谈商务礼仪在服务型企业形象战略中的应用[J].中小企业管理与科技,2017(2).

[5] 付秀彬.商务礼仪[M].成都:西南财经大学出版社,2010.

[6] 胡越.大学生微信朋友圈语言现象的认知研究[J].文化创新比较研究,2018(1).

[7] 黄曼青.现代商务礼仪[M].北京:中国人民大学出版社,2017.

[8] 姜红,候新冬.商务礼仪[M].上海:复旦大学出版社,2009.

[9] 金煜.商务礼仪——人与人艺术的洗礼[J].中国战略新兴产业,2015(8).

[10] 金正昆.服务礼仪教程[M].5版.北京:中国人民大学出版社,2018.

[11] 金正昆.商务礼仪教程[M].5版.北京:中国人民大学出版社,2016.

[12] 金正昆.社交礼仪教程[M].5版.北京:中国人民大学出版社,2016.

[13] 金正昆.现代商务礼仪[M].2版.北京:中国人民大学出版社,2015.

[14] 康开洁.大学生商务礼仪中的个人形象维护[J].知识经济,2015(14).

[15] 李洁.西方礼仪文化中初次见面的探究与实践[J].海外英语,2016(12).

[16] 李霞.商务礼仪实务[M].北京:北京交通大学出版社,2009.

[17] 李小丽,段晓华.商务礼仪与职业形象[M].北京:北京交通大学出版社,2010.

[18] 李晓朋.中英茶文化比较及对中国茶文化传播路径分析[J].福建茶叶,2018(1).

[19] 李长华,徐辉.中美文化差异下商务礼仪行为中时间观念的比较[J].对外经贸,2017(7).

[20] 刘丽辉.论坛活动对大型国际展会的重要性研究——中博会论坛活动的策划组织和实践探讨[J].现代商业,2017(16).

[21] 娄丹.你的商务形象价值百万——浅谈企业员工礼仪及其重要性[J].佳木斯职业学院学报,2016(5).

[22] 陆克斌,李玲玲,靳艳.商务礼仪[M].北京:北京理工大学出版社,2015.

[23] 罗树宁.商务礼仪与实训[M].北京:化学工业出版社,2008.

[24] 欧阳宇倩.麦肯锡精英最重视的55个高效能沟通习惯[M].北京:群言出版社,2016.

［25］ 邵易珊.跨国商务礼仪文化的差异[J].经贸实践,2018(9).

［26］ 邵易珊.商务谈判礼仪中的形象塑造与语言技巧探讨[J].环渤海经济瞭望,2018(7).

［27］ 谭华.中西饮食文化比较与中餐菜名翻译标准[J].黑龙江教育学院学报,2018(2).

［28］ 唐晓波.浅析办公室接待和电话接听礼仪[J].办公室业务,2017(16).

［29］ 田晓冰.浅析中西方商务会议礼仪的差异[J].科技视野,2015(31).

［30］ 王爱英,徐向群.现代商务礼仪规范与实务[M].北京:北京大学出版社,2009.

［31］ 王玉苓.商务礼仪[M].2版.北京:中国邮电出版社,2014.

［32］ 文杰.我国酒文化研究进展[J].农村经济与科技,2018(1).

［33］ 向多佳.商务礼仪[M].上海:上海大学出版社,2011.

［34］ 徐兰.商务礼仪基于谈判开局阶段的实践分析[J].纳税,2017(11).

［35］ 徐美.现代礼仪[M].上海:上海大学出版社,2010.

［36］ 徐美萍.商务公关与礼仪[M].北京:北京交通大学出版社,2012.

［37］ 许爱玉.现代商务礼仪[M].杭州:浙江大学出版社,2006.

［38］ 颜彦.肢体语言对大学生公众演讲焦虑的影响[J].辽宁师专学报(自然科学版),2018(2).

［39］ 杨俊,邵喜武.新型实用公关案例与训练[M].北京:中国科学技术出版社.2010.

［40］ 杨佩.浅析国际商务活动中的商务礼仪[J].经济研究导刊,2014(11).

［41］ 张国斌.从涉外礼仪文化传播看十八大以来的公共外交[J].公共外交,2017(1).

［42］ 赵泽宏,刘晓晗,张淼.中俄经贸活动中的商务礼仪和社交技巧[J].内蒙古煤炭经济,2017(1).

［43］ 郑娟.浅析日本商务礼仪中的鞠躬[J].科教导刊,2018(4).

［44］ 周凯威.赞美他人的艺术[J].政工导刊,2017(1).

教学支持说明

　　为了改善教学效果,提高教材的使用效率,满足高校授课教师的教学需求,本套教材备有与纸质教材配套的教学课件(PPT 电子教案)和拓展资源(案例库、习题库视频等)。

　　为保证本教学课件及相关教学资料仅为教材使用者所得,我们将向使用本套教材的高校授课教师免费赠送教学课件或者相关教学资料,烦请授课教师通过电话、邮件或加入旅游专家俱乐部 QQ 群等方式与我们联系,获取"教学课件资源申请表"文档并认真准确填写后发给我们,我们的联系方式如下:

　　地址:湖北省武汉市东湖新技术开发区华工科技园华工园六路

　　邮编:430223

　　电话:027-81321911

　　传真:027-81321917

　　E-mail:lyzjjlb@163.com

　　旅游专家俱乐部 QQ 群号:306110199

　　旅游专家俱乐部 QQ 群二维码:

群名称:旅游专家俱乐部
群　号:306110199

教学课件资源申请表

填表时间：_____年___月___日

1. 以下内容请教师按实际情况填写，★为必填项。
2. 学生根据个人情况如实填写，相关内容可以酌情调整提交。

★姓名		★性别	□男 □女	出生年月		★职务	
						★职称	□教授 □副教授 □讲师 □助教
★学校				★院/系			
★教研室				★专业			
★办公电话		家庭电话			★移动电话		
★E-mail（请填写清晰）					★QQ号/微信号		
★联系地址					★邮编		

★现在主授课程情况		学生人数	教材所属出版社	教材满意度		
课程一				□满意	□一般	□不满意
课程二				□满意	□一般	□不满意
课程三				□满意	□一般	□不满意
其　他				□满意	□一般	□不满意

教 材 出 版 信 息					
方向一		□准备写	□写作中	□已成稿	□已出版待修订	□有讲义
方向二		□准备写	□写作中	□已成稿	□已出版待修订	□有讲义
方向三		□准备写	□写作中	□已成稿	□已出版待修订	□有讲义

　　请教师认真填写表格下列内容，提供索取课件配套教材的相关信息，我社根据每位教师/学生填表信息的完整性、授课情况与索取课件的相关性，以及教材使用的情况赠送教材的配套课件及相关教学资源。

ISBN（书号）	书名	作者	索取课件简要说明	学生人数（如选作教材）
			□教学　□参考	
			□教学　□参考	

★您对与课件配套的纸质教材的意见和建议，希望提供哪些配套教学资源：